企业异质性条件下

中国对外直接投资区位选择研究

王方方 著

·广州·

版权所有　翻印必究

图书在版编目（CIP）数据

企业异质性条件下中国对外直接投资区位选择研究 / 王方方著. —广州：中山大学出版社，2017.9
ISBN 978-7-306-05966-6

Ⅰ.①企… Ⅱ.①王… Ⅲ.①企业—对外投资—直接投资—研究—中国 Ⅳ.① F279.23

中国版本图书馆 CIP 数据核字（2017）第 009350 号

qi ye yi zhi xing tiao jian xia zhong guo dui wai zhi jie tou zi qu wei xuan ze yan jiu

出 版 人：徐　劲
策划编辑：陈　露
责任编辑：赵爱平
封面设计：楚芊沅
责任校对：秦　夏
责任技编：王宋平
出版发行：中山大学出版社
电　　话：编辑部 020-84111996，84113349，84111997，84110779
　　　　　发行部 020-84111998，84111981，84111160
地　　址：广州市新港西路 135 号
邮　　编：510275　传　真：020-84036565
网　　址：http://www.zsup.com.cn　E-mail：zdcbs@mail.sysu.edu.cn
印 刷 者：虎彩印艺股份有限公司
规　　格：787mm×1092mm　1/16　14.25 印张　203 千字
版　　次：2017 年 9 月第 1 版　2017 年 9 月第 1 次印刷
定　　价：43.00 元

如发现本书因印装质量影响阅读，请与出版社发行部联系调换

内容简介

近年来，中国对外直接投资（OFDI）的快速增长成为世界经济发展的焦点之一，引发了国内外学者研究与政府决策的广泛关注。中国内外经济结构的平衡，与企业国际化能力的提升，都是中国 OFDI 区位选择研究所需考虑的重要议题。本书基于西方企业异质性理论，通过观察中国企业国际化路径演变特征，对企业异质性 FDI 理论进行扩展，总结中国企业 OFDI 区位选择的三元扩展边际，并建立 OFDI 区位选择的动力机制框架；通过中国企业微观数据的考察，得出企业异质性条件下中国 OFDI 区位选择的规律与差异，以期为中国 OFDI 区位选择问题提供新的理论依据，进而从中国企业与政府两个方面来推动中国 OFDI 的科学、健康发展。

首先，通过对国际 FDI 异质性化特征分析，以及在异质化条件下中国 OFDI 的三元边际扩展，本书从宏观与微观层面对中国 OFDI 的互动因素进行深入剖析，构建了中国企业 OFDI 区位选择的动力机制框架。在此框架下，用企业异质性的三元边际扩展对企业 OFDI 区位选择的影响因素进行逻辑演绎，得出企业异质性所产生的 OFDI 数量扩展、模式扩展以及空间效应对 OFDI 区位选择产生直接的关联性影响。框架分析对后面三章的理论分析与实证检验都起到引领与概括的作用。

其次，基于经典的企业异质性理论框架，对中国企业 OFDI 的区位选择进行理论演绎，得出生产率最高的企业会以在东道国直接投资的方式进行国际化；通过对企业 OFDI 数量边际扩展的分析，得出企业 OFDI 的数量随东道国市场吸引程度的增强而增加，而东道国市场的准入门槛越低，则越会吸引更多的企业对其进行 OFDI；利用中国企业层面的样本对理论进行实证检验，发现进行 OFDI 的企业具有更高的生产率，并且发现企业生产率在不同区位上所表现出的作用大小不同；在 OFDI 的扩展边际上，企业生产率越高，其进行 OFDI 的目的地数量会更多；而具有更低生产率阈值的东道国，其所吸收的中国 OFDI 也越多。

再次，构建扩展的企业异质性模型，通过将中国 OFDI 的结构进行分解，把贸易引致型 OFDI 纳入模型中，并利用中国企业数据对分解后的投资模式与区位分布差异之间的关系进行了全面论证。研究结果表明，贸易引致型 OFDI 对贸易与 OFDI 总量产生双重影响，基本表现为：随着贸易与投资成本的降低，企业会增加以贸易引致型 OFDI 的模式进入海外市场，在总量上表现出贸易与投资互补的关系，而分解的 OFDI 模式与 OFDI 地理区位分布之间的关系也具有显著的差异性。

又次，本书构建一个扩展的三国模型来演绎 OFDI 企业如何选择不同区位来应对复杂的国际环境。研究发现，中国企业 OFDI 的区位选择存在比较明显的空间网络化效应，企业更倾向于将 OFDI 生产区位选择到已拥有的水平型 OFDI 区位的临近区域；市场潜力对企业产生的空间网络化效应也十分显著，意味着中国企业在选择以贸易引致型方式进行 OFDI 时，更倾向于将 OFDI 的区位选择到那些市场潜力非常大的区位，进一步说明了企业在发挥 OFDI 模式扩展效应的时候,贸易引致型OFDI由于主要以扩大国际贸易为目的,因此,市场潜力较大的区位是其最为合理的选择。紧接着又通过华为公司国际化的案例分析,进一步说明了跨国企业国际化区位选择中网络化效应的重要性。

最后,本书基于企业异质性条件下OFDI区位选择的动力机制,以OFDI扩展的三元边际为角度,从企业与政府两个主体层面提出加快中国OFDI由量到质转变以及企业更科学地进行OFDI区位选择的政策建议,以促进中国OFDI的稳定、健康发展。

目 录

1 导 论 …………………………………………… 1
  1.1 选题背景与研究意义 ………………………… 1
    1.1.1 选题背景 …………………………………… 1
    1.1.2 研究意义 …………………………………… 3
  1.2 研究目的与研究方法 ………………………… 4
    1.2.1 研究目的 …………………………………… 4
    1.2.2 研究方法 …………………………………… 5
  1.3 研究思路与结构安排 ………………………… 6
    1.3.1 研究思路 …………………………………… 6
    1.3.2 结构安排 …………………………………… 7
  1.4 主要创新 ……………………………………… 9

2 理论基础与文献综述 ………………………………… 11
  2.1 范畴界定 ……………………………………… 11
    2.1.1 对外直接投资 ……………………………… 11
    2.1.2 区位选择 …………………………………… 13
    2.1.3 企业异质性 ………………………………… 14
    2.1.4 扩展边际 …………………………………… 15
    2.1.5 空间异质性 ………………………………… 16

2.2 理论基础 ·· 17
   2.2.1 区位选择理论 ···································· 17
   2.2.2 国际直接投资区位论 ······························ 28
   2.2.3 企业异质性 FDI 理论 ······························ 37
2.3 现有研究述评 ·· 45
   2.3.1 企业异质性 FDI 理论研究 ·························· 45
   2.3.2 中国企业 OFDI 相关研究 ·························· 52
   2.3.3 现有研究的主要不足 ······························ 64
2.4 本章小结 ·· 65

3 企业异质性与中国 OFDI 区位选择的动力机制探究 ········ 69

3.1 FDI 的异质化特征与中国 OFDI 的背景分析 ············ 69
   3.1.1 国际直接投资的异质化演变特征 ···················· 70
   3.1.2 中国 OFDI 的发展背景与演变趋势 ·················· 72
3.2 异质化条件下中国 OFDI 的数量扩展分析 ·············· 83
   3.2.1 中国 OFDI 企业主体的基本特征 ···················· 83
   3.2.2 中国 OFDI 企业数量的边际扩展 ···················· 84
3.3 异质化条件下中国 OFDI 的模式扩展分析 ·············· 86
   3.3.1 中国 OFDI 进入模式的基本特征 ···················· 86
   3.3.2 中国 OFDI 进入模式的边际扩展 ···················· 87
3.4 异质化条件下中国 OFDI 的区位扩展分析 ·············· 89
   3.4.1 中国 OFDI 区位分布的基本特征 ···················· 89
   3.4.2 中国 OFDI 区位分布的边际扩展 ···················· 93
3.5 异质化条件下中国 OFDI 区位选择的动力机制 ·········· 95
   3.5.1 中国 OFDI 区位选择的宏观双向互动 ················ 95
   3.5.2 中国 OFDI 区位选择的企业微观选择 ················ 97

3.5.3 异质性企业三元边际扩展的内在关联 …………………… 99
3.6 本章小结 ………………………………………………………… 101

4 企业异质性与 OFDI 区位选择的扩展边际：基本模型 ……………… 104

4.1 模型框架提出的背景 …………………………………………… 104
4.1.1 对中国 OFDI 问题进行微观层面研究的必要性 ………… 104
4.1.2 企业异质性理论研究框架建立的可行性 ………………… 105
4.1.3 模型框架建立的借鉴与特征 ……………………………… 106
4.2 理论研究的基本框架 …………………………………………… 108
4.2.1 基本模型的设定与演绎 …………………………………… 108
4.2.2 异质性企业 OFDI 区位选择 ……………………………… 109
4.2.3 企业 OFDI 的扩展边际效应 ……………………………… 111
4.3 理论模型的实证检验——广东省企业层面数据的支持 …… 112
4.3.1 计量模型的设定 …………………………………………… 112
4.3.2 核心变量的测算 …………………………………………… 114
4.3.3 实证选取的样本说明 ……………………………………… 115
4.4 主要计量结果分析 ……………………………………………… 116
4.4.1 宏观层面分析 ……………………………………………… 116
4.4.2 异质性企业区位选择的差异分析 ………………………… 118
4.5 本章小结 ………………………………………………………… 121

5 企业异质性与 OFDI 区位选择的模式分解：扩展模型 ……………… 125

5.1 中国企业 OFDI 区位选择中的贸易因素 ……………………… 126
5.1.1 中国企业 OFDI 区位选择模式的重新划分 ……………… 126
5.1.2 企业层面分析中国企业 OFDI 的模式结构 ……………… 128

5.1.3 基于企业层面对 OFDI 与贸易关系的研究 …………… 129
5.2 基于贸易引致的企业异质性扩展模型 ……………………… 132
 5.2.1 模型假设 ………………………………………………… 132
 5.2.2 扩展模型演绎 …………………………………………… 133
 5.2.3 贸易引致型 OFDI 的双重作用 ………………………… 135
5.3 经验模型、估计方法与数据 ………………………………… 136
 5.3.1 经验模型设计 …………………………………………… 136
 5.3.2 估计方法 ………………………………………………… 137
 5.3.3 数据样本 ………………………………………………… 138
5.4 计量结果与分析 ……………………………………………… 138
 5.4.1 基本结果分析 …………………………………………… 138
 5.4.2 进一步分析与检验 ……………………………………… 140
5.5 本章小结 ……………………………………………………… 145

6 企业异质性与 OFDI 区位选择的空间效应：三国模型 …………………………………………………………… 150

6.1 中国企业 OFDI 区位选择的空间因素 ……………………… 151
 6.1.1 中国企业 OFDI 的区位集聚现象 ……………………… 151
 6.1.2 中国企业 OFDI 区位选择的空间效应 ………………… 152
6.2 考虑"第三方"效应的多国模型 …………………………… 154
 6.2.1 模型假设与演绎 ………………………………………… 154
 6.2.2 不考虑存在第三国效应的情形分析 …………………… 157
 6.2.3 考虑存在第三国效应的情形分析 ……………………… 158
6.3 基于分解的中国企业 OFDI 实证检验 ……………………… 160
 6.3.1 计量模型构造 …………………………………………… 160
 6.3.2 核心变量估计方法 ……………………………………… 162
 6.3.3 主要变量的数据说明 …………………………………… 163

		6.3.4 实证结果分析与解释 …………………………… 163
	6.4	中国企业 OFDI 区位选择的网络化：以华为国际化为例 … 168
		6.4.1 华为国际化区位选择的演变特征 ………………… 168
		6.4.2 华为国际化区位选择的边际扩展 ………………… 170
		6.4.3 华为国际化区位选择的网络化效应 ……………… 175
	6.5	本章小结 …………………………………………… 178
7	结论、建议与进一步研究的方向 …………………… 180	
	7.1	研究结论 …………………………………………… 180
	7.2	政策建议 …………………………………………… 183
		7.2.1 深化培育中国跨国企业的核心竞争力 …………… 183
		7.2.2 优化中国跨国企业 OFDI 区位选择布局 ………… 183
		7.2.3 发挥扩展边际效应的整体增长作用 ……………… 184
		7.2.4 积极推动多元化的 OFDI 模式发展 ……………… 185
		7.2.5 制定与完善相关政策，科学引导企业海外投资 … 186
	7.3	进一步研究的方向 ………………………………… 188

参考文献 …………………………………………………… 190

附　录 ……………………………………………………… 209

　　附　录1 ………………………………………………… 209
　　附　录2 ………………………………………………… 212

后　记 ……………………………………………………… 214

1 导　论

1.1　选题背景与研究意义

1.1.1　选题背景

21世纪初以来，随着国际资本流动的恢复与中国经济存量的持续增长，正如20世纪90年代中国一举成为世界吸收外资最主要的国家一样，中国正以迅猛的发展势头成为全球瞩目的OFDI的重要国家。联合国贸易发展组织在《2011年世界投资报告》中指出，中国国际直接投资的流入量和对外投资年流量均保持两位数的高增长，发展势头良好；中国商务部历年《中国对外直接投资统计公报》中显示，中国最近几年OFDI的发展呈明显跳跃的趋势，OFDI流量从2002年至2010年间平均每年以近50%的速度进行增长；截至2010年底，中国的1.6万多家OFDI企业共分布在全球178个国家和地区，投资覆盖率高达72.7%，其中亚洲、非洲地区投资覆盖率最高，分别达到了90%和85%。OFDI流量也创下了688.1亿美元的历史最高值，这个数值相当于"十五"时期中国OFDI总额的2.3倍；据最新的统计数据显示，2011年底，中国境内投资者共对132个国家和地区的3391家境外企业进行了直接投资，累计实现非金融类OFDI高达600.7亿美元，同比增长1.8%，创造了历史新高。

截至 2011 年底，中国累计非金融类 OFDI 高达 2588 亿美元①。尽管整体来看，中国 OFDI 的快速发展只有短短十多年，但目前中国 OFDI 与吸引外资已经呈现近 1:2 的比例，成为全球 OFDI 流量排名第五大国家，同时也成为新兴国家中最大的对外投资国。

在这种大背景之下，中国 OFDI 的快速增长也引起了中外各国，包括学术界、商业界以及政府部门的高度关注。从世界范围上看，自 2009 年起，由欧美多所著名高校自发建立的"中国走向全球化（China Goes Global）"研究机构，已经联合多方资源举办多次国际学术会议，共同针对中国 OFDI 的相关议题进行广泛讨论与深入研究②。同时，近年来世界银行在"全球营商环境"的调研项目中，逐步将中国企业作为重点样本进行统计问卷调查，以此考察中国企业层面投资与商业活动的特征与变化，其广泛的数据来源与较高的统计频率也成为中国企业层面问题研究的基础样本。国际著名咨询研究机构，如波士顿咨询公司，在每年公布的全球前 100 个大型新兴国家公司研究报告中，也越来越将中国公司样本作为考察新兴经济体对外经营活动的参考，并开始集中进行中国公司专项报告，定期出版中国前 50 个大型公司报告；从国内的情况看，在中国的商务部统计部门，近年来公布中国 OFDI 的数据更加全面，结构更加完整，并出台《对外投资合作国别（地区）指南》，用以指导中国企业海外经营。2011 年 11 月 15 日，首届中国海外投资年会在香港举行，中外学者、企业高管与政府决策层共聚于此，深入研讨中国企业海外投资的战略部署③。同时，国家经济和社会发展的"十二五"规划提出重要的对外经济发展战略，即新时期要逐渐从以出口及吸引外资为主，转向吸引外资和对外投资并举的新型战略支点，意味着中国 OFDI 将在中国融入世界经济体系过程中扮演越来越重要的角色。国务院总理李克强也曾多次作出重要批示，将加快实施中国企业"走出去"战略视为"十二五"规划的重大任务，作为开创对外开放新局面的要求。备受瞩目的事实表明，从理论与实践两个层面对中国 OFDI 相关问题进行研究与探讨，具有战略层面的必要性。

1.1.2 研究意义

在世界对中国 OFDI 持续关注、中国内外经济结构逐步调整的背景下，中国未来 OFDI 的发展将面临诸多不确定的挑战与压力。本书以中国企业 OFDI 的区位选择作为研究重心，在理论与实践上均具有重要的意义。

首先，本书运用前沿理论研究中国 OFDI 问题，有助于丰富与完善中国 OFDI 的理论研究，拓宽中国 OFDI 区位选择的探讨思路，为企业更好地进行国际化提供理论指导。进入 21 世纪以来，跨国企业的全球战略布局成为世界各国政府与学术界共同关注的焦点，因此，寻找一种新的理论角度与研究方法来对 FDI 理论进行诠释就凸显其必要性，尤其对于中国这样的大型新兴经济国家就更具深远意义。本书在综合 FDI 领域研究最新成果的基础上，采取新的研究方法对中国 OFDI 进行研究，通过构建企业 OFDI 区位选择动力机制框架，使企业可以清楚地认识到自身 OFDI 区位选择的演化路径，从而在国际化道路上发展得更加稳健。

其次，用企业层面数据考察中国 OFDI 的三元边际扩展，有助于理解企业 OFDI 区位选择的内在动力机制，为进一步优化与提升中国 OFDI 的整体结构与水平创造条件。长期以来，在对于中国 OFDI 如何良性持续发展的问题上，诸多决策都将重点放至宏观层面，忽视了企业微观层面分析对中国 OFDI 增长的重要意义。通过中国企业层面数据的考察，将影响企业 OFDI 区位选择的深层次互动影响机制——数量扩展、模式扩展与区位扩展进行相互关联考察，进而在逻辑上理顺了中国 OFDI 的发展路径以及企业 OFDI 区位选择的动力机制，这对于在整体上增加 OFDI 的总量与优化 OFDI 的结构具有重要作用。同时，研究中国 OFDI 的区位选择演变的路径，有助于中国对所持有的巨额外汇储备进行合理运用，对于平衡中国国内外资本流动，有效解决中国外需与内需之间的发展矛盾，进而保持中国整体经济平稳、健康发展，具有重要的实践意义。

最后，从企业微观层面研究企业 OFDI 区位选择的普遍性与特殊性，有助于总结中国 OFDI 区位选择的基本规律与特征，为中国政府科学指导企业国际化提供决策依据。改革开放以来,中国企业依靠土地与劳动力低成本,在制造业出口上形成比较优势,但随着生产成本的提升,加上近几年人民币的持续升值,企业国际化路径急需要进行深层调整。如今,企业的国际化发展又面临着国际经济错综复杂的不确定性,OFDI 区位选择隐藏着巨大风险。本书基于企业异质性理论,深入企业层面捕捉和归纳 OFDI 区位选择的本质特征,以企业自身实际的能力为根本出发点,全面剖析企业 OFDI 区位选择的结构差异与变化趋势,对于中国政府科学、有效引导中国企业投资海外市场,具有重要的参考价值。

1.2 研究目的与研究方法

1.2.1 研究目的

综上对本书选题背景与研究意义的概括,可以归纳出本书研究所要努力达到的几个目的:

首先,以企业异质性理论为基础,探讨中国企业 OFDI 的区位选择与企业自身生产率差异的内生作用关系,找出影响中国 OFDI 区位选择的宏观与微观关联因素,进而构建不同于西方理论的中国 OFDI 区位选择的动力机制框架,为丰富和完善 FDI 理论做出中国独有的贡献。

其次,运用中国 OFDI 企业层面数据对所构建的模型进行实证检验,找出中国企业 OFDI 区位选择的普遍性与特殊性,为政府进一步制定科学政策,来引导中国企业 OFDI 提供合理的依据。不同于中国国内特殊体制下的企业投资,中国企业无论是国有企业还是民营企业,其对外投资行为都要面临国际法制约的市场经济运营环境。本书通过中国现实中的企业样本进行实证分析,旨在为当前企业 OFDI 的政策走向与现实经验提供一种启发与思路,实现中国整体 OFDI 又快又好地发展。

最后，通过本书的理论与实证研究，将得出中国异质性企业 OFDI 区位选择差异化的动态演变策略，为新形势下我国企业国际化发展路径及策略选择提供启示。本书以企业异质性理论来研究中国企业 OFDI 区位选择问题，旨在证明对于不同国际化能力的企业，其 OFDI 区位选择可以根据自身生产率水平来进行客观评判。通过依据自身真实生产率水平来抉择所进行海外投资数量的多少以及合适的国际化进入模式，制定合理的区位选择策略，从而更好地推进国际化战略。

1.2.2 研究方法

本书的研究定位于理论应用类研究，因此在研究过程中将会采用综合的分析方法，试图以更多维的角度对中国 OFDI 问题进行全面、综合的考察。

第一，理论与实证分析相结合。理论分析法主要对中国企业 OFDI 进行全面观察与深入了解之后，再对企业 OFDI 区位选择的特征与规律进行总结，归纳出异质性条件下企业 OFDI 理论研究的前提假设与逻辑起点，并通过层层推导，最终得出相关结论以指导中国企业 OFDI 问题；实证检验法主要是利用中国企业层面数据样本，对理论模型得出的结论进行检验，最终通过理论分析与实证检验的相结合论证，对中国企业 OFDI 区位选择的相关问题进行深入剖析。

第二，比较分析法。一方面，本书从理论上对传统的以及现代的区位选择理论、国际直接投资理论的思想内涵、贡献与局限等方面进行系统的比较分析，同时将主要研究理论的本质与特征进行细致的论述，用以突出新理论解释本书研究问题的前沿性与合理性；另一方面，在理论与实证分析部分都注重以比较分析的方法，来分析企业 OFDI 区位选择在不同生产率水平、不同模式选择以及空间网络化效应影响下的差异与演变。

第三，定性与定量分析相结合。定性分析重点根据中国 OFDI 的宏观与微观现象所抽象出的影响变量及其相互作用关系进行逻辑分析，定量分析则是根据定性判断，进一步运用计量方法对结论及其相互关系进行现实判断与分析，主要运用 stata12.0 软件进行 Logit 模型与 Probit 模型回归，采用的定量数据是混合时间的企业样本。同时注重定性与定量分析的相结合研究，如在案例分析部分，结合前面的定性分析，也运用了华为公司的定量数据来对本书进行进一步的丰富与完善。

第四，宏观与微观分析相结合。基于本书主要研究企业异质性条件下 OFDI 的区位选择问题，因此微观分析方法是贯穿论文始末的主要特征。本书的数理模型与实证检验都采取从微观层面入手，深入探析中国企业 OFDI 区位选择的本质与规律；同时，在提出主要理论思想之前，本书在理论上沿袭前人学者对宏观层面理论的分析，在实践上也注重对世界与中国 FDI 发展与演变的趋势进行高度总结并进行抽象演绎。以宏观因素为突破点，找到现象表面背后的微观支点；以中国整体 OFDI 发展为基础，对企业 OFDI 区位选择的动力机制进行深层次挖掘。

1.3 研究思路与结构安排

1.3.1 研究思路

本书按照"提出问题、分析问题、解决问题"的思路进行研究。首先，基于理论与现实双重层面的考察，本书提出研究中国企业 OFDI 的理论背景与现实启示，为中国企业"为何、为何能以及如何能"OFDI 进行逻辑梳理；其次，本书基于中国企业 OFDI 的现实情况，对企业异质性的理论模型进行演绎与实证检验，并逐步对基本模型进行扩展与验证，最终从政府与企业两个层面得出中国 OFDI 的政策建议。具体的研究思路如下图所示：

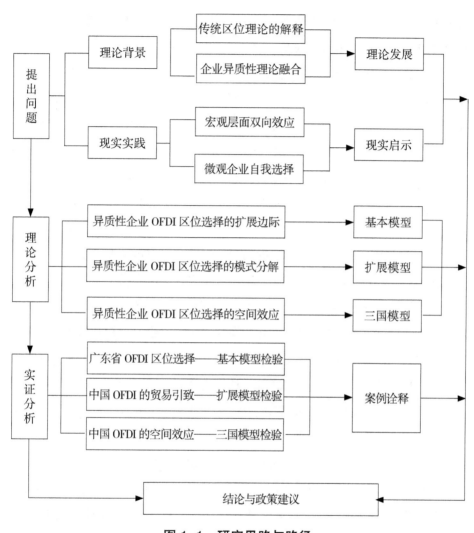

图 1-1　研究思路与路径

1.3.2　结构安排

根据以上研究思路与研究路径的逻辑，本书全篇共分为七个章节，具体的结构安排及其主要内容如下：

第 1 章为导论部分。导论部分首先从宏观层面阐述了本书的选题背景，揭示了本书研究在理论与实践层面所体现的意义,在此基础上提出了本书研究的目的、方法、思路与结构安排,以及可能存在的创新之处。

第2章为理论基础与文献综述部分。第1节对本书研究的主要范畴进行界定,对对外直接投资、区位选择、企业异质性、空间异质性等核心概念的范畴进行重点界定;第2节基于区位选择理论与传统FDI区位理论发展脉络的梳理,将企业异质性理论与FDI理论的融合发展进行系统回顾,为本书的理论研究部分奠定坚实的基础;第3节对国内外对企业异质性FDI理论与中国企业OFDI的研究现状进行全面综述,并对现有研究的特点与不足作出简要的评论。

第3章为中国OFDI区位选择的动力机制研究。本章重点在于构建中国企业OFDI区位选择的动力机制框架。第1节在宏观层面概括了国际直接投资的异质化特征以及中国OFDI的背景;第2节对中国企业OFDI的数量边际扩展进行分析,第3节对中国企业OFDI的模式边际扩展进行分析,第4节又对中国企业OFDI的区位边际扩展进行分析;基于对中国企业OFDI三元边际扩展的概括,第5节构建了中国OFDI区位选择的动力机制框架,通过从宏观与微观层面对三元扩展边际互动关联进行逻辑梳理,进一步明晰了本书研究的基本思路。本章作为总领本书第4~6章的总框架。

第4章为中国企业OFDI区位选择的基本模型分析。本章主要从企业异质性基础理论出发,强调OFDI企业生产率与扩展边际的重要性。第1节阐述基本模型框架提出的背景,为基本模型的建立做铺垫;第2节构建基本的理论模型,对中国企业OFDI的区位选择进行演绎,并初步提出企业OFDI中的扩展边际效应;第4节与第5节通过广东省企业层面数据的收集与处理,从宏观与微观层面对基本模型的结论进行了验证,并对企业OFDI区位选择的差异性进行了分析。本章的理论模型是下面各章进行理论扩展的基础。

第5章为中国企业OFDI区位选择的扩展模型分析。基于第4章基本模型分析所出现的问题,本章第1节首先对中国企业OFDI的模式进行分解,提出了中国企业OFDI区位选择中的贸易因素,并对中国企业OFDI的模式进行了重新划分；第 2 节构建中国企业 OFDI 的扩展模型，通过模型演绎，得出贸易引致型 OFDI 在中国 OFDI 总量中具有双重作用；第 4 节与第 5 节在扩展模型的基础上对中国企业 OFDI 的区位选择差异进行实证检验，并进一步考察了制度区位、经济区位与地理区位与中国企业 OFDI 模式选择之间的关系变化。

第 6 章为中国企业 OFDI 区位选择的空间效应分析。第 1 节对中国企业 OFDI 区位选择的集聚现象进行了描述与探讨，提出中国企业 OFDI 过程中可能存在空间效应；第 2 节基于观察，构建考虑空间效应的三国模型，得出企业 OFDI 可能由于空间因素而产生区位与模式选择的差异；第 3 节运用空间计量方法，对企业 OFDI 过程中可能出现的三重空间因素——距离、生产网络、市场潜力——分别进行考察，并运用中国企业层面数据得出了空间效应对企业 OFDI 区位选择的作用与差异；第 4 节以华为国际化为案例，对中国企业 OFDI 区位选择中所体现的异质性内涵进行分解与诠释，进一步得出本书研究所希望表达的重心。

第 7 章为本书的总结。第 1 节归纳了全文研究所得出的主要结论；第 2 节基于所得出的研究结论，提出中国 OFDI 在企业与政府两个层面相应的政策建议；第 3 节提出本书研究所存在的不足与挑战，以及未来进一步研究的方向。

1.4 主要创新

第一，本书基于企业异质性理论框架，以及中国 OFDI 发展的现实，通过构建中国 OFDI 区位选择的动力机制，以新的视角深入研究中国企业 OFDI 区位选择的基本特征与演变趋势，考察的对象与方法更微观、更具体。因此相对于前人的研究，本书所得的研究结论更富有微观基础；进一步，本书基于中国微观企业的样本进行实证检验，系统验证了企业生产率在其 OFDI 发展过程中的重要性，以及由此引致的中国 OFDI 区位选择直接与间接的差异性，判断出企业异质性与中国企业 OFDI 之间可能存在内生的关系。

第二，本书研究立足于中国 OFDI 发展的现实，在西方企业异质性理论的基础上对模型框架进行扩展，深入研究中国企业 OFDI 区位选择中的特别现象，即贸易引致型 OFDI 成为中国企业 OFDI 区位选择的主要拉动力量；进一步，本书将这一现象观察纳入模型框架中，明确提出在企业生产率水平差异条件下，中国 OFDI 区位选择可以呈现不同的投资模式，进而实现多种 OFDI 模式并存的区位多样化分布。本书的实证检验也得出了一致性的结论。

第三，不同于前人对中国 OFDI 发展的研究，本书的理论含义与实证结论都强调中国企业 OFDI 扩展边际对 OFDI 总量提升的重要性。在此基础上，本书将中国 OFDI 的扩展边际梳理为三层含义，进而首次提出中国 OFDI 增长来源的三元扩展边际：第一层为 OFDI 企业数量扩展对 OFDI 总量增长的贡献程度，第二层为企业 OFDI 模式扩展对 OFDI 总量增长的贡献程度，第三层为企业 OFDI 区位扩展对 OFDI 总量增长的贡献程度；进一步，本书分别从可能扩展的三元边际提出了提升中国 OFDI 总体水平，以及调整与优化中国 OFDI 结构的政策建议，得出的结论更具针对性与可行性。

本章注释

① 数据来源：中国商务部中国对外投资与经济合作司统计数据，http://www.fdi.gov.cn。

② 2012 年将举办第六次"中国走向全球化"学术论坛。

③ 更详细的信息请参考"中国海外投资年会（COIS）"官方网站，http://www.cois.net/。

2 理论基础与文献综述

2.1 范畴界定

2.1.1 对外直接投资

按照中国商务部对外经济合作司的解释,对外直接投资(Outward Foreign Direct Investment,下文简称 OFDI)是指企业、团体等(统称为境内投资者)在国外及港澳台地区以现金、实物、无形资产等方式投资,并以控制国(境)外企业的经营管理权为核心的经济活动。OFDI 的内涵主要体现在一经济体通过投资于另一经济体而实现其持久利益的目标[①]。

企业若发生 OFDI 行为,则需要直接拥有或控制 10% 或以上投票权(对公司型企业)或其他等价利益的境外企业。境外企业按设立方式主要分为子公司、联营公司和分支机构。子公司是指境内投资者拥有该境外企业 50% 以上的股东或者成员表决权,并具有该境外企业行政、管理或监督机构主要成员的任命权或罢免权;联营公司是指境内投资者拥有该境外企业 10% ~ 50% 的股东或者成员表决权;分支机构是指境内投资者在国(境)外的非公司型企业,其中境内投资者在国(境)外的常设机构或办事处、代表处视同为分支机构[②]。

而这三类都可以视为中国跨国企业的 OFDI 行为。根据王念祖（1999）的界定，跨国企业不一定是严格的由许多国家所组成的"多国公司"，也可包括不是以严格的公司形式组织的企业。跨国企业的活动范围虽然不限于直接投资，但是任何企业只要在国外有直接投资，便可视为跨国企业。OFDI 的选择模式分类有很多种，参照李春顶（2009）的归纳，可以将中国企业的 OFDI 模式划分为 9 种[③]：

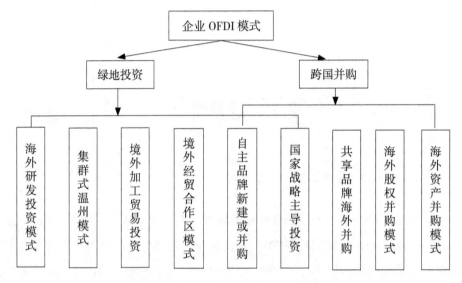

图 2-1 中国企业 OFDI 进入模式

企业 OFDI 又不同于对外间接投资（OFII）。根据海外中国国家外汇管理局公布的中国国际投资头寸统计[④]，对外投资主要有直接投资和间接投资两种，中国购买美国国债属于间接投资，而直接投资主要就是直接到海外购买资产，比如，收购澳大利亚煤矿，或者上述的绿地投资等。

本书结合西方理论思想，为了更好地研究 OFDI 的区位选择问题，则从另一个角度将企业 OFDI 的模式分解为三类：水平型 OFDI，垂直型 OFDI，混合型 OFDI。其中，每一种 OFDI 模式又可以包含贸易引致型 OFDI 与出口平台型 OFDI 两种模式。而每一种 OFDI 模式都包含绿地投资与并购投资，而这两者不作为本书主要研究的角度。

2.1.2 区位选择

区位的概念最早来源于德语中的"Standort",最终确立为目前英语中通用的"Location"是在1886年。最初的区位概念在地理学中定义为两层含义:一层是指事物所处的位置,另一层是指该事物与其他相关事物之间在空间上所发生的联系。从广义的含义理解上讲,其实区位不仅包括地理学上所讲的位置,同时还可以将区位视为为某事物设定目标的一个地区或者范围。区位活动作为人类活动的最基本的行为单元,日益成为人们工作、生活以及企业生产、经营最基本的要求,可以说经济主体在地理空间上的每一次行动都可以形成一次区位选择的活动。

历史上对投资区位选择活动进行研究的学者有很多,其中较典型的有屠能的农业区位论、韦伯的工业区位论、克里斯泰勒的中心地理论以及霍特林的空间竞争性理论。对于扩展到国际投资区位选择理论的研究,具有典型特征的包括基于产业组织的内部化理论、基于市场结构的垄断优势论、基于产品生命周期的区位理论,以及基于产业分工的比较优势理论与产业集群理论等,这些理论总体上被视为宏观层面的研究。而在不完全竞争市场与规模报酬递增条件下,许多学者进一步在企业层面研究投资的区位选择活动,又引发了对区位选择微观层面研究的兴起。本书的研究视角就是从企业微观视角入手,并结合宏观因素建立理论框架,以完整的理论体系来对中国OFDI的区位选择问题进行研究。在统计界定上遵循商务部的原则,按照OFDI的子公司、联营公司、分支机构所在国家及地区的统计,再基于地理空间、经济空间和制度空间的角度对企业OFDI的区位选择进行划分,研究企业在不同地理空间区位(各大洲)、不同经济空间区位(发达vs不发达)及不同制度空间区位(制度水平高vs制度水平低)的选择差异问题。

2.1.3 企业异质性

无论是新经济增长理论模型、新贸易理论模型还是新经济地理模型，其模型结论都基于所有企业具有同质性的假定基础之上。尽管也有如 Porter（1994）和 Dunning（2000）等学者强调企业垄断优势所带来的企业市场选择行为，但是都将企业利润与竞争优势的来源视为外生给定，比如强调外生的不完全竞争市场结构所带来的垄断租等。但是越来越多的事实表明，企业竞争优势与利润增长的来源不仅取决于外生的市场结构，而且更多地取决于企业内部要素禀赋与核心生产经营能力的差异。因此，研究企业异质性，即以企业内生的优势差异来源为研究主体，从而解释企业的外在竞争能力与市场选择行为的差异，就变得十分重要。

在国际经济的贸易领域，最初 Bernard et al.（1995）通过对美国企业层面数据的考察，发现出口企业与非出口企业在企业规模、生产率、资本与劳动密集程度等方面存在差异。许多经济学家都认为，生产率（特别是劳动和资本要素投入生产过程中所体现的生产率）被学者广泛认为是推动经济长期增长的重要动力。对于生产率的重要性论述，就像 Krugman（1997）所认为的那样：生产率不是最重要的，但从长期来讲，它代表一切。因此，在 Metliz（2003）之后利用主流框架研究企业异质性，在衡量企业异质性的时候，最为普遍的是利用企业之间的全要素生产率（TFP）差异来衡量企业异质性[⑤]。在衡量企业生产率异质问题上，不同的学者运用了不同的尺度，如企业规模、劳动生产率、资本存量与全要素生产率等。但一般来讲，更多的所使用的是企业用全要素生产率（TFP）来衡量企业间生产率差异的。随着计量经济技术的发展，TFP 的计算日益复杂，先后经历了 DEA 包络估计法、参数估计法、半参数估计法等，而 TFP 的相关研究在国内比较著名的有王兵（2004）、李春顶（2009）等。本书沿用测算 TFP 的方法对企业生产率进行衡量。

同时，企业异质性理论概念中不可忽视对生产率阈值（threshold value）的理解。阈值又叫临界值，在英文中的同义词为 threshold，是学术研究中的常用语。它是指令对象发生某种变化时所具备的某种条件的值，其依照条件本身可以以不同单位来表示。值得注意的是，一般人常常使用"阀值"这个名称，其实这是历史上由于错误习惯而形成的非学术概念。而且，阈值的概念与"极值"不存在必然的联系。阈值被广泛应用于包括心理学、生物学、建筑学、化学、航天学、通信电子等多个领域。当然，近年来这个概念也在经济学领域得到广泛应用。经济阈值（economic threshold）首先由 Stern（1973）于20世纪50年代正式提出，他用防治害虫的最低经济危害水平来描述，即引起经济损失的最低害虫密度。本书所使用的生产率阈值概念，同样沿袭前人研究的界定，将其定义为企业区位选择的改变所要达到的最低生产率门槛值。

2.1.4　扩展边际

扩展边际的概念相对于集约边际而言，其产生背景也源于企业异质性理论。除了对企业生产率的关注，Melitz（2003）的模型还可以用来解释现实中容易被忽略的一个现象，即随着贸易自由化程度的加深，贸易的增加不仅可以通过已有的贸易关系来实现，也可以通过企业数量或者目标市场的增加来实现。当贸易自由化导致贸易成本下降时，两种机制会同时发挥作用：已有的出口企业会增加其在国外市场的贸易数量与额度，即贸易的集约边际（the intensive margin）；新企业会进入出口市场，或者已有企业会进入更多的目标市场，即贸易的广延边际（the extensive margin）。因此，贸易的集约边际指现有出口企业与出口产品单纯量的增加，而贸易的扩展边际则指出口市场存在新企业的进入、出口产品存在种类的增加或者企业区位选择存在目标市场的增加。本书基于异质性企业理论二元边际的概念，将集中关注企业 OFDI 在扩展边际上的效应与变化。本书将 OFDI 企业的扩展边际范畴界定为三个方面：

OFDI 企业数量的增加、企业 OFDI 进入模式的增加与企业 OFDI 区位选择中目标市场的增加。本书将在第 3 章提出三元边际扩展的内在互动关联机制，并在第 4~6 章逐一论述这三种扩展边际的作用与变化。

2.1.5 空间异质性

本书也根据新经济地理学理论将空间纳入分析框架的思想，试图考察空间因素在企业 OFDI 过程中的作用与效应。空间异质性按照新经济地理学的定义，主要是考虑以距离为衡量标准的冰山运输成本对经济活动的影响。后来，许多空间计量经济学家发展了这一思想，使用更为复杂的方法来衡量空间效应，如除了考虑距离加权矩阵来衡量空间异质性之外，也使用经济权重矩阵或者社会网络权重矩阵来加以衡量。由于本书重点研究的是中国企业 OFDI 的区位选择效应，并不是集中考察空间因素与 OFDI 之间的内生关系，因此根据传统的方法，本书将距离因素作为衡量空间异质性的主要标准，将在本书第 6 章中加以体现。

衡量空间异质性的方法至今还没有统一。很多学科也都有各自常规的衡量方法。基于研究需要，以及企业异质性理论的把握与扩张，本书将空间异质划分为：① 地理空间差异，主要指物理距离所代理的运输费用，还有经距离加权之后的市场潜力、空间网络化效应等；② 经济空间差异，主要是一些直接影响投资或运输成本的经济因素，如关税、GDP、工资水平、市场准入水平等；③ 社会与制度空间差异，主要是影响企业区位选择预期的东道国社会与制度因素，如文化、语言、社会网络、国家安定、透明、公正与效率等。

结合 Chaney（2011）的研究，本书将企业异质性与空间异质性综合进行考察。本书将前述对企业异质性的界定视为企业异质性条件下 OFDI 的第一阶段，即企业这个时候凭借自身生产率自我选择到不同的东道国中，企业 OFDI 的区位选择具有随机性；而当考虑了具有"第三方"的空间网络化效应之后，本书重点考察企业异质性条件下 OFDI 的第二阶段，即存在空间网络化效应的前提下，考察企业 OFDI 的区位选择随着企业海外分支机构的生产率与模式的不同而改变。

2.2 理论基础

2.2.1 区位选择理论

19 世纪 20 年代至 20 世纪 30 年代是区位理论传统分析的形成时期。最初的传统理论发展主要有农业区位论、工业区位论、中心地理论与战略性空间竞争理论。四大传统主要采取微观经济学的分析方法，分析生产要素价格对区位分布的影响，以及生产要素价格变动对区位变动的影响。这些分析传统都不考虑政府行为对区位选择的影响，隐性假设政府提供不依时间和空间变化的制度与政策。这一时期区位理论研究的学术中心在德国，美国和英国也出现部分研究者。

1. 最初发源阶段

区位理论最初是为了解释不同的农产品将在哪里生产的问题而发展起来的。这里有两个具有相互补充性的理论分支，即李嘉图（Ricardo, 1821）和冯·屠能（Von.Thunen, 1826）所提出的地租理论，以此作为最古老的具有空间特征的经济范畴。前者建立的是相对土地肥力差异的地租理论，忽略了运输成本的存在；而后者建立了考虑运输成本的农业区位理论，却由于假设土地在空间上是均质的而存在很大的局限性。

李嘉图理论所衍生的区位理论关键点在于其外生空间非均质性的假设，即自然资源禀赋和地形等差异，于是产生了一种以比较优势理论为基础的区位理论。但是总的来说，这种所谓外生的差别性实际上没有脱离新古典经济的理论框架，最终结果可能根本没有突出区位这个因素的重要性所在，也就不会进一步对区位经济理论产生更深远的意义[⑥]。

因此，真正对于现代区位理论构成基础作用的是屠能的理论。他在代表作《孤立国同农业和国民经济的关系》中表达了自身的理论，即区位的均衡会产生一组环绕中心市场的代表特定使用的同心圆。而农业以及运输的价格可以被当成是内生变量，由此发展成为农业土地租金与土地利用的一般均衡理论，随后又被发展成为探索中心与次中心的内生形成问题。目前，这一逻辑框架被用于研究城市体系或区域的区位均衡问题。这一分析传统的后续贡献者以阿朗索（Alonso,1964）为主要代表，其著名的城市商业土地模型也是从屠能的分析角度入手，把城市商业土地模型中的中心商业区看作是中心市场，而将不同的企业看作是不同的农产品。

尽管作为区位研究的基本立足点，屠能理论对韦伯以及克里斯泰勒等后来的区位理论产生了很大影响，但是，屠能的理论也存在一些明显的局限性，首先是其均质的空间假设与现实不相吻合而给后来理论的扩展带来了空间，其次是其研究视角只单一考虑农业土地利用而忽视了对城市周边土地利用的重要性。如今国家发展中，尤其是城市发展，都将城市周边土地的开发利用视为城市化发展最重要的研究之一。因此屠能的地租区位理论应当在全面考虑各种因素的基础上对应现实做出一些扩展。

2. 工业区位论的发展

（1）产生背景

工业区位论是以第一次产业革命为背景产生的。当时资本主义的发展为区位论的研究提出了紧迫性和可能性的时代背景：第一，产业革命使经济技术上的社会分工不断深化，这种分工不仅表现在农业和工业之间，也表现在工业生产的内部。工业分工在地域上表现为出现了一系列的原料地、燃料地、生产地和消费地。这样，原料地与消费地的分离，货流量的不断增加就需要人们研究生产布局的最佳地点，以降低生产过程中的运输成本及其他成本，而对于钢铁工业、机械工业等消耗原材料多、产品较笨重的工业来说研究运费及成本尤其重要；第二，资本主义生产竞争的不断加剧迫使厂家选择最有利的建厂地点，以便更方便地获得生产所需要的原材料、燃料，以使成本最低而利润最大。在这种经济及社会背景下，能否选择最佳区位，往往是企业成败的关键。

（2）韦伯区位论

韦伯（Weber，1909）在上述的背景下提出了自己的工业区位论，并以《纯粹区位理论》为代表作确立了他继屠能之后在区位理论方面的主导地位。在理论中，韦伯抽掉其他一些成本，解决了厂商生产、投入与产出的运输成本之和最小化而使得工厂的区位选择达到均衡状态的问题。这一研究思路后来被运用到公共设施的最优区位规划等多种领域。

韦伯认为，最低成本就是企业区位选择的基本因素，只有经济因素影响工业区位，经济因素主要是成本因素。成本因素有多种，他认为真正起作用的只有运输成本和劳动成本两项。他分析运输成本与工业区位的关系，提出原料指数概念，将其定义为需要运输的只存在于局部地区的原料重量与成品重量之比，意味着不同性质的原料对工业区位的影响是不相同的。而通过分析劳动成本与工业区位的影响，提出劳工系数的概念，将其定义为每单位重量产品的平均工资成本，意味着某种工业所需运输的原料及成本的总重量越大，就越不容易被工资低廉地区所吸引。韦伯将两种成本的最小化视为工业区位选择所考虑的最重要的因素，因此其工业区位论被称为"最小运输成本理论"。

因此韦伯设想，理想的工业区位应该选在生产费用最小的地点，并分三个步骤分析了区位选择的规律。第一个步骤，工业区位应选在运费成本最低的地方，因为运费对工业区位起着最强有力的决定作用，运费包括原材料、燃料及产品的运输费用，总运输费用最小的地点即工业区位初次选择的最佳地点。第二个步骤，要考虑工资对工业生产的影响。韦伯认为，如果在运费最低的地点工资并不是最低，假定厂址从运费最低点转移到工资成本最低点时，运费的增加量小于工资的节省量，那么区位选择就应该放弃运费最低点而选择工资成本最低点,即应该选择工资与运费之和为最低的地点。第三个步骤,要考虑工业集聚的作用。韦伯认为,工业集聚力的作用如果十分强大,那么它可能使生产区位放弃由运费及工资定向的地点而转移至集聚经济效益最明显的地点。这样,他所得出的结论是:如果某种工业原料指数越大,则工业区位应接近原料地以节省运费;如果某种产品的劳工成本指数越大,那么这种产品的生产就越容易被工资低廉地区所吸引;而如果某地区的工业集聚力量大到足以赶上工业所考虑的工业原料因素和劳工成本因素,那么这种产品的生产也应该定位于这个地区。

韦伯理论研究的学术意义在于分析并总结了不同类型的工业应该有不同的区位选择规律。他虽然没有指出各个工业部门及行业的原材料运输因素及工资因素等作用力的大小,但很显然,现实经济生活中的工业布局与其理论是大致相符的,凡是产品总成本(包括运输成本、原材料价格成本、劳动力成本等)中运费占有较大比重的工业,运费在布局中所起的作用就较大。如钢铁工业、建材工业、造纸工业、制糖工业等的原料指数非常高,像这样的工业部门,在世界各国的工业布局实践中,一般都选择运输定向,即选择运费最低点为实际的布局地点。

但是,韦伯的理论忽略了市场对工业布局的影响,其最小成本原则没有从在市场的角度来进行研究。正如廖什(Losch,1940)评价的那样,韦伯的理论假定市场的"销售问题已经解决",而脱离市场的结果往往是其最小成本原则并不一定可以达到获得最大利润的市场均衡。虽然韦伯奠定往后区位理论发展的良好基础,但是其理论的最大弱点是局部的静态分析。

(3)工业区位论的发展

20世纪30年代,帕兰德(Paronnaud,1935)在学位论文《区位理论研究》中提出了自己的区位理论。他主要考虑两个层面的问题,第一个问题与韦伯相似,即在考虑原料成本和市场位置的情况下生产活动应该选择在哪里的问题;第二条就是他独到的认识之处,即认为某地的价格若等于生产地价格加上到消费地的运费,那么该地方价格在运费与距离成比例时将随着离生产地距离的增加而增加。这样，他认为只要两地以此计算的地方价格是相等的，则与在哪里购入产品的差别是无关的，所有的等价格线的点只要连接在一起，就可以得到同一类产品的市场界限。

因此，帕兰德的理论揭示了产品价格、运输费用同市场的关系，这一理论视角可以适用于探讨市场地域，尤其是商业的选择问题，因为商店就是商品的集散中心，而最大范围地占据市场是商业选址的基本追求。根据帕兰德区位论，运费可以理解为消费者到商店的交通费用，离商店越远，顾客付出的购买成本就越高，而处于交通枢纽地带的话就会使得顾客购物方便快捷，从而吸引大量顾客，扩大市场，增加销售利润。

后来，廖什（Losch，1940）把韦伯的生产区位同市场因素结合起来，认为企业应该尽可能接近市场来进行生产，获得利润的最大化应该是企业布局的原则和目标，因此廖什的理论可以被称为"最大市场原则"。廖什认为，如果生产厂家距离消费者的距离太远，则距离增加必然导致运费增加，当运费价格加上产品价格构成的商品销售价格过高而被消费者所不愿接受时，就超过了企业区位选择的范围。

廖什和帕兰德的区位论同屠能和韦伯的区位论相比，突出了企业自身的范畴，把市场与区位问题相联系，不仅使生产地区位问题与价格、市场等因素联系起来，而且更适合于商业的区位选址，所以可以统称为市场区位学派。

但是实际上，廖什和帕兰德对区位理论市场因素的强调与韦伯的最小成本区位理论没有冲突。韦伯的成本包括生产成本和运输成本，当考虑运输成本因素而使企业的区位选择更强调运输成本最小化时，实际上也就是对市场因素的考虑。但是，廖什强调市场因素对消费者需求因素，也是成本因素所不能考虑到的，因此两者的结合会更加符合现实。

3. 中心地理论

（1）克里斯塔勒中心地理论

克里斯塔勒（Christalle，1933）凭借发表的《德国南部的中心地原理》，创立了中心地理论（Central Place Theory），提出了用以说明提供不同服务的村庄和城市的等级制度为何会出现，以及这种等级制度又为何因地而异的一般理论（Christalle, 1998），被公认为是"有效地说明了城镇为什么存在，是什么决定了它们的发展，以及它们在地区和国家里的次序是如何排列、如何产生的一种理论"。他以韦伯区位论的静态局部均衡理论为基础，将地理学的地域性和综合性特点同区位论学说相结合。书中对当时德国的几大城市进行了细致的实证分析和验证。他的理论后来成为城市经济学的理论来源。

以克里斯塔勒为代表的中心地分析传统，从出发点来看，最主要想解决商业区位的决定问题，即不同等级市场区的区位决定问题。他通过大量的事实例证揭示了具有层次的地域中心地的形成和变动原理，从研究地图上的聚落分布开始，确立了中心地理论的一系列原理，并提出城市中心地理论，认为城市具有等级序列，是一种蜂窝状的经济结构，城市的辐射范围是一个正六边形，而每一个顶点又是次一级的中心。该理论深刻揭示了城市、中心居民点发展的区域基础及等级——规模的空间关系，有效地说明了城镇为什么存在，是什么决定了它们的发展，以及它们在地区和国家里的次序是如何排列、如何产生的，有时亦成为城市区位理论。中心地理论是以古典区位论的静态局部均衡理论为基础，进而探讨静态一般均衡的一种区位理论，为以后动态一般均衡理论开辟了道路⑦。

（2）中心地理论的对比与评价

实际上，廖什（Losch，1940）的理论中也存在很明显的中心地理论色彩。从分析方法上来说，他通过总结以前的区位理论，特别是结合克里斯塔勒中心地理论，将静态的、单方面的农业区位论和工业区位论扩展为动态的、综合的空间经济理论，并利用市场利润原则来说明区位趋势。他所提出的蜂窝状六边形市场区的概念被广泛使用。可以说，廖什对克里斯塔勒的中心地理论思想具有继承性，因为在他们的理论中都出现了具有等级的中心地。因此，廖什的理论对中心地理论也有一定的贡献。

但同克里斯塔勒的中心地理论相比，廖什的理论存在很大的差异性。

首先，两种理论建立的前提不同。克里斯塔勒强调人口呈规律性的分布，而廖什的六边形市场系统模型是在人口和需求均等的基础上形成的；其次，克里斯塔勒的理论是根据商品销售范围的上限由上而下地布局，即首先布局的是高级中心，然后是低级中心，而廖什的理论是按照各种商品的必要的运输距离，即商品销售的下限，由下而上构建中心地的市场系统；最后，克里斯塔勒的理论将中心地等级与所供应的商品种类之间是明确的对应关系，即同一等级中心地的中心职能相同，所供给的商品的种类也相同，一般高级中心地具有低级中心地的所有职能，但是在廖什的理论中，即使是同一等级的中心地所提供的商品种类也不相同，高级中心地也不一定具有低级中心地的所有职能。

然而，中心地理论也显示出其自身的局限性，即不能解释中心地格局的内在形成过程和动力。理论论证了正六边形的格局是有效率的，但是没有明确说明它是从何种非中央化过程中演化而来的，它的动态的演化机制究竟是什么。因此，中心地理论更像是一种描述而非理论解释。

4. 战略性空间竞争理论

由于空间阻力的存在，非竞争行为应运而生。战略的选择是在时间和空间上的权衡。当厂商对于他们产品的价格具有控制权时，每个厂商决定在哪个地区定位以及索取什么样的价格，都会考虑到他的竞争对手对于他所采取的策略的反应——因此空间战略竞争的理论也显得十分重要。

以霍特林（Hotelling，1929）为代表的战略性空间竞争理论引入双头垄断区位均衡（the stability of spatial competition for the spatial duopoly）概念，以及对"冰激凌卖者模型"（Icecream vendor on the beachmodel）进行分析，不但在区位理论体系中有重大影响，而且是分析区域垄断竞争模型的典范。这个理论突破单个主体区位选择的传统分析思路，考虑在有竞争时如何选择区位，这为以后区域竞争理论的发展提供了思路。这一分析传统的后续贡献者主要有张伯伦（Chamberlin，1953）、勒纳（Lerner，1937）、史密斯（A. Smithies，1966）、伊顿和格里普斯（B.C.Eaton，R.G. Lipsey，1975）、布朗（Stephen Brown，1989）等。

战略性空间竞争理论将空间决策引入了空间竞争理论，突破了商业竞争研究以价格和产量作为主要竞争手段的传统分析思路，成为一种非常重要的商业区位决定理论。同时，这个理论突破了单个主体区位选择的传统分析思路，考虑在有竞争时如何选择区位，这为以后区域竞争理论的发展提供了思路。

但是这一理论研究所得的一系列模型的均衡解很难被认定，即使存在均衡解，其特征对所采取的假定的反应也是异常敏感，可能受有关战略、运输技术、需求函数的特征等假定非常大的影响。因此尽管战略性空间竞争理论能够解释许多问题，但是由于存在多种可能的均衡解而体现出复杂性特征，可以说它很少能够提供预见性的内容。

5. 其他非传统区位分析范式

以行为经济学为主的区位理论很大程度上突破了新古典区位理论三大假定的限度，它将组织理论和心理学当成理论基础，既是重视区位主体的区位动机和选择过程的，也是行为和区位的相结合。行为科学学派采用归纳法进行研究，通过对经验观察到的现象进行分析、概括，进而得出一般性的结论。它研究企业在区位决策方面实际上的过程，考虑到了企业在合理规划的能力以及可拥有的资源和流动性方面的差别，进而研究企业的实际行为和所运用的决策原则。行为学派的主要观点有：第一，区位决策中必须考虑到启迪式过程。由于企业区位决策过程中存在着长远性和高不确定性的特点，因此企业很少能在决策过程中进行精确、复杂、缜密的最佳化计算，取而代之的是运用简单的方法，按经验原则处理，即启迪法。这种解决模式意在依据观察，用可替代的支出（费用）寻找一个可供采用的解决方式。第二，企业进行合理规划的能力存在差别。由于企业在人力资源、管理能力、决策水平、拥有信息数量和企业文化方面各不相同，体现在企业合理分析和规划的能力千差万别，所掌握、处理和利用信息的关键能力更是存在差别。第三，企业在可支配的资源和组织方面存在差别。企业区位选择不仅取决于可拥有的信息和对信息的使用，而且也取决于企业拥有的资源数量和组织条件[⑧]。

从以上论述中我们可以得出新古典区位理论与行为区位理论的区别：行为区位理论在区位决定过程中未假定理性经济人；行为区位理论假定区位选择主体有多样的动机和目标；新古典区位理论不考虑企业结构与组织管理的差异，但行为区位理论很重视其差异，尤其是行为区位理论重视企业内部区位选择主体的作用，还考虑内部组织与外部环境之间的相互作用。

值得我们注意的是，虽然行为区位理论正确认识到新古典区位理论的问题及限度，但是它的理论性和分析性不强，较侧重于描述。并且，虽然以行为经济学为主的区位理论力图揭开黑箱子的秘密，但是它同样也无法跳出自身研究的狭隘视角，难以解释黑箱子和宏观外部环境之间的关系。

在20世纪30年代左右也出现过考虑受政府行为政策左右的区位分布理论，典型的阵营有两个，一个是以英美发达国家经济学所提出的传统经济学分析，代表人物有丹尼森（Dennison，1962）。继丹尼森之后，许多学者对政府因素的关注一直延续，他们通过对20世纪60年代英国区域经济政策的效应研究，认为要改变英国各地区之间收入分配格局和国内资源配置状况，政策调节是重要的；同时指出影响工业区位变动最重要的区域经济政策是投资津贴、移民鼓励、就业补贴、教育经费增加、扩大地方市场等。还有学者通过分析区域经济政策效应，来探讨政府的作用应该如何衡量。这方面主要的研究者有霍华德（R. S. Howard）、布朗（A. J. Brown）等人。而另一个典型阵营是以苏联的工业布局思想为代表。由于本书遵循新古典一般均衡的讨论范式进行综述，故在这里不再论述这一阵营。

另外，同样在国家宏观层面出现了区位论的结构主义学派。以结构主义为主的区位理论重视国民经济运行与社会发展的大背景对于企业区位选择的作用和影响。这一学派认为区位是经济结构的产物，尤其是资本主义结构的产物。以结构主义为主的区位理论认为产业区位及其变化是资本主义市场经济的产物，资本主义的历史发展以及生产过程就是企业行为和组织行为的整体结构框架，其生产过程具有广义的含义，包括政治结构、资本劳动关系的社会过程。结构学派认为，区位条件是动态变化的，是在社会生产和再生产的过程中被"生产"出来的,受到大企业的战略、劳资双方的冲突和国家政策的影响和制约,是社会发展过程的结果。麻斯(Massey D,1977)和斯密(Smith DM,1966)是结构主义学派的典型代表。

6. 新经济地理学的区位论发展

新经济地理学区位论的核心研究是把集聚的力量和扩散的力量的平衡视为区位的均衡,即当经济活动在区位上更加集中时,所发生的恰恰是递增的运输成本与递减的生产成本之间的互换。

从市场结构上讲,不完全竞争理论由张伯伦(Chamberlin,1933)和罗宾逊夫人(Joan Robinson,1933)提出,应用到了新经济增长理论、新贸易理论和新经济地理理论,本书将其称为市场结构异质性;距离空间的异质性实际上从李嘉图(Ricardo,1821)开始就已经提出,至今作为区位理论乃至区域经济学的基石之一,也是新经济地理学不可缺少的考察因素;规模报酬递增是Dixit和stigliz(1977)运用垄断竞争模型推导出来的,在现代经济学研究中应用广泛,可以说是诸多学科最新发展的基石,本书将其称为产业异质性。Krugman(1978)正是将上述的各种与新古典经济假设相悖的"异质性"融入模型,结合市场关联放大效应,运用新古典均衡分析框架来得出经济地理视角下的市场均衡。

理论的核心取决于向心力和离心力之间的平衡。其中,向心力指的是促进经济活动空间集中的力量,离心力指的是与这种集中背道而驰的力量(见表2-1)。该理论使用模型来表示从均衡到非均衡变化的"支撑点"和"突变点",从而显示了存在运输成本和规模报酬递增情形下城市、区域甚至国家之间产业的演化过程。

表2-1 两种力量对比

向心力	离心力
市场规模效应(关联效应)	生产要素的非流动性
密集劳动力市场	地租
纯外部经济	纯外部不经济

资料来源:摘自Fujita、Krugman and Venables所合著的Spatial economy: cities, regions and international trade。

新经济地理学对区位形成过程可以表述为：一个经济规模较大的区域，由于前向和后向联系，会出现一种自我持续的制造业集中现象，经济规模越大，集中越明显。运输成本越低，制造业在经济中所占的份额越大，在厂商水平上的规模经济越明显，越有利于聚集，"中心—外围"结构的形成取决于规模经济、运输成本和区域国民收入中的制造业份额。

"中心—外围"模型是新经济地理学理论中最有代表性的一般均衡区位模型。该模型通过将报酬递增条件下的制造业份额与工人的流动份额加以内生化，得出地区生产结构随距离的变化而呈现出非线性关系。总体说来中心区域和外围区域的经济互动中包含了集聚效应和扩散效应两种重要的效应。居于经济活动核心的区域在经济开始发展的时候，集聚效应往往比较强，大量生产要素向核心靠拢，而外围区域则会遭受一段缓慢发展的时期。随着中心区域的发展，稀缺性生产要素的价格上升，导致扩散效应开始增加，从而提升了外围区域的发展速度。

对于区位的转移研究，在新经济地理理论中，著名的"战斧模型"形象地描述了区位的转化过程[9]。

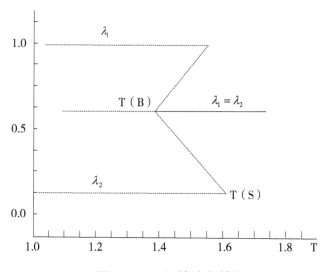

图 2-2　区位的演化转换

从图 2-2 可以看出，假设两个地区最初劳动力份额是均等分布的，由于运费成本非常大，因此不存在两个地区劳动力流动的可能，因此当运费在 T(S) 右侧时，地区间产业的区位转移也是不会发生的；随着运输费用的不断降低，两个地区的劳动力份额开始出现转变，由于地区 1 发生了强化的国内市场效应，因此劳动力开始向地区 1 突发集聚并一直会持续下去。这样两个地区的产业份额发生非常大的转移，两地区的区位变换开始呈现"中心—外围"的特征。

新经济地理学研究的最大意义，是 Krugman 在新古典经济学框架中引入了空间异质性、市场结构和产业结构的异质性，从而得出了规模报酬递增情况下的集聚力量，再与运输费用等一系列扩散力量进行演化平衡，最终形成了小到城市大到全球的空间均衡状态。这种状态的典型形态即"核心—外围"状态。

另外，在以往的区位理论研究中的运输成本不是忽略不计，就是用一种非常复杂繁琐的计算方法来进行衡量，很多思想都非常富有启发意义，但是在应用过程中的运费处理方法一直没有很好的方法。而新经济地理学研究中使用了冰山成本假设，这与以往研究区位论中关于运输成本的处理产生了明显的区别，这种冰山成本假设可以更加恰当地处理运输成本。

而其在缺陷上也是显而易见的。众所周知的是，新经济地理学模型仍然依靠诸多强假设来进行理论说明（Fujita，Krugman 和 Venables，1999），特别是假定了个体存在相同的偏好。尽管这样的一个假设在经济学研究领域是普通而常见的，但是感觉限定可以移动的个体仅仅以相同的方式来反映地区之间的差异性是非常令人勉强的。值得一提的是，Baldwin et al.（2003）综合编写了一本 *Economic geography and public policy*[⑩]，可以说是中国引入新经济地理学正统学习的第一本教材[⑪]。

2.2.2 国际直接投资区位论

对跨国企业 FDI 的理论研究最早能够追溯到 20 世纪 80 年代，跨国企业FDI理论集中于从优势论、动因论等角度来研究企业FDI的区位因素与战略因素等。这些前人的思想具有很大的理论借鉴意义，可以说也是促成后来FDI理论的发展根基。但是，受到当时条件的限制，FDI理论的发展很难与经济主流分析范式看齐，只能以一种思想或者假说的形式呈现。这大大弱化了FDI理论对世界经济现实的解释力度，也在很大程度上限制了企业FDI理论的发展。

因此，总体来看，相对于体系完整、理论成熟的国际贸易理论，对跨国公司FDI理论的研究实际上是相对较晚的学问。从一定意义上讲，直到FDI理论与企业区位选择的主流范式——新经济地理、不完全竞争市场中企业规模报酬递增情形下的国际贸易现实——新贸易理论的不谋而合，企业FDI理论才具备了主流的理论基础。

最初的专业研究并没有关注到跨国公司FDI活动的区位问题。Dunning（1998）发现之所以受到忽视，完全是学者误认为在国内范围进行区位活动决策的公司可以轻而易举地运用同样的决策进行国际直接投资活动。也可以理解的是，在20世纪50年代之前，国际经济活动的区位决策理论还只是研究土地、劳动力和金融资本等自然资源如何在国家之间进行配置。特别是受到比较优势理论的影响，认为世界各国只专注于生产自身相对要素密集型产品，然后同别的国家进行贸易来换得自身相对要素缺乏的产品。但是，基于一些严格假设的比较优势范式显然不能再适于解释不同国家间最近出现的新的FDI方式（Dunning，2000；Hosseini，2005）。

1. 国际生产折中范式（OLI）

（1）OLI折中范式简述

国际生产折中理论源于三个独立理论的积累和综合，即垄断优势理论、内部化优势理论和区位优势理论。下面首先对三个理论的提出和发展进行一个简单的回顾。

S.Hymer（1960）在博士论文《国内企业的国际经营:对外直接投资的研究》

中，从实证研究美国跨国公司入手，首创了跨国公司的垄断优势理论，认为企业的垄断优势和国内、国际市场的不完全性是企业对外直接投资的决定性因素。垄断优势理论突破了国际间资本流动导致对外直接投资的传统贸易理论框架，突出了知识资产和技术优势在形成跨国公司中的重要作用。不过，Hymer在研究中发现，美国公司到海外进行直接投资，与东道国企业相比也存在着很多劣势，例如，东道国企业更了解和适应本国的经营环境，而美国公司则要克服在语言、文化、风俗习惯和法律制度等方面的障碍，这势必要增加企业的经营成本。此外，对外直接投资还要冒汇率波动的风险，甚至遭遇东道国政府给予的不利的非国民待遇（1976，Hymer）。虽然垄断优势理论强调企业微观经济效益对于跨国直接投资的重要性，但只是从厂商的角度考察对外直接投资的垄断优势和投资利益，却完全忽视了对宏观经济效益的分析，忽视了国家宏观经济效益在其中的决定作用，置国家的对外贸易利益和整体经济利益于不顾。因此，垄断优势理论单方面的解释力还有一定的限制[12]。

Vernon（1966）提出产品生命周期理论，进一步研究了国际直接投资、国际贸易和国际竞争之间的关系。该理论认为垄断优势理论的分析还仅仅停留在静态的阶段，不足以区分企业在出口、许可证和国际直接投资之间的选择。Vernon将企业的垄断优势和市场营销的产品生命周期以及区位因素结合起来，以动态的角度考察企业的海外投资行为。在国际投资平衡的前提假设下，Vernon依据产业从工业发达国家到后发工业国家，再到开发国家的顺次转移现象，将产品生产划分为导入期、成熟期和标准化期三个阶段。然而，产品生命周期理论将跨国直接投资解释为寻求低廉市场成本地区的观点不能完全解释现实。近年来跨国公司国际化形式多样，且越来越多出现在发展中国家，于是跨国公司开始出现服务于一个统一的全球经营战略的现象，这种新趋势的出现大大降低了产品生命周期理论的适用性。

20世纪90年代以来，Bartlett等（1998）将国际产品生命周期理论进行扩展，提出了产品创新（包括产品开发、技术和核心能力在国际间的转移等）、接近市场（当地化战略、产品的差异化和当地改造等）和通过竞争降低成本（全球生产、标准化、合理化等）三位一体的跨国投资模式。新的三位一体弥补了 Vernon 的理论缺陷，较好地将各种能够解释国际直接投资区位流向的因素结合起来。

Coase（1937）促使了内部化理论的出现，大大加强了对跨国直接投资的理论解释，之前 Knight（1921）、Robinson（1931，1934）和 Kaldor（1934）也对公司的性质做了早期的研究。其实，真正首次把这个理论运用到国际经营中去的是 Hymer（1968）。Hymer（1960）在没有提出垄断优势理论的时候，暂时将目光集中在内部化理论上（Hymer，1971）。Hymer 最早是从 Williamson（1975）那里通过对科斯理论的研究从而对内部化理论逐渐产生了兴趣。对于内部化在国际经营中的应用，McManus（1972）、Brown（1976）、Buckley 和 Casson（1976）、Dunning（1977）、Swedenborg（1979）、Rugman（1981）和 Hennart（1982）等一些学者对此又做了进一步的研究，将内部化理论引入国际直接投资领域，首次从企业组织发展的角度揭示了国际直接投资的动因，认为公司在进行经营活动中会面临各种市场障碍，为了克服这些障碍，公司会逐渐形成一个内部化市场。国际直接投资正是内部化过程超越了一个国家的界限的产物。而针对内部化理论是内在静止的批评，Buckley（1983，1988）强调内部化理论相比其他理论已经具备了动态性。Buckley 和 Casson 通过在不同合约安排条件下对外国市场份额的增长和交易成本大小的假定，对外直接投资的动态性做了深入的研究。其实，内部化理论也试图将生命周期理论（Vernon，1966，1979）很好地结合起来。原有的理论静止地假定公司存在着一些固有的优势，而内部化理论开始试图解释这些优势是如何产生的。但是，内部化理论的解释并不能有效地把公司国内和国外投资的优势十分合理地区分开来。它其实并没有成为独特的跨国直接投资理论，它所做的也只是对于国内和国际投资做一些基本的比较。内部化理论仅仅只是解释跨国投资行为的理论之一，因而它并不意味着可以解释所有的现象（Casson，1991）。

后来，Scott Liu（1998）对内部化理论进行检验和补充，指出在不完全市场条件下，跨国公司的对外直接投资行为含有信息量，一是因为跨国公司对外直接投资导致新的知识进入市场，影响其在外部市场的经营；二是跨国公司在进行直接投资决策时，含有对未来收益状况的预期。Hubert（1991）、Bamberger（1993）和 Cui（1998）等学者将组织学习能力范畴引入交易费用的研究框架，发展成为国际经营的动态阶段论。与交易成本理论不同，组织能力论把企业视为一系列内嵌知识型资源的集合体，并通过企业的动态和复杂交错的组织过程转化为企业的特有技能（Amit and Schoemaker, 1993）。该理论认为市场失灵不是来自外部合作者的机会主义行为，而是在传递和吸收资源时各个企业内生的组织能力差异。组织能力论将判断企业内部化可行性放在价值创造上（value‐creating based），而不局限于节省交易费用，强调与其他企业合作即使会产生较高的交易成本，但如果能从中拓宽企业的能力边界，依然可能提高企业的核心竞争力。

（2）OLI 折中范式中的区位因素分析

国际生产折中理论和实证研究最初在 Dunning（1979，1980，1988，1997）的一系列研究中逐渐展开。它从一定意义上讲是首次尝试从整体层面来考察跨国公司从母国到不同东道国之间从事 FDI 活动的决定因素。它以跨国公司拥有的三个层面的优势来描述企业参与国际生产活动的原因，更进一步讲，该理论认为参与国际生产活动的任何企业都将不同程度地依靠三种优势组合的相互作用（Dunning, 1993, 1998; Narula, 1996; Narula & Dunning, 2000）。

折中范式中的三大理论在内容上并无矛盾之处，它们对跨国公司的研究是从不同的侧面及角度进行的。从时间顺序看，同一种产业由于时代的发展，技术的不断进步而可能归属于不同的产业指向类别。Vernon 的产品生命周期理论解释了跨国公司对外直接投资的动因及其变化过程，实际上也从一个侧面反映了同一产业在不同时期性质的变化，即智力指向型→资本、技术指向型→劳动力指向型的变化，也反映了在不同阶段，影响跨国公司布局的主要因子也相应地发生了从智力→技术、资本→劳动力的变化。

这主要是因为技术变化很快，正是由于它的变化，同一产业对不同因子的组合比例要求发生了变化，使其性质也发生了变化，因而布局特征也会相应改变。

之所以将区位因素融入折中理论范式，是因为就如 Dunning（1998）所说的那样："公司活动的区位形态其实也是一种特殊的所有权优势，影响着自身进行扩张并进一步发掘潜在的所有权优势"。例如，已经成为共识的事实是公司在 t+1 的时刻，其所有权优势可能受到其在时间 t 区位层面的要素和能力的明显影响（Narula & Dunning，2000）。从这个层面上讲，很明显区位因素可以通过影响所有权优势来影响公司的全球竞争力，从而决定其在将来的发展空间。

另一方面，区位论着重于探讨跨国公司在决定了要进行对外直接投资的情况下，投资所应选择的国家和地区。一般而言，在决策顺序上，跨国公司是先决策是否需要对外直接投资，然后才考虑对外直接投资安排在何处。但决策顺序并不是固定的，因为有可能是在有了很理想的投资地点之后才决定要对外直接投资，或因地点不理想而放弃投资计划的。但是总的来看，其他两个理论较多探讨的是跨国公司的投资原因问题，而区位理论探讨的是地点选择问题，所以可以说它们研究的是跨国公司在不同决策阶段的活动特点。不同的产业有不同的地点选择策略。例如，纺织、玩具、成衣制造类等可称为劳动力指向型产业，机械、化工、钢铁等为技术及资金指向型产业，电脑、光纤、激光等为智力指向型产业，第三产业中的娱乐、餐饮等属于市场指向型产业。

2. 投资发展路径范式（IDP）

这个范式的起源可以追溯到 Narula（1993，1996）、Dunning 和 Narula（1994，1996）、Narula 和 Dunning（2000）等。本质上讲这个范式是从发展的角度来研究跨国公司管理者决策动机和目标，从而找出哪些区位因素是决定把一个国家作为 FDI 最终目的地的。这种宏观的动态方法指出，能够吸引和创造跨国公司FDI的国家都是依靠其国际投资地位和自身所处的经济发展阶段的（Dunning和Narula，1994，1996；Narula，1993；Narula和Dunning，2000）。不同国家的经济发展通过五个阶段的演化来进行划分。第一种类型包括完全工业化国家或者是发达国家，在过去的两百多年里已经经历了收入水平、消费模式、技术资源和创新能力的极大提高。这种类型的国家处于IDP的后两个阶段（阶段4和5）。第二种类型包括正在向完全工业化国家追赶的新兴工业化国家（NICs），处于IDP的第二个阶段。第三种类型包括占大多数的最初级的发展中国家，与前两种类型的国家发展相差甚远，并出现越来越偏离的趋势。最初级的发展中国家处于IDP的末端（阶段1和2）。如果可以知道FDI东道国和母国所处在IDP中所处的位置，那么就很容易去预测哪些区位因素伴随着跨国公司的FDI动机来进行选址，从而可以使不同的国家发挥针对性的作用来吸引相应的投资。

本质上讲，IDP方法承认跨国公司进行FDI出于三个主要的动机（Dunning，1993）：第一，寻找自然资源；第二，寻找新的市场；第三，寻找战略性的资产。前两种动机反映了公司主要是为了追寻天然资产，即FDI的主要动机就是跨国公司想利用现有的特定性资产来产生经济租金。第三种动机就是一种资产扩大型的活动，即跨国公司想通过FDI来增加现有的资产（Kuemerle，1997；Makino等，2002；Narula和Dunning，2000）。很显然，通过这个范式的分类我们可以看出，跨国公司进行FDI时，东道国所处的不同的发展阶段就是跨国公司进行区位选择的重要考虑因素。基于IDP方法的理论研究可以被总结为表2-2：

表 2-2　投资发展路径范式的主要阶段特征

阶段 1	阶段 2	阶段 3	阶段 4	阶段 5
—FDI 水平：国家不对外进行 FDI，吸收少量 FDI（FDI 收支为正） —区位优势类型：国家存在少量区位优势；没有创造型资产区位优势；主要的区位优势就是自然资源禀赋 —外来 FDI 动机：主要是寻找自然资源，其次是追寻市场 —最相关的区位优势有：丰富的自然资源；较为初级的发展基础；国内产业极少或者没有；相关投资还没有形成本地集群	—FDI 水平：国家对外进行少量 FDI，吸收 FDI 逐渐增长（FDI 收支为正） —区位优势类型：国家存在一定的区位优势；没有创造型资产区位优势，但是也存在少量吸收 FDI 的机会；主要的区位优势就是自然资源禀赋 —外来 FDI 动机：主要是寻找自然资源和追寻市场 —最相关的区位优势有：丰富的自然资源；较为初级的发展基础；国内产业极少或者没有；相关投资还没有形成本地集群	—FDI 水平：国家对外进行 FDI 和吸收 FDI 都逐渐增长（FDI 收支为正） —区位优势类型：国家的创造型资产区位优势正在逐渐凸显 —外来 FDI 动机：主要是追寻市场，也存在少量的战略性资产和自然资源寻求动机 —最相关的区位优势有：较为完善的基础设施建设；具有中等质量的创造性资产；自然资产中的相对弱势；不断提升的相关集群	—FDI 水平：国家具有非常强的内外向型 FDI，外向型 FDI 水平超过了吸收的 FDI（FDI 收支为负） —区位优势类型：国家在技术密集型和创造性资产上具有非常强的区位优势 —外来 FDI 动机：主要是战略性资产寻求和一部分市场份额寻求 —最相关的区位优势有：非常完善的基础设施建设；可以获得非常高质的创造型资产；相关产业集群的可接近性	—FDI 水平：类似于阶段 4，但是 FDI 收支在 0 和正数之间波动 —区位优势类型：国家在技术密集型和创造性资产上具有非常强的区位优势 —外来 FDI 动机：主要是战略性资产寻求和一部分市场份额寻求 —最相关的区位优势有：非常完善的基础设施建设；可以获得非常高质的创造型资产；相关产业集群的可接近性
初级发展中国家		新兴工业化国家	发达国家	
拉丁美洲，北非和亚洲国家		拉丁美洲，东欧和东南亚国家	美国，日本，欧洲国家和其他的 OECD 国家	

资料来源：根据 Dunning and Narula（2000）、Jose I.Galan and Javier Gonzalez-Benito（2005）进行整理。

3. 评价及总结

本书认为，两个范式本质上还是从古典区位论发展以来最基本问题的围绕，只不过是将研究视角扩展为国家与国家之间而已。

在OLI范式中，我们看到的更多的是关于跨国公司进行FDI的原因和自身所具备的优势的解析。然而正如显示所展示的那样，近年来越来越明显的FDI，尤其是跨国并购现象表现在以发展中国家为代表的FDI，最明显的例子就是中国，更多的FDI行为是出于一种博弈互动的战略动机。因此，OLI范式从一定范围内看出具有很多适用性之处，但也难以扩展其自身理论进行进一步发展的限制。

在IDP范式中，可以看到发展中国家的区位优势在于自然资源禀赋，而在发达国家区位优势在于其拥有创造性资产。这可以容易理解现实情况，即跨国公司区位选择时，在发展中国家会考虑最相关的区位因素即资源性资产，而在发达国家中则会重点关注获取高质量的创造性资产。IDP范式最大的优点是动态性的分析，但是其分析也存在一定的问题，即同OLI范式一样，从国家宏观角度对FDI区位因素进行描述，遗漏了过多更贴近显示的现象，比如各国不分发展程度如何，都有同样层次的FDI行为。这就提出需要更加微观化的一种分析方式，从微观入手进而扩展的宏观分析，其理论对现实来讲就更具操作性。因此，区位选择的研究主体的确定就显得十分重要。

因此，两个范式还是基本上从国家宏观的静态层面来分析跨国公司进行FDI的区位因素影响。正如Dunning（1988）所说，OLI优势会随着国家的一些因素而不断变化，这些因素包括：是发展中国家还是发达国家，大型国家还是小型国家，是否实现了工业化，产业是具有高技术还是低技术属性，是属于创新型的还是属于成熟型的，加工型的还是装配型的，竞争型的还是垄断型的等。更加明显的缺陷是，这些范式只是一些影响因素的组合框架，没有规范的模型来系统研究，也就更不可能进入到新古典经济研究的框架中。

2.2.3 企业异质性 FDI 理论

1. 企业异质性理论的提出与发展

企业异质性理论狭义上又称为新新贸易理论，因为其最初在国际贸易理论领域产生并迅速得到发展。贸易理论从发展来看，大致可以分为三个阶段。第一，传统贸易理论阶段。传统的贸易理论（包括绝对优势理论和比较优势理论）都强调贸易双方之间的比较优势是国际贸易产生的原因，比较优势使得产品在国家或者产业之间生产的机会成本存在差异，因此会导致一个国家生产并出口一种产业的产品，而进口另外一个国家生产并出口的产品，因此传统的贸易理论也存在产业间贸易的特征；第二，新贸易理论阶段。基于对"里昂惕夫之谜"（Leontief Paradox）的解释，Krugman（1980）开创新贸易理论，利用不完全竞争的理论框架，通过引入规模报酬递增与多样化消费偏好的重要思想，合理地解释了产业内的贸易现象，即两个国家之间可以同时进出口同一产业内的产品。

以上两次贸易理论的发展，不约而同地忽视了现实中的一个重要事实，即作为产品的提供者，同一产业内的企业之间存在非常显著的异质性，表现在企业规模、生产率、资本和劳动密集度等方面的不同（Bernard and Jensen，1995）。现实中也确实存在大量无法用旧有理论所解释的现象：为什么一个国家只有很少量的企业从事国际贸易活动（出口或进口）？为什么出口企业与非出口企业存在很大的异质性？为什么会在同一产业内存在大量企业资源与要素的重新配置，而企业间的配置活动为什么能够伴随产业整体生产率的提高？由于新贸易理论在模型设定中将企业视为代表性的，具有同质性特点，因此对以上现象的解释具有很大的局限性。

因此，自 Metliz（2003）建立企业异质性贸易理论模型之后，第三个阶段——新新贸易理论应运而生。模型基于 Krugman（1980）的新贸易理论模型，在此基础上假定企业生产率存在差异，并且这种差异是随机的，在企业开始生产经营前不可观测。同时模型也假设企业出口要面临冰山可变贸易成本，也要承担一定的出口固定成本，为了简化分析假设两个国家之间对称。如 Krugman 假定一样，代表性消费者服从不变替代弹性（CES）函数：

$$\max_{q(\omega)} U = \left(\int_\Omega q(\omega)^{\frac{\sigma-1}{\sigma}} d\omega \right)^{\frac{\sigma}{\sigma-1}} \quad (2.1)$$

$$s.t. \quad \int_\Omega p(\omega)q(\omega)d\omega = R$$

其中 Ω 表示所有产品集合，其中任意两种产品可替代，替代弹性 。则需求函数可以得到：

$$q(\omega) = \left(\frac{p(\omega)}{P} \right)^{-\sigma} \frac{R}{P} \quad (2.2)$$

其中 $P = \left(\int_\Omega p(\omega)^{1-\sigma} d\omega \right)^{\frac{1}{1-\sigma}}$

基于新贸易理论的思想，模型的生产者设定具有垄断竞争的特征。每一个企业单独生产一种产品，并且自由进出某一个产业。企业的生产约束为：

$$l(q,\varphi) = f + \frac{q}{\varphi} \quad (2.3)$$

其中，边际成本用企业生产率的倒数 $\frac{1}{\varphi}$ 表示，而每一个企业之间的生产率 φ 存在差异。在这里可以认为，具有更高生产率 φ 企业的生产能力更强，因此它可以用更少的工人来生产既定数量的产品，也可以认为具有更高生产率 φ 的企业可以生产质量更高的产品。因此，生产率 φ 更高的企业可以通过生产更多的产品，有能力以更低的价格销售单位产品，可以获取更高的收入 $r(\varphi)$ 和更多的利润 $\pi(\varphi)$：

$$p(\varphi) = \frac{1}{\rho\varphi} ; \quad q(\varphi) = RP^{\sigma-1}(\rho\varphi)^\sigma \quad (2.4)$$

$$r(\varphi) = p(\varphi)q(\varphi) = R(P\rho\varphi)^{\sigma-1} \quad (2.5)$$

$$\pi(\varphi) = \frac{1}{\sigma} r(\varphi) - f \quad (2.6)$$

其中 R 与 P 对于任何一家企业都是相同的。如前所述,企业在进入某个市场之前一直不确定自身生产率能够发挥多大的作用。此时,企业的生产率水平 φ 符合帕累托分布 $G(\varphi)$,需要承担一定的固定成本 f_e。企业经过自身生产率的观察与生产成本权衡之后,才会决定是否立即退出市场或者是继续按照自身的生产约束进行生产经营。同时,每一个企业也共同面临一个不变的外生淘汰概率 δ。因此,在企业不受到外生重大冲击的情况下,其在每一个时期都会根据生产率 φ 获取一定的利润 $\pi(\varphi)$。企业的预期价值可以表示为:

$$v(\varphi) = \max\left\{0, \sum_{t=s}^{\infty}(1-\delta)^{t-s}\pi(\varphi)\right\} = \max\left\{0, \frac{1}{\delta}\pi(\varphi)\right\} \quad (2.7)$$

因此,从方程(2.6)与(2.7)可以得到,存在一个唯一的生产率阈值 φ^*,当 $v(\varphi)>0$ 时,并且 $\varphi>\varphi^*$ 时,企业才会进行生产并经营。

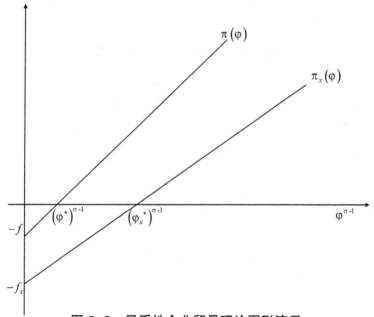

图 2-3　异质性企业贸易理论图形演示

此外,企业异质性理论还对一般均衡与贸易均衡条件下企业的均衡决定进行了系统研究。由于本书重点不在于考察宏观整体均衡与福利问题,所以对以下的内容不再进行深入的探讨。

2. 企业异质性对企业区位选择的影响

通过以上对区位选择理论发展脉络的梳理,以及企业异质性理论的阐释可以发现,新经济地理学所强调的空间作用与企业异质性的结合,可以得出很多具有启发性的意义。例如,通过与 Metliz 企业异质性模型的结合,可以得出空间选择效应导致的最有效率的企业首先移动到更大的市场,以此来强化空间经济学研究中所强调的国内市场放大效应,并得出政府政策上的空间分类效应。公司的异质性与空间选择效应的结合,意味着较大的市场通常可以吸引较多数量的公司,并且吸引的都是具有较高生产率的公司。再如,在公司重新进行区位选择时,首先从规模较小地区向规模较大地区转移的企业都是小地区内效率较高的公司;当衡量一定数量公司所形成的集聚力量时,公司异质性从某种意义上可以被看作是扩散力量,因为只有一小部分的公司才会从小型地区转移向大型地区;如果使公司异质性与本地市场放大效应的空间选择相结合,那么大型的市场就会吸引更多份额的公司,而且都是相对生产效率较高的公司,这就是空间选择效应使得最大和最有效率的公司首先转移向较大的市场。这样在空间选择效应的支配下,如果通过政府补贴的方式来引导企业向边缘地区进行区位转移,只会吸引生产效率相对较低的企业。因此,政府本着招商引资的目的来引导企业向边缘的小型地区转移是事倍功半的,只会投入无限量的资金而换来非常微小的效果。

目前,许多实证研究已经表明公司的异质性对公司的区位选择和市场竞争产生非常大的决定作用。例如,Syverson(2004)发现由于空间选择效应,生产效率较高的公司会逐渐从外围地区转移到中心地区。Syverson(2007)同样通过实证研究检验了异质性和市场规模之间的关系,表明市场竞争可以降低产品价格的平均水平。因此,公司的异质性研究至少在两个方面扩展了新经济地理理论研究的范围:首先,异质性模型可以描述出较高生产效率公司的区位变化特征,正如 Syverson(2004)所发现的那样,具有较高生产效率的公司比低生产率公司更倾向于定位于具有集聚特征的地区;其次,模型可以将公司划分为当地（非出口）公司和出口公司两类，更符合现实。当地公司不能将产品出口到其他地区，因此受到全球贸易自由化影响最小，并且甘愿留在自己的市场上，但这种选择加深了扩散力量而使得集聚的可能进一步弱化。这些研究都可以改变标准的新经济地理模型对一般均衡特征以及贸易自由化效应所做出的判断。

另外，Baldwin（2005）认为，在今后新经济地理学的进一步发展中，值得尝试的研究是将公司的异质性融入新经济地理学中的自由企业家模型（FE模型），进而可以从企业微观层面发掘对以往需求和成本关联方面更复杂的效应。Baldwin（2006，2007）后来又衍生出一系列更富有启发性的研究，比如税收竞争导致的公司区位重新定位，从大小公司生产率差异的角度来分析研究，得出结论，即大公司对于税收变化比较敏感，而最可能轻易改变之前的区位。相似的研究还包括 Krautheim（2009）等。因此，区位选择理论的研究视角，又重新回归到微观视角来研究现实中的宏微观问题，并从异质的视角来探索产业——企业，尤其是企业内生化之后，在空间因素引导下的区位选择。通过企业异质性的视角研究，可以将国内区位论与 FDI 区位理论进行合理的衔接，并且将为外包、水平型投资和垂直型投资的现象做出一个合理的解释。

3. 企业异质性 FDI 理论

20 世纪 80 至 90 年代，随着国际贸易方式的不断升级，以跨国公司 FDI 形式在全球范围内进行生产布局的现象逐渐引起了学者研究的关注。而国际贸易理论之前所构建的模型只强调企业以出口方式进行国际化，而且贸易理论仅仅假设企业所有的生产过程都在母国进行，因此所有的出口产品都是最终产品。但跨国公司越来越以在东道国设厂生产的方式进行国际化，这种现象给国际贸易理论既带来了挑战，也为其理论体系的拓展提供了机遇。本小节在回顾国际贸易理论研究跨国公司 FDI 范式演变的基础上，将集中对异质性 OFDI 理论进行介绍，以此来观察企业异质性如何在企业 OFDI 过程中发挥作用[13]。总体上看，Brainard（1997）作为研究企业 FDI 研究范式为跨国公司 FDI 理论奠定了基础，表现为两个方面：第一，她提出了著名的"邻近—集中"假设，并构建模型统一探讨了出口与 FDI 之间的相互作用。"邻近—集中"假设提出，企业进行水平型 FDI 的动机在于邻近—集中权衡，即当运输成本较低时，企业出口所占比率会高于 FDI，因为当其他条件不变时，可变运输成本增加，国与国之间的贸易成本就会增加，因此企业就会设法在东道国投资设厂，用来避免高昂的运费。第二，她认为当母公司的规模经济报酬大于子公司的规模经济报酬时，其在不同国家之间建厂生产就是有利可图的。因为此时海外子公司也能够分享到母公司规模报酬的增加部分，同时在海外新建一个子公司也不会对母公司带来多大的损失。根据以上两个条件，企业有动机以海外投资建厂的方式进行国际化。

随后，Markusen and Venables（2000）通过将国家间的要素禀赋差异（H-O 贸易理论范式）引入模型，进一步丰富了企业 FDI 理论。他们基于 Helpman-Krugman 垄断竞争贸易模型进行扩展，将运输成本与跨国公司融入其中，解释了为什么在两个国家相似程度越高，FDI 行为越可能替代出口。其核心思想在于，当两个国家要素禀赋（用 GDP 与资本之比的差异来表示要素禀赋差异的程度）存在差异时，出口相对于 FDI 会变得更加有利可图，因为这时某些国家会相对更适合于生产某些产品。而要素禀赋差异非常大的时候，国家之间不同部门的相对生产率差异就会越大。如果国家间的相对生产率非常大，某些国家就会非常专注于生产那些具有相对最高生产率的部门产品，然后出口到其他国家，而不必要将这些非常具有优势的部门在重复性地设立到其他国家。所以随着国家间要素禀赋差异的加大，会出现更多的部门产品的出口来替代 FDI。

基于以上两次 FDI 理论的发展，以及企业异质性贸易理论的兴起，Helpman et al.（2004）又将企业异质性引入到模型框架中，既发展了国际贸易理论，又同时开创了异质性跨国公司 FDI 理论的先河。他们从另一个角度将"邻近—集中"假设进行了运用，同时将企业异质性假设融入到模型框架，认为所有的企业都面临"邻近—集中"假定下的权衡,但是这种权衡会根据不同企业存在不同的反应。理论进而得出:(1)只有生产率很高的企业会参与到国际化经营中;(2)而在这些企业中,生产率最高的企业会倾向于以 FDI 的方式进行国际化;(3)在部门的总体层面,异质性程度越大的部门,其 FDI 总额就越大于出口的总额。以上的结论具有很强的理论基础与现实支持,前两个结论本质上是 Metliz(2003)企业异质性贸易理论的延伸。出口由于具有固定成本,只有生产率较高的企业可以承担这一部分成本而从事出口;同样,如果以 FDI 方式在海外进行投资设厂,相对于出口将面临非常巨大的固定成本(当然,相应的,也可以节省一部分贸易运输成本),因此只有那些具有最大规模(意味着由于生产率最高而获得了最大的市场份额)的企业将发现 FDI 相对于出口是其国际化方式的最优选择。而最后一项结论说明,企业异质性程度越高的部门,具有较高生产率企业的比率就会高于生产率较低企业的比率,因此选择 FDI 方式就比选择出口方式的企业多。以下将围绕企业异质性理论在 FDI 模型中的作用进行简要的推演。

在 Helpman et al.(2004)看来,FDI 与出口之间的选择权衡在于:一方面,FDI 相对于出口避免了一定的可变贸易成本(FDI 的邻近优势);另一方面,FDI 相对于出口要承担非常巨大的投资成本(出口的集中生产优势)。企业从开设、生产、出口到 FDI 中间要承担一系列的成本,分别是:开设成本 f_E、国内生产成本 f_D、固定出口成本 f_X、可边贸易运输成本 τ(冰山贸易成本)、FDI 固定投资成本 f_I。如 Metliz(2003)假设的一样,每一个企业具有随机生产率。边际劳动成本为 a,服从帕累托分布:

$$G(a) = \Pr\left[\tilde{a} \le a\right] = \left(\frac{a}{a_{\max}}\right)^k, 0 < a \le a_{\max} \qquad (2.8)$$

假设存在 H 个部门生产差异性产品,并且符合 CES 偏好,还存在一个同质性部门1,部门间效用函数符合 C-D 形式:

$$U = q_l^{\beta_l} \prod_{h \neq l} \left(\int_{\Omega_h} q_h(\omega)^{\frac{\varepsilon_h-1}{\varepsilon_h}} d\omega \right)^{\frac{\varepsilon_h}{\varepsilon_h-1}\beta_h} \quad (2.9)$$

其中，同质性的部门在规模报酬不变情形下生产产品，并可以自由贸易，进而保证了长期看每一个国家都可以通过生产此类产品而达到要素价格均等化。由此可以得到需求函数以及企业的产品定价：

$$q_h^i(a) = \beta_h E^i \left(\frac{p(a)}{P_h^i} \right)^{-\varepsilon} \quad (2.10)$$

$$p(a) = \frac{\varepsilon}{\varepsilon - 1} \omega^i a \quad (2.11)$$

其中 E_i 表示国家 i 的总需求。基于以上各种成本的考虑，企业就可以决定是否在国内进行生产，或者在国外以出口还是 OFDI 的方式进行国际化。由于边际劳动生产成本是不变的，因此企业可以对这些绝对进行依此选择（假定这些选择中没有交叉重叠）。当做出这些选择的时候，企业会根据在特定市场所获取的净利润进行权衡：

$$\begin{aligned}
\pi_D^i(a) &= (a)^{1-\varepsilon} B^i - f_D \\
\pi_X^{ij}(a) &= (\tau^{ij} a)^{1-\varepsilon} B^i - f_X \\
\pi_I^{ij}(a) &= (a)^{1-\varepsilon} B^j - f_I
\end{aligned} \quad (2.12)$$

其中 $B^i = \frac{\beta_h}{\varepsilon} E^i (P_h^i)^{\varepsilon-1}$ 表示国家 i 的需求水平。Helpman et al.（2004）作出如下假设：

$$f_D < (\tau^{ij})^{\varepsilon-1} f_X < \left(\frac{\omega^j}{\omega^i} \right)^{\varepsilon-1} f_I \quad (2.13)$$

第一个不等式确保了没有企业愿意出口，但是会从事国内生产的状态，第二个不等式确保了只有生产率最高的企业才会从事 FDI，而生产率次之的企业会选择出口的方式进入海外市场。基于以上各种方式选择的利润方程，可以根据企业生产率水平用图形对各种选择的利润进行对比，如图 2-4 所示：

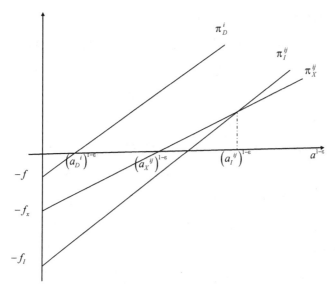

图 2-4 异质性企业 FDI 理论图形演示

2.3 现有研究述评

2.3.1 企业异质性 FDI 理论研究

1. 企业异质性与 FDI 区位选择相关性研究

以往学者对跨国企业 FDI 的研究,大多都局限于 Dunning 的 "OIL 优势"的研究范式,而近十年来也同样吸收了企业异质性理论与新经济地理学的主要思想与研究方法,并进一步结合 FDI 区位理论,对跨国企业的 FDI 区位选择研究视角逐渐拓展到微观层面。在以往研究中,许多学者利用市场规模和要素成本来构建区位选择模型,对区位决策进行研究。但是,异质性企业之间可能出现不同的区位偏好,进而强调不同的位置属性。Helpman et al. (2004) 基于美国与世界各国部门层面的数据对企业异质性进行估算,同样对于双边贸易成本的衡量也基于部门层面数据，得到了与企业异质性FDI理论相同的结论，即"邻近—集中"假设的权衡机制，企业根据自身生产率自我选择国际化方式机制，以及企业异质性与企业FDI选择之间的相关关系。他们指出企业生产效率与FDI之间存在着重要关系，以企业异质性理论来强调生产效率差异解释国际贸易结构和FDI的重要性，Yeaple（2009）也通过美国数据的实证研究得出，生产率水平较高的企业，其对外直接投资的流量也较多，从而也在理论模型上对企业异质性FDI区位选择赋予了更多的启示。

在异质性理论在FDI理论中应用之初，有一些学者使用企业资本与劳动力规模等因素来对企业FDI区位选择的企业异质性关联进行研究。Belderbos and Carree（2002）通过1990—1995年日本电子行业229家企业在中国进行FDI的面板条件Logit模型分析，发现很大程度上企业的规模与其市场定位对其FDI的区位选择效应产生显著的影响。具体来讲，相对于大型企业，中小企业更倾向于本地市场经济，也就是更倾向于服务日本本地市场。同时发现，从事出口导向型的企业，比国内投资企业相对来说，更加倾向于将区位选择集聚在港口经济区域。而具有核心能力的大型企业则相对不重视对集聚经济因素的考虑，相反则起到开拓新的区位选择的作用。对于大多数一般规模的企业来说，其区位选择的策略则遵从核心大企业的选择路径。

通过对企业异质性理论的深入研究，近几年的FDI区位选择研究不仅对生产率差异企业在东道国进行投资区位选择的差异性进行验证，同时又深层次验证了不同生产率水平的企业可以通过自身选择效应来进行差异化的区位选择。Chen and Moore（2010）就是使用了全要素生产率（TFP）的测算，进而验证了企业海外投资是通过自我选择效应自觉进入到不同东道国的。同时，她们又利用法国企业层面的数据样本进行实证检验，研究发现生产率水平较高的企业，相对于生产率水平较低的企业更倾向于投资到投资环境更差的国家。特别对于那些市场潜力较小、关税水平较低和固定投资成本较高的国家，更容易吸引到更多具有较高生产率水平的企业FDI。她们在控制企业与国家层面之后，发现以TFP所衡量的生产率水平所带来的自我选择机制非常显著。

另外，在关于企业异质性与企业 FDI 区位选择之间相关关系的研究也产生了大量研究文献。Grasseni（2007）通过在意大利进行 FDI 的企业与国内企业差异的对比，发现相对于后者，FDI 企业具有相对更高的劳动生产效率以及劳动工资水平。因而得出，能够进行 FDI 的企业的生产率水平都是相对较高的，而且对于投资到发达地区的企业来说，其生产率水平要大大高于投资于不发达地区的企业。而在对中国台湾企业 FDI 区位选择与企业异质性相关关系研究上，Awa and Lee（2008）经过对国家层面、产业层面以及企业层面的相关特征进行控制之后，运用 Logit 模型对企业生产率与台湾企业 FDI 区位选择的关系进行实证研究，结果同样发现，生产率水平更高的企业会参与到 FDI 活动中，而生产率水平最高的企业也能够同时对中国大陆与美国市场进行投资。而另一方面，由于相对于对中国大陆的投资，投资美国要承担更大的固定投资成本，因而在 FDI 的区位选择上，前往美国企业的生产率水平要高于投资到中国大陆的企业水平。

同时，也有很多学者在关注企业异质性对集聚效应的影响问题。Hong（2009）通过对 Head et al.（1999）的模型的借鉴，使用中国新建制造型企业的样本。实证得出，企业异质性与区位属性同时决定了外资企业 FDI 区位选择的差异。特别是企业内部的劳动力密集度的增强，能够进一步加大劳动力成本对企业区位选择影响的差异性，而且区位对基础设施的改善程度，可以对信息技术密集型的企业产生较强的效应影响。他们的研究也发现，不同规模企业受到集聚效应的大小也是不同的。当企业的规模与雇佣劳动力的质量提高时，集聚效应对企业 FDI 区位选择所发挥的作用也有所差异。

也有学者对企业异质性条件下政策实施对宏观福利产生的影响进行研究。Chor（2009）通过对补贴政策的实施对跨国企业区位选择所带来的福利效应进行研究，发现用来吸引 FDI 的补贴政策能够极大地提升东道国消费者的福利水平，最终可以实现对东道国整体福利水平的提高。由于企业在生产率层面的异质性，企业异质性理论又决定了从事 FDI 的企业都是生产率水平最高的企业，因此国家层面整体福利所得来源于企业自我选择效应的发挥，因此生产率水平较高的跨国企业会因为东道国的优惠政策而以 FDI 的形式大量进入东道国。

2. 二元边际在 FDI 中的应用研究

随着以 Helpman et al.（2004）为代表的异质性 FDI 理论的拓展，不仅预示了从事 FDI 的企业生产率比从事出口的企业生产率高，而且也表明 FDI 企业如同出口企业一样，同时存在二元边际，即企业进行 FDI 不仅存在量的增长，也在企业数量、企业投资东道国数量上存在质的扩展。Yeaple（2009）在 Helpman et al.（2004）模型的基础上进行扩展，并使用美国跨国公司层面数据，得出异质性企业进行 FDI 的集约边际与扩展边际会同时发生作用。一方面，企业间差异会影响其进行 FDI 的深度，即企业生产率越高，其在海外的子公司规模相对越大，且海外销售收入水平越高；另一方面，企业的自我选择效应会作用于 FDI 区位选择的广度，即生产率较高的企业由于自身生产率指数会超过大多数国家的生产率指数阈值，因此会选择在更多的国家投资设厂。同时，Chen and Moore（2010）基于企业异质性模型，不仅认为企业异质性在 FDI 的总体深度与广度上具有重要作用，同时认为东道国自身特质产生的效应在不同企业间是不同的，即相对于投资相对容易的区位，企业生产率对于提高企业海外投资能力在投资难度较大的国家与地区呈现更加显著的效应。

3. 企业异质性与 FDI 进入模式自我选择

与大量学者研究出口与非出口企业之间的生产率差异相比，目前只有少部分学者对出口企业与 FDI 企业之间的生产率差异进行研究。以 Brainard（1997）为代表，引入"邻近—集中"权衡假设，认为当海外市场扩大并且出口成本增加时，以投资设厂的海外进入方式优于出口方式；而当海外设厂的固定成本增加时，则是相反的结果。Helpman et al.（2004）引入企业异质性假设，使得出口与 FDI 的选择权衡落脚到同一产业内的企业间差异上，根据企业生产率差异来决定哪一些企业出口或从事 FDI 活动。相对于 Brainard

（1997）对进入海外市场所承担成本的假设，Helpman et al.（2004）更细致地区分了出口与 FDI 所要承担各自不同的成本，即从事 FDI 虽然避免了可变运输成本，但是要承担更高的设厂固定成本，因此整体所要承担的成本比出口高。基于这个假设，异质性生产率保证了企业海外市场进入方式的自我选择。只有生产率最高的企业才会从事 FDI 模式进入海外市场，处于中间生产率水平的企业从事出口，而生产率水平最低的企业在国内进行生产。Helpman et al.（2004）同时用实证方法印证了这一结论。其后，越来越多的学者利用各种方法与不同国家的数据同样印证了这一理论，例如，Kimura and Kiyota（2004）、Wagner（2005）、Castellani and Zanfei（2007）、Chen and Moore（2010）等。

4. FDI 中的贸易现象：出口引致型（export-supporting）FDI

FDI 与贸易之间是替代还是互补的关系，一直以来都是理论与实证研究争论的焦点。异质性理论透过现实中同一产业内不同类型企业共同存在（非出口、出口与 FDI）的现象，构建了更符合现实的理论模型。不同于前人学者研究出口与 FDI 之间是互补还是替代关系的角度，异质性理论通过企业生产率异质条件下所产生的自我选择效应来决定其国际化方式是采取出口还是 FDI，可以说两者之间不存在绝对的互补或替代关系，而是存在一种长期融合的演化关系。

近年来，国内外关于出口与 FDI 关系的实证研究层出不穷，但研究视角还仅限于宏观，基于企业微观视角的研究仍较缺乏。如果深入到企业微观层面，利用企业异质性理论去研究企业的国际化方式问题，则会由于新的角度而增加一层答案。对于中国 OFDI 与出口贸易关系问题上，就理论与实证研究的视角来说，如果深入到企业层面去微观探寻中国 OFDI 与对外贸易的关系，会发现他们的关系是随着异质性企业生产效率的差异而不断演变的。

在企业国际化领域出现一种现象，即许多企业海外直接投资的设立是为了母国企业的出口服务的，例如，那些以批发、零售为主要职能的分支机构与以开拓出口市场为主要职能的商务服务机构。前人学者也出现了不少相应的研究,如 Daniels(2000)认为,FDI 活动的扩展很大程度上依赖于如批发、零售与售后服务等相关的产品下游环节的扩展。Kiyota and Urata(2005)的研究表明,2000 年日本 95% 的出口与 85.5% 的进口都是由跨国企业完成的,并且有一半左右的日本企业通过企业内部贸易完成。具有更明显的一个特点是,以最终产品的方式从母公司出口到海外批发、零售分支机构的企业内贸易占据了很大比例。Greaney(2005)也通过研究得出,1997 年日本海外批发、零售机构的贸易活动占据了日本总出口的 66.7%。Fryges(2007)得出 2003 德国海外批发、零售机构的销售占德国跨国企业海外销售总收入的 50%[14]。Anderson(2008)也证实了在美国的海外批发、零售机构在外资中占据的重要位置,但他也发现,由于许多批发、零售机构开始从以海外进口销售的方式转向在美国当地生产并销售,因此在美国的海外批发、零售机构的作用开始减弱。

Krautheim(2009)基于 Chaney(2008)的基本模型,并扩展了 Helpman et al.(2004)的基本假设,将出口引致型 FDI(ESFDI)引入理论模型,得出在出口与海外生产呈替代关系的条件下,出口与 FDI 在总量水平呈现互补的关系,即伴随着水平型 FDI 的增加,出口并没有随之减少。之所以得出这样的结论,是因为 ESFDI 具有双重作用:一方面,它既可以产生"邻近—集中"效应,但同时没有因为贸易成本的上升而促使水平型 FDI 的增加;另一方面,它有利于母国企业出口的增加。由于 ESFDI 分支机构具有批发与零售的功能,通过增加对其出口,可以节省大量的供销成本,这对于产品在东道国的销售起到拓展效应。因此,以批发、零售为经营特征的出口引致型 FDI 是当今跨国企业进行国际化投资的重要组成部分。Kleinert(2011)同样引入跨国企业海外设立批发、零售分支结构来扩展海外出口的假设,基于扩展的 Helpman et al.(2004)模型,分析跨国企业在海外进行生产水平型 FDI 与出口引致型 FDI 的选择战略[15]。在考虑固定成本与可变成本的影响因素后,他发现出口引致型 FDI 与生产型 FDI 存在显著的差异性,同时工资水平差异对两者均有显著性影响。

同时还存在商务服务特征为主的中介机构。同批发、零售的性质类似，这些FDI机构名义上为投资，实际上则是更多地起到为海外出口市场开拓的作用。而对这一类FDI的相关研究文献可以说至今还没有出现。

5. 跨国企业海外投资的第三国效应：出口平台型（export platform）FDI

另外一种跨国企业从事出口的现象是企业在海外某个东道国设厂投资生产后，将产品出口到另外一个国家。解释这种现象的理论致力于将传统FDI理论扩展为多国多生产阶段的理论模型，并融入企业层面的异质性变量，从而使复杂的FDI战略决策更贴近现实。当模型扩展为两个以上国家与生产阶段时，跨国企业就有动机从事更复杂的混合型FDI，出口平台型FDI就是其中一种代表。"出口平台"，顾名思义是指企业利用东道国的要素优势对中间环节产品或者最终产品进行生产，并将产品出口到其他东道国，这样在东道国的企业分支机构就成为企业国际化出口的平台。而"出口平台型FDI"（Export Platform FDI）指的是跨国企业在某一东道国进行OFDI的目的主要是想将此东道国生产的产品出口到其他的东道国。根据Hanson et al.（2001）对美国的研究分析，美国海外企业总产量的大约1/3都是通过出口的方式进行的。他们也用统计数据得出，出口平台型OFDI与东道国市场规模呈现负相关，与东道国的贸易壁垒也呈现负相关。因此可以认为，当东道国在某一经济或政治组织之内，而母国在其之外的时候，母国所在企业就有动机以出口平台型OFDI的形式进行国际化[⑯]。由于此时的东道国在贸易与投资成本上相对于本组织都有所降低，因此企业就可以从出口方式转变成出口平台型OFDI的国际化方式，进而获取更大的市场份额。

结合Yeaple（2003）的混合国际化战略模型与Metliz（2003）的企业异质性模型，Grossman et al.（2006）构建了与Helpman et al.（2004）研究FDI相近的理论模型，得出企业国内生产、出口与FDI在生产率分布上呈现一个递增的关系。而不同于 Yeaple（2003）的结论，他更强调了生产率差异导致了同一产业内的企业不同的跨国投资战略。这与 Ekholm et al.（2007）建立的中间贸易品模型有一个最大的区别，就是 Grossman et al.（2006）的异质性理论模型不拘泥于产品的生产必须由母公司完成，而是根据生产率的差异在不同区位上进行生产。Aw and Lee（2008）在 Grossman et al.（2006）的研究基础上，构建企业异质性多国选择模型，来研究处于中等发展水平国家的企业通过出口或者 FDI 的方式来对发达国家或者不发达国家进行区位选择。研究不仅得出从事 FDI 的企业生产率高于从事出口的企业生产率，并且由于发达国家的固定投资成本高于不发达国家，因此投资到发达国家的企业生产率又高于投资到不发达国家的企业生产率[17]。

以上异质性三国模型所研究的混合国际化策略研究的重要意义在于，这类研究关注了贸易与 FDI 的来源地与目的地的问题，因此相对于以往所忽视的研究，此类研究的结论更深入更具体，也更加符合现实。另外更重要的是，这些研究考虑了企业在更详尽的投资目的地生产不同产品的可能性，因此也就间接解释了企业贸易结构的主要部分——扩展边际。

2.3.2 中国企业 OFDI 相关研究

中国的 OFDI 具有普遍适用的理论规律，也具有其独特的一面。不同于西方成熟企业的 OFDI 经验，中国企业的 OFDI，是处于新兴经济体大国背景之下的海外国际化战略模式。再加上目前全球纷繁复杂的政治与经济形势，中国企业 OFDI 的活动更增添了许多复杂性。中外学者对中国 OFDI 的研究积累了丰富的学术成果。本小节将通过对中国 OFDI 研究文献的梳理，发现诸多学者的研究都围绕在中国企业 OFDI 路径选择的焦点问题上。其中，本章将从六个方面对目前研究文献进行梳理，分别从中国 OFDI 的动力机制、选择战略、贸易关联机制、技术回馈机制、主体国别比较以及异质性视角等六个方面来论述中国 OFDI 区位选择的研究现状。

1.OFDI 区位选择动力机制研究的相关文献

在对中国 OFDI 区位选择动力机制研究上，学者基本遵从两条思路，第一条思路是基于母国内在动因与自身优势角度，意在探寻中国自身所具有的普遍性与特殊性；第二条思路是基于东道国外在区位因素的视角出发，试图找出对中国 OFDI 区位选择所产生的外在影响因素。

（1）基于母国内部影响因素研究

自 20 世纪 90 年代以来，许多学者开始依据投资发展路径理论（IDP）来对中国 OFDI 相关问题进行探讨，认为中国 OFDI 发展依靠的是其自身经济发展阶段与其国际经济优势。李辉（2007）基于对 IDP 理论的扩展，得出中国 OFDI 的发展将在未来呈现加速增长的趋势，并成为吸引外资与对外投资同等重要的发展中大国，进而对国内经济结构调整与产业升级产生重要的影响。薛求知和朱吉庆（2007）通过实证研究中国 OFDI 与国家整体经济发展之间的关系，对目前中国 OFDI 的整体发展的阶段特征与未来趋势进行概括与判断，总体认为中国 OFDI 的发展阶段相对于整体经济还比较滞后。

刘阳春（2008）基于对中国 OFDI 的内部动因进行分析，提出相关假设并使用问卷调查方法对其进行检验，得出全球的经济一体化趋势成为驱动中国企业走出去的重要因素，而且中国企业也存在明显的外向型寻求生存与发展与动机，其主要的对外寻求动机包括企业市场扩展、寻求自然资源动因、寻求创造性资产动因与跨越贸易壁垒动因等。邱立成和王凤丽（2008）通过中国 OFDI 的宏观影响因素分析，认为中国外贸、劳动力成本与资源追寻是影响中国 OFDI 的重要因素，而实证结果也表明了中国 OFDI 整体上也符合市场导向型、资源导向型与效率导向型的特征。进一步，他们对中国目前所处对外投资阶段进行归纳，得出中国符合大多数国家所必经的 OFDI 发展阶段，即从资源行业到制造业过渡，再从制造业到第三产业发展为主导的阶段发展特征。

同时，许多学者的研究表明，中国 OFDI 的内部动因对于不同东道国具有明显的差异性。Cheung et al.（2009）实证分析结果表明，中国 OFDI 区位选择在发达国家与发展中国家之间存在显著的差异性：其中，中国对发展中国家的出口同时带动了其 OFDI 行为，而中国所具有的外汇储备也对发达国家进行 OFDI 起到提升的作用，其中 OFDI 在发达国家的资本呈现集聚特征，而在发展中国家之间却以分散的区位形式进行表现。但总体来说，中国对发展中与发达国家的 OFDI 都具有市场与资源追寻的动机。

（2）基于东道国外部影响因素研究

在对中国 OFDI 受东道国影响因素的研究中，学者大致从经济与环境因素两方面进行研究，而外生的环境因素又可以分成软环境和硬环境两方面。鲁明泓（1999）针对 OFDI 区位选择的制度因素，对中国 OFDI 相关性制度因素进行系统的研究，整体上讲制度因素分为四大类十几个因素，并得出国际投资制度安排，如双边投资保护、贸易关税壁垒、东道国是否支持外资区域一体化等都对 OFDI 的发展水平具有重要影响，因为作为影响中国 OFDI 发展的第一要素；而经济制度环境因素，如金融管制、经济自由度、市场发育程度等因素对中国 OFDI 具有显著的正效应，作为影响中国 OFDI 的第二类要素；相关的法律制度，如东道国法律完善度以及私有财产保护程度等因素对 OFDI 也具有显著的正效应，作为影响中国 OFDI 的第三类要素；东道国政府的廉洁程度与企业经营与运行的便利度程度等因素对 OFDI 具有显著的正效应，成为第四类要素。

Buckley et. al（2007）通过将三种特定因素相结合来对中国 OFDI 的影响因素进行解释，发现特定所有权优势、资本市场不完全性以及制度安排等三种特定因素是影响中国 OFDI 的主要因素。进而通过实证研究发现，中国 OFDI 与东道国市场规模、政治风险、汇率风险、地理临近（1984—1991）、文化临近与资源禀赋等之间存在显著的相关性。同时他们也得出中国自身由于资本市场的不完全性，中国企业可以从中获取特有的所有权优势，使得企业能够在较长时期内比较容易取得低于一般市场利率的资本。胡博和李凌（2008）基于中国 OFDI 的动因层面，综合分析影响中国 OFDI 区位选择的因素，最终发现发展中国家的区位优势在于具有丰富的资源禀赋和巨大的市场潜力，而发达国家在于其所具有的较高科技水平。由于发达国家激烈的市场竞争并且进入壁垒较高，因此其市场内部的潜力对中国OFDI起到负相关效应。

韦军亮和陈漓高（2009）进一步考察政治风险变量作为影响中国OFDI的重要因素，结果表明东道国所具有的政治稳定性对中国OFDI产生重要影响。进而得出，近几年中国在具有较高政治风险国家的投资可能是出于中国企业独具的国际能力与优势、东道国自然资源的丰裕程度对政治风险的消减作用等，当然也存在一部分企业盲目投资的行为。项本武（2009）通过动态面板模型的构建，实证检验了中国OFDI区位选择影响因素所发挥的动态效应。结果表明，双边贸易关系（出口衡量）与汇率波动对中国OFDI具有显著的正效应，而东道国市场规模对于中国OFDI表现出显著的负效应。

2. 中国OFDI区位选择的决策研究

中国学者对于中国OFDI的区位选择"先易后难"或者"先难后易"的决策，从不同角度得出过很多结论，大多数都依据发展中国家与发达国家区分的角度对此进行论述。何志毅（2002）通过比较研究TCL"先易后难"策略与海尔公司"先难后易"策略的对比，深入剖析两种模式的共性与差异性、优势与劣势以及两种策略使用的原则等，并总结出中国企业在进行OFDI过程中需要综合考虑外在条件与自身优势再进行选择。戴翔和郑岚（2008）在Kojima经典模型的基础上，对中国产业出口与中国OFDI产业选择之间的相关关系进行分析，得出中国OFDI呈现明显的贸易导向型，进而得出中国OFDI需要充分发挥比较优势，在充分发挥优势型OFDI的同时，加强对学习型OFDI的支持，促使中国OFDI产业选择符合国内产业结构的演变需求。王凤彬和杨阳（2010）通过阐述与对比OFDI顺梯度与逆梯度运行的机理与规律，对中国企业OFDI难与易选择问题的本质以及二者的时空关系进行剖析，构建了综合现行两种模式的OFDI选择新模式——差异化同时并进模式[⑱]。这种选择模式解决了传统上把利用型OFDI与探索型OFDI相分离的问题，使得中国OFDI区位选择中的难易问题实现了统一。

对于中国OFDI进入模式选择的研究，黄速建和刘建丽（2009）基于"成本—收益"框架，研究得出中国OFDI很大程度是出于对东道国先进技术与管理经验的学习，而企业特定的战略动因决定了企业OFDI模式的选择。通过运用动态多目标进入决策模型，以及分层选择模型，他们从多个层次与角度对中国企业OFDI进入模式的选择进行了系统阐述。Cui et al.（2009）认为企业特定优势的寻求并不是中国OFDI的本质与动因，其实质是出于对国家特定优势扩张的体现，从而在世界范围内探寻国家整体持续的竞争优势。因此，中国OFDI模式选择并不基于成本最小化原则来考虑企业特定资本的跨国转移，从而在模式选择上倾向于海外建场生产的方式。

3. 中国OFDI区位选择的贸易互动研究

关于OFDI与贸易关系是存在替代还是趋于互补的争论，一直以来都是学者研究OFDI问题所争论的焦点。从目前国内学者对中国OFDI的研究来看，更多学者都是从实证角度对两者的关系进行检验。其中，田文辉和石艳方（2008）基于三十年以来中国贸易与投资数据的考察，发现中国出口总体上对OFDI起到推动的作用。徐雪和谢玉鹏（2008）认为中国大部分进行的OFDI都出于出口创造的目的，因此与对外出口之间具有明显的互补关系。而中国企业大部分的出口导向还处于垂直型，因此出于对生产成本降低的考虑，OFDI企业会首要考虑选择那些劳动力成本较低或者自然资源较丰富的新兴发展中国家。项本武（2009）通过面板数据的协整分析方法，对中国OFDI对贸易所产生的效应进行长期分析，认为中国OFDI在长远来看，对进出口贸易拉动的效应非常显著，并且中国OFDI本质上是属于贸易创作型的，不存在OFDI与贸易之间的相互替代作用[19]。

而有些学者的研究结论却刚好相反。杜凯（2010）构建了跨越贸易壁垒的FDI模型，得出中国目前的OFDI大部分表现为对贸易壁垒的考量，以关税和反倾销政策为典型的贸易壁垒行为，是促进中国企业开展海外投资的重要推动力。他也通过实证检验，发现中国 OFDI 与贸易之间的相关关系是此消彼长的，当贸易壁垒不断提高时，中国 OFDI 的活动就开始逐渐增加。马光明（2010）进一步运用中国样本与 20 世纪 80 年代日本的情况相对比看，得出中国 OFDI 可以用来应对海外贸易保护主义所导致的贸易差额的减少。

然而，一些学者对此也保持中立的角度。陈立敏等（2010）认为，中国 OFDI 与贸易的关系是随着 OFDI 产业差异、国家差异、动机差异、产品分类与时效差异而发生改变的，因此，在不同的情况下，中国 OFDI 与贸易之间既可以是替代，也可能出现互补的关系。而就目前阶段而言，中国 OFDI 与贸易之间存在比较明显的正相关关系，并且 OFDI 对出口的拉动效应大于对进口的拉动效应。进而通过综合分析两者关系的各种观点，他们得出两者三种状态的关系实际上在政策实践过程中是统一的。

因此，对中国 OFDI 与贸易之间相关关系的研究，至今还没有出现一个严格的论断。杨湘玉（2006）在研究中对两者关系进行总结，并从更深层面将 OFDI 方式分解为单纯满足国外需求的横向型 OFDI 与满足国内市场需求的纵向型 OFDI。纵向型 OFDI 已经基本确认与贸易之间的关系呈现互补型。而横向型 OFDI 又存在两种情况，如果研究采用国家层面的数据，则得出的结论多呈现两者之间的互补关系；而如果研究采用行业或者企业层面的数据，则得出的结论多为两者替代性关系。

除了诸多学者对中国 OFDI 与贸易相关关系研究之外，也有部分学者对中国 OFDI 与贸易产品结构之间的关系进行关注。俞毅和万炼（2009）通过构建 VAR 模型框架，将中国贸易的结构分解成为初级产品和工业制成品，实证研究得出中国 OFDI 与贸易商品的结构长期存在稳定的均衡关系，而后者相对来说对前者产生的影响更大；而从短期看，中国 OFDI 与贸易商品结构之间又不存在稳定的均衡关系。因此他们认为中国 OFDI 的区位选择应充分考虑不同产业之间的差异性。冯春晓（2010）同样从出口规模与商品结构两层面来分析中国 OFDI 与出口之间的相关性，发现基于微观及宏观层面，中国 OFDI 同出口规模与产品结构之间的关系存在差异性。在短期，中国 OFDI 与出口规模存在替代关系,而从长期来看两者存在互补关系[20]。中国OFDI与出口产品的结构之间也间接存在正向关系,意味着中国OFDI在长期可以发挥对产业结构的优化效应。

4. 中国OFDI的逆向技术溢出研究

西方对FDI的研究认为,由于企业对外投资可以形成一定的逆向技术溢出效应,因此中国企业对外投资常常伴随着国内整体技术水平提高与产业逐步升级的过程,可以形成良性的OFDI正向循环回馈机制。因此,对OFDI是否也存在逆向技术溢出效应成为学者研究的另一个焦点。总体来看,国内学者的相关研究所得出的结论并不一致。赵伟等(2006)将中国OFDI促进国内技术进步的效应归纳为若干机理,并通过实证检验得出OFDI对中国技术影响逐渐开始凸现,而目前这种效应还不十分明显。邹玉娟和陈漓高(2008)同样实证得出相同的结论,表明了中国OFDI对国内整体技术水平的提升起到非常显著的贡献作用[21]。

但是通过对两者关系的实证研究,白洁(2009)得出的结论与此相反,由此推测,可能是由于中国OFDI存在较小比例的技术寻求目的,因此中国OFDI并没有发挥很大的逆向技术溢出效应,对于国内生产率水平的提升也没有显著的正效应。王英和刘思峰(2008)也发现中国OFDI所产生的逆向外溢效应并不大,其对国内生产率所发挥的效应大大小于国内自主研发所产生的效应。周游(2009)的研究也支持两者之间并没有直接作用关系的结论,但他认为中国OFDI企业也对国内企业产生了一定的技术扩散效应,这种效应对国内生产率水平起到间接的提升作用[22]。

结合中国OFDI与企业技术进步的机理,也有学者逐渐关注中国产业升级与OFDI关系的研究。同时,一些学者遵循OFDI与技术逆向溢出相关的机理看,对中国目前国内产业升级与OFDI之间存在的关系进行研究。陈漓高和张燕(2007)将中国产业竞争力的提升与产业结构的优化视为中国OFDI的战略目标之一,并按照产业地位划分依据将中国产业划分为四大产业群,进而提出按照四大产业群所进行 OFDI 的作用和基准。张为付（2008）认为中国 OFDI 的模式转型存在必然的趋势，进而构建内外因素作用力与环境支撑力的研究范式，根据范式将影响中国 OFDI 的作用力进行分解，并实证得出 GDP、出口规模、政府政策支持以及民营经济的比重等因素对中国 OFDI 存在的正向作用较为明显，同时结合产业升级政策，提出政府要合理引导 OFDI 由单纯规模的扩张向结构调整与升级逐步转变，可以用贸易与投资互动的战略决策，逐步打造中国民营企业为主体的 OFDI 结构。

在中国产业升级与中国 OFDI 之间互动影响的理论研究层面，在中国 OFDI 与产业升级互动的理论研究层面，赵伟和江东（2010a）从理论层面构建了中国 OFDI 对国内产业升级的效应机理，在逻辑上对中国 OFDI 与国内产业结构演变的联系进行梳理，实证检验的结果也支持了 OFDI 对国内产业升级存在正效应的判断。进一步，赵伟和江东（2010b）又从多个层面综合考量中国作为工业大国的发展历程，进而得出中国 OFDI 与国内产业的发展存在明显的互动关联与"双重叠进"特征，这意味着中国 OFDI 对于国内产业升级所起的作用，既存在产业间与产业内部结构的优化，同时又存在产业整体生产率的提升。他们同时对比了美国和日本两国所开展的产业升级模式，在此基础上对中国 OFDI 推进国内产业升级模式的路径进行了探讨[23]。

5. 中国 OFDI 区位选择的主体与国别比较研究

（1）中国 OFDI 主体的区位选择比较研究

当前，中国 OFDI 主体的划分基本上为民营企业与国有企业两类，相对于民营企业，国企 OFDI 的总量占据中国 OFDI 总额的一半以上。而伴随着近年来民营企业发展与国有企业的改革，中国 OFDI 的主体构成正发生着显著的变化。Morck et al.（2008）认为，之所以国有企业成为中国 OFDI 的主体，正是因为国有企业能够通过企业国有所有制结构与国有银行所主导的信贷分配等方式，从而获取高额的国有信贷支持。Yao et al.（2010）通过研究国有大中型企业进行 OFDI 的行为特征，认为国有企业 OFDI 是出于对国家能力不断增强的假设，再加上国家政策层面也会对国有大企业实施保护的政策，因此国企更可能为了扩大投资而在国际市场上冒更大的风险。同时，他们也以中国铝业的案例对假说进行了验证[24]。

Ramasamy（2010）也从企业所有权性质的角度将中国企业划分为民营企业和国有企业，研究发现企业所有权性质成为显著影响中国OFDI的重要因素。民营企业OFDI倾向于对市场的获取，而国有企业却偏向于对资源丰富国家的投资，并且对东道国较高的投资风险因素缺乏敏感的洞察性。相反民营企业却可以对风险因素进行较好的控制。Quer et al.（2011）经过对中国大型企业的实证研究之后，发现大型企业OFDI同样不考虑东道国的风险因素，相反影响大型企业OFDI的主要因素是文化距离。进而他们进一步提出，企业相对越大，与东道国之间的贸易关联越紧密，则所进行的OFDI规模也相对越大。

（2）中国OFDI区位选择的国际比较

为了对中国OFDI的基本特征进行更深入的研究，诸多学者也尝试着对中国与国际上其他国家进行OFDI的特征进行比较。Tolentino（2010）、Fung and Herrero（2008）均通过中印两国OFDI的动机比较，研究发现虽然两国同为新兴发展中大国，但中国相对印度来讲更依靠政府来推动OFDI的发展，而不是以企业在市场中依靠市场的力量进行发展。Fung et al.（2009）进一步将中国大陆与中国台湾、韩国与日本之间OFDI的影响因素与各种动机进行比较，得出相对于中国大陆与中国台湾地区OFDI技术获取动机的特征，韩国与日本更倾向于对自然资源进行获取。

在吸收中国OFDI的东道国研究中，鲁桐（2000）通过实证研究英国中资OFDI企业的投资行为，归纳出中国国企OFDI的七大影响因素，同时对海外分支机构的投资动机、竞争优势、战略经营、管理水平、所有权形式以及技术获取路径等多方面特征进行总结，判断出中国国企OFDI尚处于初级阶段，在海外市场上还没有形成自身强有力的竞争优势。

Fontagne and Py（2010）根据2010年组织实施的中国OFDI调查问卷，试图得出中国对欧洲进行OFDI背后实际与潜在的影响因素与动机，并对影响

OFDI 的推力与拉力进行总结,概括出七大因素来探讨欧洲 OFDI 企业所面临的障碍与问题。Ebbers and Zhang(2010)也基于在欧洲进行 OFDI 中国企业的特征总结,得出中国对欧洲 OFDI 相对不多,主要在于欧洲相对于美国在制度保障方面的力度并不强,并且在与中国国企沟通方面仍旧存在相当多的障碍。而对于中国企业来说,其自身特有的政治敏感性仍然是进入欧洲市场的首要障碍。Pietrobelli(2010)通过对意大利 OFDI 企业的实证分析,同样得出在欧洲进行 OFDI 相同的结论,即中国 OFDI 习惯以小规模经营的方式进入与贸易相关联的领域,同时也逐渐开始了为提高国际地位而进行海外资产收购,进而实现自身生产与技术能力的提升[25]。

对于中国在东南亚地区 OFDI 的研究,Kang et al.(2010)从制度与经济因素综合考察中国对东南亚八国 OFDI 的影响因素,认为相对于经济因素对 OFDI 的影响,制度因素的影响程度更加显著,也具有多样与复杂的特点。同时,中国企业 OFDI 在控制不同的经济体之后,发现其在不同时间区间具有动态的异质性。

Sanfilippo(2010)根据中国在非洲所进行 OFDI 的实证研究得出,中国企业对其进行投资的主要动因在于非洲所蕴藏的丰富资源禀赋,同时也是出于对非洲市场潜力的挖掘。中国对非洲的投资也证实了似乎企业更倾向于针对收入较高的国家,而投资风险似乎并不作为主要的考虑因素。张小峰(2010)同样基于中国 OFDI 在北非国家的实证分析,总结出中国企业投资非洲的动因与影响因素,进一步提出了中国投资非洲所需采取的产业与投资方式选择。

6. 基于企业异质性的中国 OFDI 研究

目前,基于企业异质性理论对中国企业 OFDI 进行研究的文献还很少。其中,最早的是洪联英和罗能生(2007)提出利用 Metliz(2003)异质性理论建立了适用于中国国际化及策略问题研究的理论框架,同时利用中国 500 强企业进行了实证检验。他们在假定企业异质性的基础上整合新的理论分析框架,对中国企业在国际化发展中的路径及其策略问题进行分析。研究表明中国企业存在垄断利润与真实生产率相背离问题,进行OFDI路径存在异质性企业行为趋同与技术技能劣势效应。按照他们的理论分析框架,进行对外直接投资的企业是异质的,不同企业应该依据生产率水平理性选择服务国外市场的方式。只有生产率较高的企业才会选择对外直接投资,而且企业应该根据生产率差异和成本高低,在出口与水平FDI之间进行多种混合投资选择,只有效率较低、贸易成本较低时企业选择出口;而具有中等程度的贸易成本和生产率的企业,可以选择将中间产品和最终组装分散配置的复杂一体化战略。进一步,他们通过中国500强与世界500强之间的对比,发现无论从人均营业收入还是从人均利润看,中国企业与国际企业相比都存在较大的差距。从境外企业的设立情况看,子公司及分支机构占境外企业数量的90%以上,联营公司只占不到5%;从区位分布看,亚洲、欧洲地区投资覆盖率分别达到90%多;从OFDI产业分布上看,制造业占投资主体总数的一半以上;区位的"复合化"趋势,不是企业盲目投资的结果,是不同类型企业在生产率异质性条件下自我选择的结果[26]。他们最后提出了新格局下企业国际化发展路径,即企业需要根据真实生产率水平和贸易自由化条件,在国内参与国际化生产与国外从事直接投资之间进行权衡选择。进而他们指出,目前以国有企业所代表的中国企业垄断利润不能代表中国企业的真实生产率水平,与世界水平相对比,中国企业生产率总体上还比较低。同时,生产率较高的中国企业通常规模偏小、实力较弱。这种现实说明,如果中国企业仍然按照资产总值、利润水平和企业规模状况为标准进行选择国际化路径,那么在未来的中国企业国际化发展进程中,必然会导致这样的现象:利润高的企业势必会随着国际市场的激烈竞争很快失去现有的垄断优势和赢利水平,只有少数生产率相对较高的企业在国际竞争中成长壮大,多数中小企业在国际市场中将面临即时的进入——退出轨迹[27]。因为前者的企业优势并非来源于企业生产率所导致的价值增加,而是靠资源垄断涨价所致,没有反映市场的需求,企业缺乏降低成本、提高技术的动力。后两者由于生产力发展水平有限,规模偏小、实力较弱,难以在世界产业发展趋势的行业中占有一席之地,随着贸易自由化的竞争影响,势必会出现较大规模的 Melitz（2003）所谓的产业内演进效应。

但是，他们实证的样本采集只是局限于 500 强的企业样本，可以说忽略了占绝大比重的中小民营企业的国际化问题，所得结论必然会偏离中国企业 OFDI 总体的适用性。李春顶（2009）、陈策（2010）和范思琦（2011）在他们的博士论文中，均从企业异质性理论的角度出发，对中国企业国际化问题在理论与实证角度进行了探讨。他们都使用中国国家统计局所建立的工业企业大型数据库，可以说实证研究在大样本下可以得出较好的估计。但他们的实证研究实际上是侧重于对企业国内生产与出口之间的对比研究，而对中国企业 OFDI 的异质性自我选择没有实际的数据进行支持，可以说在中国企业 OFDI 问题上，他们的研究仍然停留在定性分析上。最近，国内部分学者利用企业层面数据对中国企业 OFDI 的生产率异质性进行了检验，其中以 Tian and Yu（2011）、余淼杰和徐静（2011）的研究最具典型，前者从企业层面建立面板数据，用以检验企业生产率与企业 OFDI 决策之间的相关关系，但由于其数据的限制，并没有对中国企业 OFDI 的区位选择问题进行研究；后者基于同一数据样本，用以检验中国企业 OFDI 与出口之间存在的相关关系，得出两者之间存在稳健的互补关系，但是对两者互补关系的区位分布差异同样没有进行深入探讨。另外，刘淑琳和黄静波（2011）基于中国制造业上市公司的数据，得出了与 HMY 模型相一致的结论，但实证结果表明企业 OFDI 存在学习效应而不存在显著的自我选择效应，这与企业异质性理论模型结论存在一定的偏离[28]。

除了国内学者对中国 OFDI 的少量研究，国外学者的研究更是少之又少。其中，Duanmu（2010）虽然从企业异质性角度论述中国企业的 OFDI 问题，但遗憾的是，其研究方法依然从宏观层面入手，仍没有办法使用企业层面数据来对企业异质性理论进行完整检验。Song（2011）依据所获取的企业层面数据，对中国企业 OFDI 的区位选择问题进行了理论与实证层面的系统研究，但其关注的侧重点是集中研究中国企业政治联系对中国企业 OFDI 决定的影响，得出中国企业 OFDI 区位选择差异主要受到企业政治关联程度高低的影响[29]。总之，中外学者基于企业异质性理论对中国 OFDI 的研究在最近两年开始踊跃出现，表明了越来越重要的中国 OFDI 问题与西方理论前沿研究的加快融合；而另一方面也表明，由于企业层面数据获取的困难，许多前人的研究还多从定性与数理角度入手，并没有从定量的角度对中国 OFDI 问题，尤其是中国企业 OFDI 的区位选择问题进行研究。因此，这为本书的进一步研究提供了机遇。

2.3.3 现有研究的主要不足

目前，虽然中外学者对企业异质性 FDI 理论与中国 OFDI 区位选择的研究积累了丰富的学术成果，但从总体来看，学术界对企业异质性条件下 OFDI 区位选择相关问题的研究仍存在以下不足：

第一，企业异质性作为前沿的理论研究领域，至今还没有形成比较系统、成熟的理论体系，并且由于研究方法的制约性，许多问题与结论还需要较长的时间得以验证；特别是由于时间较短的原因，企业异质性 FDI 理论的缓慢发展表现得尤为突出。目前，无论是国外还是国内，对企业异质性 FDI 理论，尤其是企业异质性条件下 FDI 区位选择理论的动力机制和影响条件等问题仍存在较多的争论，也没有深入分析企业 FDI 增长的内在机制。

第二，现有企业异质性 FDI 理论研究，虽然也注意到扩展边际对提升 FDI 水平的重要性，如一些学者注重 FDI 企业数量增加对 FDI 总量提升的贡献。但从总体来看，目前更多研究还仅局限于对生产率差异与 FDI 相关关系的论证上，对于 FDI 扩展边际效应的研究一直没有形成比较系统的框架。更进一步，现有研究将 FDI 的区位选择与企业数量增加、模式选择多样性的研究相互割裂开来，忽略了深层次分析企业 FDI 区位选择动力机制的重要关联因素。

第三，现有对企业异质性理论的实证检验，基于出口贸易角度进行的研究较多，忽视了企业异质性条件下 FDI 活动的实证部分。同时，现有研究将企业异质性理论对 FDI 活动的影响与对新经济地理理论的影响割裂开来。在考察企业异质性对 OFDI 区位选择影响的同时，缺乏关注异质性条件下空间效应的作用与影响。

第四，中国 OFDI 相关研究综述表明，现有中国 OFDI 区位选择研究在整体上还没有形成统一的框架。虽然现有研究在范围与内容上呈现多样性，也采用了现代的研究方法，但研究的视角还是更多局限于宏观层面，对于从企业微观层面进行研究的文献还比较缺乏，在企业异质性角度研究中国 OFDI 区位选择问题上表现得尤为突出。由于微观基础研究的缺乏，导致研究方法、研究角度与研究数据都存在较大的偏误，在研究中国企业 OFDI 区位选择问题时可能忽略其他因素的内在联系。

第五，目前虽有基于企业异质性理论来对中国 OFDI 问题进行研究的文献存在，但这些文献还仅局限于从定性的角度进行论述，没有统一的数量模型框架，也没有运用数据样本来进行实证检验。而从目前来说，对中国企业 OFDI 的微观层面数据获取，仍是研究企业异质性 FDI 理论非常困难的任务。

总之，从目前学术界对企业异质性 FDI 区位选择理论的研究，尤其是针对中国企业 OFDI 区位选择的相关问题研究看，无论在理论层面还是实证层面都有待于进一步深化。基于此，本书通过构建中国 OFDI 区位选择的动力机制框架，结合中国企业微观数据的考察，得出企业异质性条件下中国 OFDI 区位选择的规律与差异，以期为中国 OFDI 区位选择问题提供新的理论依据，同时为丰富和完善 FDI 理论做出中国独有的贡献。

2.4 本章小结

本章首先通过对中国 OFDI 相关概念的范畴进行界定，作为本书接下来进行理论与实证研究的前提条件；本章也对全文研究的理论基础进行梳理与归纳，根据企业异质性条件下中国 OFDI 区位选择的研究需要，从区位选择理论、国际直接投资理论与企业异质性理论三个层面进行系统的论述，试图找到三者的交集，为本书研究提供坚实的理论基础；进一步，本书也对现有学者在企业异质性 FDI 理论研究与中国企业 OFDI 研究方面的文献进行总结与整理，并进行了适当的评价，试图通过借鉴前人研究的宝贵成果，发掘可能出现的问题与不足，进一步诠释本书研究的必要性，以及在企业异质性条件下研究中国 OFDI 区位选择的合理性。本章得出以下对理论与文献进行综述的小结：

第一，区位选择理论与企业异质性理论相结合的研究，可以得出更多富有现实意义的结论。而企业异质性理论经过进一步升华与扩展，将企业国内生产、出口与 FDI 有机地整合到一个统一模型中，为国际直接投资区位理论的研究提供了主流框架与微观基础。两者围绕企业异质性的共同发展，最终促使企业异质性 FDI 区位选择的理论与实证研究成为前沿。而中国 OFDI 区位选择研究在此理论框架之下进行，可以说是对中国 OFDI 问题研究的初步尝试。

第二，通过对中国 OFDI 相关研究的综述，发现不同学者研究依据的视角与方法不同，同一问题所得出的结论也不相同。可以说，现有中国 OFDI 区位选择研究在整体上还没有形成统一的框架。另外，虽然现有的研究在范围与内容上呈现多样性，也采用了现代的研究方法，但研究的视角还是更多局限于宏观层面，对于从企业微观层面进行研究的文献还比较缺乏。而中国 OFDI 区位选择问题，如果从企业异质性理论角度进行研究，现有学者研究的诸多焦点争论就可能形成统一的框架体系。例如，在"先难后易"还是"先易后难"的区位决策争论中，可以在承认企业之间存在生产率异质的条件下，对 OFDI 的区位选择问题形成统一的认识，而且 OFDI 区位选择也是随着企业自身生产率的差异而不断演变的。

第三，基于企业异质性理论视角，对中国企业 OFDI 区位选择进行理论拓展与实证检验，将是今后中外学者研究越来越重视的方向之一。目前虽有基于企业异质性理论来对中国 OFDI 问题进行研究的文献存在，但这些文献还仅仅限于从定性的角度进行论述，没有统一的数量模型框架，也没有数据样本来进行实证检验。而正如 Duanmu（2010）在论文中指出的那样，如果对中国企业 OFDI 问题进行更深入的研究，就需要将企业层面的异质性因素考虑到模型中进行验证，只有这样，才可以印证中国 OFDI 与企业异质性理论之间是否对应与吻合。而从目前来说，对中国企业 OFDI 的微观层面数据获取，仍是研究企业异质性 FDI 理论的一项非常困难的任务。

本章注释

① 资料来源：中国商务部《2009 年度中国对外直接投资统计公报》第四部分"主要概念及指标解释"。

② 划分依据：中国商务部《2009 年度中国对外直接投资统计公报》第四部分"主要概念及指标解释"。

③ 资料参考：李春顶. 异质性企业国际化路径选择研究——新新贸易理论及其在中国的应用 [D]. 上海：复旦大学经济学院，2009.

④ 指一个国家或地区对世界其他国家或地区金融资产和负债存量的统计报表，它与反映交易流量的国际收支平衡表一起，构成该国家或地区完整的国际账户体系。国际投资头寸表被视为一个经济体对外的资产负债表，用以评估一个经济体的对外稳定性和风险性。而中国最新公布的这组数据显示，中国当前经济"对外资产和负债稳定性高，对外风险暴露程度相对较低"。

⑤ 在另外一个主流研究方向上，Antras 运用企业组织结构差异来研究企业异质性理论，而本书所定义的企业异质性主要还是企业生产率的异质。

⑥ 更详细的论述请参见《新帕尔格雷夫经济学大辞典》中的"空间经济学"词条。

⑦ 资料参考：陈秀山，张可云. 区域经济理论 [M]. 北京：商务印书馆，2003.

⑧ 资料参考：陈秀山，张可云. 区域经济理论 [M]. 北京：商务印书馆，2003.

⑨ 摘自 Fujita 和 Krugman and Venables 合著的《Spatial economy : cities, regions and international trade》。

⑩ 中译本为《经济地理与公共政策》，另一本引入中国的著作是梁琦于 2005 年翻译的 Fujita、Krugman 等合著的《空间经济学》。

⑪ 例如，安虎森（2009）的主要理论也是紧扣 Baldwin 的这部著作。

⑫ 资料参考：王方方. 发展中国家银行跨国并购的互动因素分析——对银行跨国并购理论的一个述评 [J]. 吉林工商学院学报，2009 年第 1 期.

⑬ 实际上，本章所回顾的跨国公司理论以及扩展的企业异质性 FDI 理论仅限于水平型 FDI 理论的范畴。关于垂直型 FDI 理论的研究参见 Helpman（1984）和 Yeaple（2003）。因为在异质性 FDI 理论中，目前水平型 FDI 理论可以与异质性贸易理论起到很好的承接作用，所以本书集中以水平型 FDI 框架对企业异质性理论进行回顾。

⑭ 资料参考：Fryges, H. The change of sales modes in international markets: Empirical results for German and British high-tech firms [J]. Progress in International Business Research, 2007, (1):139-185.

⑮ 资料参考：Kleinert, J. and Toubal, F. Production versus Distribution-oriented FDI [C]. Université Paris1 Panthéon-Sorbonne (Post-Print and Working Papers) No. hal-00608510, 2010.

⑯ 资料参考：Hanson, G.; Mataloni, R. J. and Slaughter, M. Expansion Strategies of U.S. Multinational Firms. In Rodrik D. and Collins S. eds., Brookings Trade Forum 2001 [M]. Washington, DC: Brookings Institution Press, 2001.

⑰ 资料参考：Aw B.Y. & Lee Y. Firm heterogeneity and location choice of Taiwanese multinationals [J]. Journal of International Economics, 2008, 75(1): 167-179.

⑱ 资料参考：王凤彬，杨阳．我国企业 FDI 路径选择与"差异化的同时并进"模式 [J]．中国工业经济，2010，（2）：120-129．

⑲ 资料参考：项本武．中国对外直接投资的贸易效应研究——基于面板数据的协整分析 [J]．财贸经济，2009，（4）：77-82．

⑳ 资料参考：冯春晓．我国对外直接投资对出口规模和出口商品结构影响的研究 [D]．武汉：华中科技大学，2010．

㉑ 资料参考：邹玉娟，陈漓高．我国对外直接投资与技术提升的实证研究 [J]．世界经济研究，2008，（5）：70-77．

㉒ 资料参考：王英，刘思峰．中国 ODI 反向技术外溢效应的实证分析 [J]．科学学研究，2008，（2）：294-298．

㉓ 资料参考：赵伟，江东．ODI 与产业升级——机理分析与尝试性实证 [J]．浙江大学学报（人文社会科学版），2010，（3）：116-125．

㉔ 资料参考：Yao S J, Sutherland D and Chen J. China's Outward FDI and Resource-Seeking Strategy: A Case Study on Chinalco and Rio Tinto [J]. Asia-Pacific Journal of Accounting & Economics, 2010, 17:313-326.

㉕ 资料参考：Pietrobelli, C., Rabellotti, R. and Sanfilippo, M. The "Marco Polo" Effect: Chinese FDI in Italy [C]. IE Programme Paper NO.208223, 2010.

㉖ 资料参考：洪联英，罗能生．全球生产与贸易新格局下企业国际化发展路径及策略选择——基于生产率异质性理论的分析方法 [J]．世界经济研究，2007，（12）：55-61．

㉗ 资料参考：洪联英，罗能生．全球生产与贸易新格局下企业国际化发展路径及策略选择——基于生产率异质性理论的分析方法 [J]．世界经济研究，2007，（12）：55-61．

㉘ 刘淑琳，黄静波．对外直接投资与企业生产率——基于中国上市公司的实证分析 [J]．2011，（2）：64-68．

㉙ Song, Y. Three Essays on Determinants of Outward Direct Investment Firm-level Evidence from China [D]. U.S.A: The George Washington University, 2011.

3 企业异质性与中国 OFDI 区位选择的动力机制探究

目前，中国整体受国际收支失衡的影响，许多学者认为，具有超额外汇储备的中国是有实力进行更多的 OFDI 的；与此同时，越来越多的海外战略，尤其是以国有大中型企业为代表的 OFDI，在进行多年 OFDI 之后凸显出效果不理想甚至亏损的局面。这不能不让学者对此进行反思，即企业 OFDI 过程中究竟需要遵循何种本质的动力机制，才能实现企业更有效的 OFDI。因此，需要用新的理论视角对企业 OFDI 的动力机制进行分析，对企业 OFDI 区位选择进行更具针对性的指导。

3.1 FDI 的异质化特征与中国 OFDI 的背景分析

在分析中国 OFDI 区位选择的动力机制之前，非常有必要对国际直接投资与中国 OFDI 的发展背景与演变特征进行详细地总结，只有这样才能从整体上较好地对中国 OFDI 的动力机制进行把握。因此，本小节将对国际直接投资与中国 OFDI 的异质化演变进行回顾，并在此基础上对其区位选择的特征进行总结，进而为深入探寻中国 OFDI 的动力机制奠定宏观基础。

3.1.1 国际直接投资的异质化演变特征

1. 发展中国家与发达国家企业 FDI 的异质化演变

随着全球经济一体化与各国开放程度的日益提高,以及发达国家跨国企业在发展中国家的示范效应与发展中国家企业的学习效应,在发展中国家,一些企业逐渐壮大和成熟,产生了进行国际化的强烈动机,也具备了一些技术、资金、营销与风险控制的能力。2010 年的世界 FDI 流出总量达到 1.323 万亿美元,其中来自发展中国家的 FDI 流出量表现出较显著的增长,OFDI 额度占据全球总量的 29%,意味着发展中国家企业综合能力与国际化意愿的日益增强。相比之下,发达国家由于近几年经济危机的困扰,目前 OFDI 的总体水平只达到 2007 年水平的一半。因此,发展中国家跨国企业所体现的强劲 OFDI 动力与发达国家企业逐步放缓的 OFDI 状态形成了鲜明的对比。这表明,随着发展中国家宏观整体经济水平的提高,企业生产率也随之提高。只要能够达到国际化所需的要求,照样能够像发达国家企业一样,在海外市场进行经营、拓展并实现最大的经营利润[①]。

2. 跨国企业国际投资模式的异质化演变

随着全球经济重心由发达国家及地区逐渐向以亚太地区为主的发展中国家及地区的转移,发展中国家及地区 FDI 的比重日益增加,而投资的模式演变成更加多样的态势。从跨国企业进入东道国的模式来看,跨国并购依然成为发达国家进入发展中国家的重要模式。2010 年的全球跨国并购总价值相对上一年增长了 37%,占国际直接投资的比重高达 90% 以上,尤其是在发展中国家的跨国并购额度增加了一倍;同时,虽然绿地投资出现了下降的趋势,但发达国家企业在发展中国家设立的子公司或者分支机构仍能够保证比较良好的利润,2010 年跨国企业海外分支机构的利润再投资较上一年增长了将近一倍;进一步,在向发展中国家投资中,非股权的投资模式开始大量出现,在 2010 年创造了 2 万多亿美元的销售额度，其中跨境合约制造和服务外包达到 1.1 万亿到 1.3 万亿美元，特许经营销售达到 3300 亿到 3500 亿美元，技术许可销售额达到 3400 亿到 3600 亿美元，管理合同销售额达到 1000 亿美元左右②。这种介于 FDI 与贸易之间的非股权投资模式，对于中国企业向发展中国家进行 OFDI 具有非常重要的借鉴意义。相对于需要具备较高能力并蕴藏巨大风险的并购模式，与需要承担巨大投资成本的绿地投资模式，非股权投资模式比较灵活多变，便于刚进入国际化市场的企业选择。对于中国目前整体企业能力不高的现状，以更为便捷的海外投资模式服务海外市场是非常适合的。

3. 跨国企业 FDI 全球区位布局的异质化演变

随着信息技术的发展与全球交易成本的降低，跨国企业加大在全球范围内进行 FDI 区位布局。《2010 年世界银行报告》强调了空间因素对于一个城市、区域或者国家发展的重要性，因此得出基础设施改善可以重塑地理的经济结构，形成或者弱化"核心—外围"的经济结构。空间效应对于跨国企业 FDI 的区位布局同样具有深远的影响。目前，全球各区域的 FDI 分布表现出不均衡的特征。从总体上看，大量的 FDI 还是倾向于集聚到具有较快经济增长与发展潜力的新兴经济地区，如东亚、东南亚与拉丁美洲等，其中拉丁美洲增长了 14%，东亚和东南亚增长了 30%；而诸如非洲国家的一些最不发达国家、内陆发展中国家与某些小岛国家等逐渐演变成为 FDI 的边缘地带。这一方面是由于具有不同能力企业 FDI 区位选择差异的结果，另一方面也是由于地理空间结构的异质化而导致的 FDI 集聚与扩散演化。这样的格局演变趋势，对中国企业 OFDI 十分有利。因为按照梯度转移的理论和经验，中国相对于周边国家及地区、新兴工业化国家以及转轨国家，具有更强的产业优势和竞争力。

4. 跨国企业 FDI 主体的异质化演变

以往，全球跨国企业 FDI 问题更多是涉及发达国家的 FDI 问题，而发达国家的私有跨国企业更是成为研究与关注的焦点。当前，世界各国在对中国国有企业进行 OFDI 感到担忧的同时，实际上世界各国及地区已经遍及至少 650 家的国有跨国企业，其所附属的 8500 多家海外子公司或分支机构遍及世界各地，并构建了全球生产与销售网络，与许多东道国政府与企业都产生了千丝万缕的联系。尽管国有跨国企业数量还不到全球跨国企业总量的 1%，但所发生的 FDI 额度却达到世界 FDI 总额的 11%。而在全球规模最大的前 100 家跨国企业中，国有跨国企业就有 19 家。其中来自发展中国家的跨国企业占 56%，而占据主导地位的国有跨国企业仍属于发达国家[③]。因此，国有跨国企业正逐渐演变成为 FDI 的新兴重要来源，而国有跨国企业不仅是发展中国家的独有产物，同时也是发达国家扩展 FDI 水平的重要组成。

3.1.2 中国 OFDI 的发展背景与演变趋势

1. 中国 OFDI 的发展背景

新中国成立以来的六十多年间，中国 OFDI 的发展在不同历史阶段也呈现出很大的差异。根据每一个历史阶段的特征，中国 OFDI 的发展历程可以大致分为五个阶段。

（1）改革开放之前的萌芽阶段（1949—1978 年）

在实施对外开放之前的 30 年，中国对外投资的方式主要体现在 20 世纪 50 年代初进行的对外经济技术援助，与 20 世纪 70 年代初开始的对外劳务输出与工程承包活动。其间我国一共向 70 个国家提供了经济与技术援助，承担项目累计 1298 项[④]。而这些投资的性质完全是由政府间的协议商定，并且全部费用是由中国政府通过无息贷款或者是无偿贷款实现的。在这一期间，真正以企业间自主的互利活动很少，基本上是一些非常小型的投资活动，并且是以专业贸易公司的形式在世界主要经济中心建立，用来促进对外贸易活动。因此总体来说，这一时期中国 OFDI 还处于一个萌芽时期，真正的雏形还没有完全出现。

（2）改革开放之初的探索阶段（1979—1991年）

改革开放初期，特别是十一届三中全会召开之后，企业的经营性质开始从计划经济向商品经济过渡，但此时的OFDI问题，由于在扩大贸易与吸引外资的政策主导下，并没有受到广泛的重视。这时的对外投资活动主要是一些专业外贸公司与省、市级的国际经济合作公司进行，通过在海外设立窗口分支机构，从而为贸易服务。但是到了20世纪80年代中期之后，中国原对外经济贸易部通过制定在海外设立非贸易型企业的审批管理条例，从而进一步为中国企业在海外的投资活动提供了政策依据。在国家政策推动下，中国OFDI出现了显著的提升，仅1985年，中国OFDI流量相对于1984年增长了369.4%；而到了1987年，协议投资金额总和已经是前8年总和的3倍多，而实际投资金额也是前8年总和的1.38倍⑤。这一时期OFDI的主体也出现了若干大中型生产企业和综合金融公司，投资的行业也由中小型服务业向制造加工业延伸，在区位选择的范围上也有一定的扩展，但是总体上幅度不是很大，还处于初级的探索阶段。

（3）全面推进阶段（1992—1999年）

在20世纪90年代初期（1992—1993年），中国OFDI的活动出现了一个小的高潮，OFDI额度相对于20世纪80年代有较大的增长。1998年，十五届二中全会加大了对中国企业对外投资的支持力度，尤其表现在以更有组织性的战略决策来支持大型企业对资源型国家及地区进行投资建厂，同时也肩负着通过从事境外加工贸易来扩大出口，进而实现成熟产业的国外转移等重任。在这样的大背景下，20世纪90年代的十年间，中国年平均OFDI额保持在20亿至40亿美元之间。除了以大型贸易公司的形式开展对外投资之外，中国规模较大的工业企业也开始以海外投资设厂的方式进行国际化，而另外一个重要的表现是民营企业也逐步开始进行国际化经营⑥。这一时期，中国政府政策上的支持力度逐渐加大，在OFDI审批以及外汇管制上面都进行了适度放宽，从而在政策层面为中国企业OFDI创造了更好的条件。因此可以说，中国OFDI在整个20世纪90年代开始进入一个全面发展与推进的阶段。

（4）快速发展阶段（2000—2010 年）

随着 21 世纪初期世界经济良好的运行与中国经济的良性互动，中国在历史机遇中迎来了一个 OFDI 浪潮，进入了一个快速发展的阶段。同时，中央更是在"十五"期间制定并实施"走出去"海外战略，鼓励各类所有制企业向海外投资与经营，并打造各种宽松环境支持企业参与到国际经济合作中。2001 年中国加入 WTO 之后，中国企业更是迎来了走向国际市场的良好机遇。这一段时期，中国 OFDI 形成了"全方位、宽领域"的国际化格局，以 OFDI 为主的国际经济合作涉及近 200 个国际及地区，在区位分布上也逐步形成了以"亚洲为主、发展中国家与发达国家齐头并进"的多元化格局。中国 OFDI 与吸引外商投资的比例在 20 世纪 90 年代还大约为 1:18，但是从 2009 年开始上升为 1:2，有商务部专家指出，在未来十年中国 OFDI 与吸引外资将会达到 1:1 的比重。2010 年，中国非金融的 OFDI 达到 590 亿美元，同比增长为 36.6%，在全球 OFDI 排名中，也从 20 世纪 90 年代的十几位上升到第 5 位[⑦]。从总体来看，这一时期成为中国企业国际化步伐显著加快的阶段，有关学者称之为中国 OFDI 的"黄金十年"（如图 3-1 所示）。

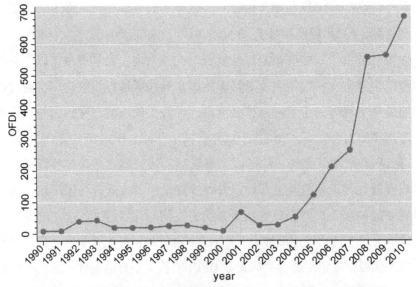

图 3-1 中国历年 OFDI 流量趋势演进　　（单位：亿美元）

资料来源：根据中国商务部《中国对外直接投资统计公报》历年数据绘制而成。

（5）稳步调整阶段（2011年至今）

虽然在经济危机前后，中国OFDI仍保持了较快增长，但不得不需要注意的是，中国OFDI发展还只是表现在量的剧增上，还没有达到真正质的飞跃。特别是2011年以来由于世界经济环境存在诸多不确定性，因此更为中国企业OFDI带来更大的潜在风险。

目前，中国OFDI的发展所面临的首要约束是人才约束，在经历连续数年的两位数快速增长之后，从中国企业在海外遭遇的各类政治、商业性风险来看，这种人才缺口的压力已经明显放大。同时，从微观企业层面上看，经过连续多年的OFDI急速增长之后，许多国际化企业的资产负债结构已经出现较为明显的恶化，需要的是放慢乃至短暂停止扩张的步伐，稳住脚步对海外的资产进行持续性经营，而不是继续保持激进扩张。另外，中国企业尤其是央企由于相关法律约束和公开透明的投资认证程序还没有建立，海外投资往往演变成为企业"一把手的投资"。截至2010年年底，中石油、中石化、中海油三大石油公司投资海外的油田及工程项目总计144个，投资金额累计更是高达近700亿美元⑧。而中国石油大学2010年一份报告显示：受管理制度及国际投资环境等因素的影响，三大石油公司在海外的亏损项目更是达到三分之二。

因此，未来的十年将是中国OFDI进行结构调整的重要时期。OFDI不仅要求企业有强大的资金实力，还需要在人才、技术以及管理等方面具有较高水平的储备能力，将企业自身优势与当地资源相结合，形成独有的竞争力，而如果达到这个阶段，还需要中国企业经历一个长期曲折的学习与努力过程。在这个最坏的国际环境与最好发展时代的博弈中，政府有关部门如何针对当前经济适时制定各种政策以促进OFDI，相关OFDI企业如何抓住机会改善其发展结构，在复杂的国际环境中找到新的增长点，从而使OFDI更重质量，都是值得继续思考与探索的问题。

2. 中国OFDI发展的演变趋势

目前,中国OFDI的发展水平在国际中的演变可以遵循于以下两个方面进行考察:一方面,从纵向时间看,中国OFDI的增长速度飞快,超过了其他世界主要经济体的增长速度;但另一方面,从横向截面看,中国OFDI的发展水平还处于初级阶段。以下将从这两个方面加以论述。

(1)中国OFDI发展的纵向演变

首先,通过在全球的视野范围内看待中国的OFDI,全面了解全球国际直接投资,是整体、客观认识中国OFDI的前提条件。2007年,始于美国的房地产次贷危机最终导致了全球范围内的经济危机,这场危机波及在全球占据重要地位的许多国家与地区,使其金融市场的信贷成本增加。金融危机对企业国际化造成的微观与宏观影响在2008年开始更加明显,并且至今仍存在深远的影响。至此,发达国家OFDI的流出量呈现出比较明显的萎缩,其中2007—2008年下降幅度高达17%;但与此相反,发展中国家的OFDI流出量不仅没有下降,反而在最困难的两年间保持2.5%的增长。2002—2010年,中国OFDI年均增长速度达到49.9%[9]。

在这种宏观经济背景下,中国OFDI与中国整体经济一同逆势而上,显示出举世瞩目的增长势头。联合国贸发会议(UNCTAD)《2011年世界投资报告》显示,2010年全球对外直接投资流量1.32万亿美元,年末存量20.4万亿美元,以此为基期进行计算,2010年中国OFDI流量达到688.1亿美元,较2009年增长21.7%,存量达到3172.1亿美元,分别占全球当年流量、存量的5.2%和1.6%,2010年中国OFDI流量按照全球国家及地区排名为第5位,存量位居第17位,在发展中国家及地区中处于首位[10](如表3-1所示)。

表3-1 2010年中国OFDI流量、存量分类构成情况

指标 分类	流量			存量	
	金额(亿美元)	增长率(%)	比重(%)	金额(亿美元)	比重(%)
金融类	86.3	-1.1	12.5	552.5	17.4
非金融类	601.8	25.9	87.5	2619.6	82.6
合计	688.1	21.7	100	3172.1	100

资料来源:中国商务部《2010年度中国对外直接投资统计公报》⑪。

通过图3-2也可以看出,在2010年,有6个发展中经济体在全球OFDI前20名中。而中国与中国香港作为全球OFDI增长中重要的成员,相对于2009年分别向前提升了一个位次,成为全球OFDI的第5名与第4名。在当今新兴经济体发展越来越重要的全球背景下,联合国贸发会议在"2011-2013年世界投资前景调查(WIPS)"中,进一步预测发展中国家与经济体在未来两年会继续承担重要的全球投资角色,并且这一趋势在未来还将持续相当一段时间。

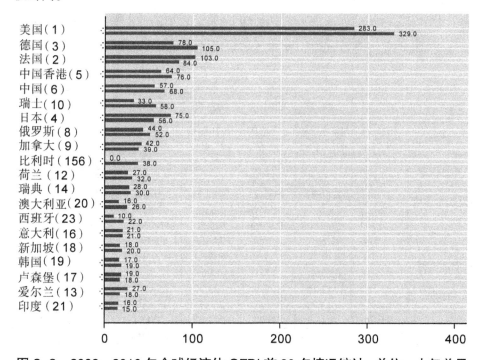

图3-2 2009—2010年全球经济体OFDI前20名情况统计 单位:十亿美元

资料来源:联合国贸发会议《2011年世界投资报告》。注:图形中各国(地区)从上到下按照2010年全球OFDI前20名排列,各国(地区)名称后括号内的数字代表该国(地区)2009年全球排名。

通过表 3-2 的详细比较可以看出，在 2007—2009 年经济危机较严重的时期，虽然无论从世界总体还是各个经济体与国家都不可避免地出现了 OFDI 负增长，但是中国在最困难的时期依然也能保持个位数的增长率，进一步凸显出中国作为世界大国对世界经济与 FDI 的重大贡献。从总体来看，中国 OFDI 流量在 2005—2010 年均增长率达到了 60.43%，远远高出同一时期内世界、发展中国家和发达国家的总体水平，但略低于近些年来迅速发展的巴西和印度。这说明中国 OFDI 在取得瞩目成就的同时，在对外开放程度上仍存在一定的局限，有待进一步挖掘的潜力还非常巨大。相信随着中国企业实力的不断增强和"走出去"战略的深入落实，中国 OFDI 将会以更高的水平继续增长。

表 3-2 2005—2010 年世界部分经济体 OFDI 流量及增长率

单位：亿美元、%

	2005 年	2006 年	2007 年	2008 年	2009 年	2010 年	年均增长率
世界	8821.32	14053.89	21748.03	19105.09	11705.27	13233.37	
	−5.45%	58.92%	53.66%	−13.45%	−38.73%	13.05%	11.33%
发达国家	7456.79	11549.83	18290.44	15412.32	8509.75	8351.90	
	−6.68%	56.06%	56.28%	−16.74%	−44.79%	−1.85%	7.05%
发展中国家	1221.43	2266.83	2941.77	3088.91	2707.50	3275.64	
	1.88%	75.44%	32.61%	2.53%	−12.35%	20.98%	20.18%
中国	122.61	211.60	224.69	521.50	565.30	680.00	
	123.01%	72.58%	6.19%	132.10%	8.40%	20.29%	60.43%
中国香港	271.96	449.79	610.81	505.81	639.91	760.77	
	−40.50%	65.36%	35.88%	−1.96%	26.51%	18.89%	17.36%
印度	29.78	142.85	172.34	193.97	159.29	146.26	
	36.67%	381.67%	20.48%	2.34%	−17.88%	−8.18%	69.18%
巴西	25.17	282.02	70.67	204.57	−100.84	115.19	
	−74.34%	1020.61%	−74.94%	189.49%	−149.29%	214.23%	187.63%

资料来源：联合国贸发会议 FDI 数据库 2005—2010 年。

（2）中国 OFDI 发展的横向比较

虽然以上从 OFDI 增长速度上对比，可以得出中国 OFDI 的增长潜力与发展前景十分乐观，但是如果从目前中国与世界 OFDI 的发展水平对比看，就可以认为从世界 FDI 发展的历史看，中国 OFDI 仍处于 FDI 发展的初级阶段，仍旧存在许多问题与困难有待进一步改进与克服。从总体横向对比上看，中国 OFDI 仍然落后于经济总体发展水平。

如图 3-3 所示，截至 2010 年年末，中国 OFDI 的总量水平排在世界 OFDI 排名的第 17 位，存量水平还不及瑞典，仅仅略高于新加坡与中国台湾地区，与美国这样的 OFDI 发达国家相比还不及其十分之一，同时也不到亚洲强国日本的一半。因此从目前 OFDI 发展的水平比较，中国 OFDI 目前还处于初级阶段，OFDI 水平与企业 OFDI 能力的提高都需要一个漫长的过程。

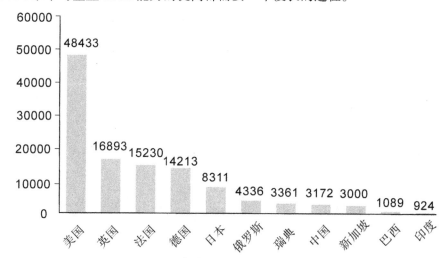

图 3-3　2010 年中国与全球主要国家及地区 OFDI 存量对比　单位：亿美元

资料来源：中国 OFDI 数据来源于中国商务部统计数据，其他国家及地区数据来源于联合国贸发会议《2011 年世界投资报告》。

对于判断 OFDI 发展是否与其经济的总体发展相平衡，联合国贸发会议使用三个指标进行衡量[12]：第一个指标是国家及地区的 OFDI 流量占当年国内生产总值的比重，反映了该国及地区 OFDI 相对于其经济总量的发展状况；第二个指标是国家及地区 OFDI 流量占商品与服务贸易总额的比重，用以反映该国及地区 OFDI 相对于国际贸易的发展状况；第三个指标是国家及地区 OFDI 流量占当年国内固定资产总值的比重，该指标反映了该国及地区随着境内固定投资的增加，OFDI 的相对发展情况。

首先，从中国及世界 OFDI 流量占当年国内生产总值的比重来看。图 3-4 显示，中国历年 OFDI 流量占国内生产总值的比重大部分时期都低于 1%，只是在近三年才刚刚突破 1% 的比重，这种水平无论是与世界水平来比较，还是与发达国家、发展中国家来进行比较，都显示出中国 OFDI 占国内生产总值的比重太低，这就意味着中国 OFDI 目前发展的水平还比较低。与发展中国家的整体水平相比，中国 OFDI 占国内生产总值比重大约只是发展中国家整体水平的一半。但同时可以看出，近三年的世界经济危机为中国 OFDI 水平的提升也提供了机遇。与发展中国家整体比重持续下降的趋势相比，中国 OFDI 占国内生产总值比重一直在稳步上升，可以预见，中国 OFDI 水平很快可以超越发展中国家的整体平均水平。

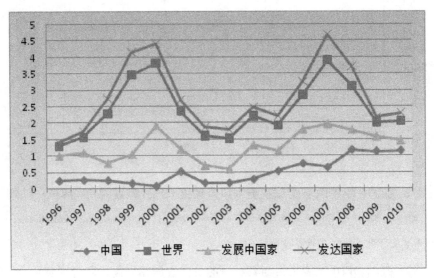

图 3-4　1996—2010 年中国及世界 OFDI 流量占国内生产总值比重　单位：%

资料来源：联合国贸发会议 FDI 数据库 1996—2010 年。

其次，从 OFDI 流量占商品与服务贸易总量的比重来看。图 3-5 显示，虽然中国 OFDI 流量占其贸易总量的比重在近几年一直呈现持续提高的趋势，但是提升的幅度并不是很大。特别是与世界总水平相比并不是很高，与发达国家比重相比更是显得微不足道。但一个比较明显的现象是，中国 OFDI 流量占其贸易总量的比重在最近三年已经超过了发展中国家总体的比重,也正在进一步接近世界总体的比重。这意味着中国作为贸易出口的大国,面对世界经济危机之后的需求萎缩,其自身的对外经济发展结构正在悄然转变。在以出口为导向的对外经济发展模式转型的同时,拥有巨额外汇储备的中国也越来越重视扩大企业海外投资的数量与规模。这样的发展趋势在未来将进一步得到强化,也正是中国进一步实施对外开放、提高国内企业能力、调整国内经济结构增长方式、与发达国家 OFDI 水平接轨的重要机遇。

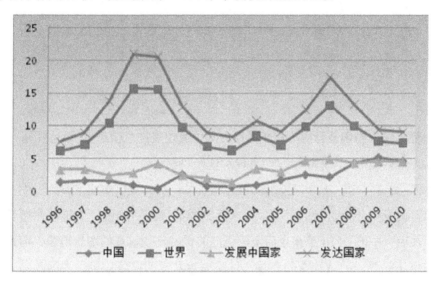

图 3-5 中国及世界 OFDI 流量占商品与服务贸易总额比重 单位:%

资料来源:联合国贸发会议 FDI 数据库 1996—2010 年。

最后,从 OFDI 流量占国内固定资产总值的比重来看。图 3-6 显示,中国 OFDI 流量占当年固定资产总值的比重常年处于 2% 以下,甚至在 2000 年这一比重接近于零。虽然近两年这一比例也有所上升,但经历了 2008 年的小幅上升之后,又转而在 2009 年趋于略微下降的态势。从总体上看,近十年中国 OFDI 水平相对于国内的固定资产投资还是微乎其微的。而与此相反的是,虽然近年来发展中国家总体比重也在下降,但是始终保持在 5% 以上,中国虽有增长,但增长趋势缓慢,形势不容乐观。中国与世界 10% 的总水平相比,更是显得任重道远。

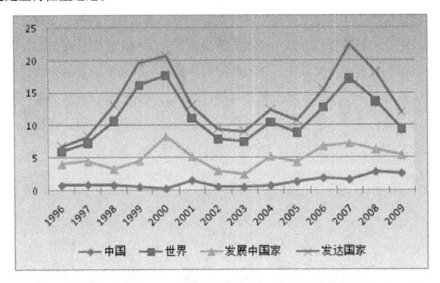

图 3-6　中国及世界 OFDI 流量占国内固定资产总值比重　单位：%

资料来源：联合国贸发会议 FDI 数据库 1996—2009 年。

因此，在中国 OFDI 发展纵向快速增长的同时，我们也应该看到，中国对外投资的发展还只是量的巨增，并未达到质的飞跃。经历了十年快速增长的时期之后，中国 OFDI 虽在今后十年仍能够保持比较显著的增长趋势，但是其内在也正需要一种结构性的调整。目前面对欧洲的债务危机，中国政府一改以往的经济援助方式，尽力采用以 OFDI 的方式，如对欧洲国家的基础设施行业进行 OFDI，中国政府开始强调盈利性与收益分成。

通过以上分析可知，目前的中国 OFDI 发展，专注于现有 OFDI 企业基础上单纯投资额度的增长，用学术术语可以表示为"集约边际"的增长，即在现有企业数量、投资模式、区位选择不变的情况下产生的 OFDI 增长。但是通过以上国际直接投资演变特征与中国 OFDI 演变趋势可知，这种单纯依靠量的增长方式是不可持续的，必须通过质的提升来发展中国 OFDI。总体来讲，本书认为中国 OFDI 的增长可以在三元边际上进行扩展，即数量扩展、模式扩展与区位扩展。以下将对这三层扩展的特征与发展进行分析。

3.2 异质化条件下中国OFDI的数量扩展分析

3.2.1 中国OFDI企业主体的基本特征

1. 中国OFDI企业数量逐年增加

随着国家政策的鼓励、企业国际化能力与意愿的提高,越来越多的企业投身于海外投资活动中。截至2010年年底,中国1.3万多家境内投资者在国(境)外设立OFDI企业1.6万家,相对于2009年年底,境内投资者增加了1000多家,国(境)外设立的OFDI企业增加了3000多家。截至2010年,中国OFDI存量已经累计3172.1亿美元,年末境外企业资产总额达到1.5万亿美元,充分显示出OFDI企业数量增加对中国OFDI总量的贡献程度[13]。

另外,根据商务部统计的企业境外分支机构名录来看,90%的企业还是以单个海外子公司或者分支机构的形式进行OFDI,只有10%左右的企业可以拥有两个或两个以上海外分支机构,而具有最多海外机构的企业多为国有企业尤其是央企,或者少数具有较高能力的知名民企也在海外布置了多个子公司或分支机构。因此,中国企业OFDI还呈现"点式"与分散的特征[14]。

2. 国有企业OFDI占据主体,民营企业比重不断上升

国有企业依靠自身雄厚的资本实力与优越的政策支持,在中国OFDI中一直占据主体地位。但随着近年来国际市场局势的变化、国有企业海外亏损的增加与民营企业的不断壮大,国有企业将会在中国OFDI中逐渐弱化。截至2010年年末,国有企业占中国OFDI存量的66.2%,较上年下降3个百分点。而作为最具实力的中央企业和单位,在2010年非金融类OFDI存量占77%,相对于2009年为80.2%的比重也有所下降。相反,2010年年末各地方企业非金融类 OFDI 存量合计为 601.7 亿美元，占 23%，较上年提升了 3.2 个百分点，其中，广东是中国 OFDI 存量最多的省份，是排在第二位上海市的将近 2 倍[15]。

在 OFDI 企业数量上，国有企业数量在 2009 年仅占全部 OFDI 企业的 13.4%，但 2010 年这一比重变为 10.2%，比重又下降 3.2 个百分点。其中，中央企业及单位仅占 5%，地方 OFDI 企业占了 95%。可以认为，伴随着国有企业 OFDI 数量比重的下降，民营企业无论从数量比重还是从 OFDI 额度上讲都出现了比较显著的增加，说明了中国 OFDI 发展正由以国有企业增长为主体，演变为国有企业为主、民营企业迅速发展的新格局。

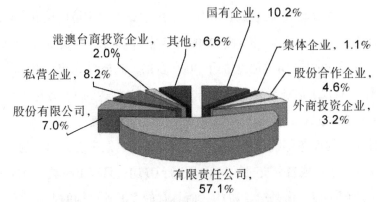

图 3-7　2010 年年末 OFDI 企业类型比重情况

资料来源：中国商务部《2010 年度中国对外直接投资统计公报》。

3.2.2　中国 OFDI 企业数量的边际扩展

真正的跨国企业，需要具有非常高的国际化生产与经营能力，能够具备掌控全球产业链与生产体系的能力。目前，尽管中国企业很多已经进入世界 500 强甚至跻身世界前 10 强，但从本质上看，中国企业还仅仅是规模与量上的大，并没有真正将自身能力提高到世界前列水平，尤其是中国企业海外国际化水平还处于起步阶段。按照联合国贸发组织所制定的全球跨国经营指数[16]排名,近几年中国企业入围全球100强的只有中信集团和中国远洋运输两家企业,并且仅仅这两家进入100强的企业,也是由于包含了其在香港的所有资产。如果排除了香港资产的部分,可以说中国目前还没有一家名副其实进入世界百强的跨国企业[17]。目前,大多数中国企业的OFDI还在以"点式"与分散的分布特征进行发展。如果从跨国指数质的考核标准看,实际上这些企业还没有真正实现跨国经营。

但是,这正是中国企业OFDI的现状与特征,并且这种特征在企业国际化的初期不可避免,同时也十分必要。一方面,随着国际经济大环境的扭转与中国整体实力的增强,中国已经拥有一批依托出口导向发展起来的实力型国际企业,已经积累了一定的海外经验,可以抓住新一轮国际经济调整的机遇,通过集群式投资将产业链延伸到海外,建立海外生产、经营基地,并逐步发展成为真正的全球性跨国公司;另一方面,中国OFDI也存在企业主体异质化的局限,在未来中国经济持续增长中扮演"发动机"角色的民营企业大军,却在国际化路径中享受不到与国有企业同等的待遇。在生产率水平差异条件下,民营企业与国企海外投资的规模与资本等都不相对称。因此,未来十年中国OFDI的发展,将是中国OFDI企业从少量大型垄断企业所支撑的单纯量的增长,逐渐过渡到更多企业参与、呈现产业链形态的集群式的发展,应该是从单纯投资的量的扩大到更多企业参与的质的提升。

对于大多数企业来说,在国际化之初,都要首先考察自身生产率再量力而行。生产率水平较高的企业,可以通过增加海外子公司或分支机构以达到扩大市场的需求;生产率水平较低的企业,可以先以设立单个分支机构的形式来逐步开展国际化;而对于中国整体发展来讲,如果具备良好的营商环境与公平的政策支持,更多的中国企业能够参与到OFDI活动中,可以在现有个体企业国际化能力不高的局限下,仍能够促使中国整体OFDI水平的提高,进而整体上平衡国内外资本流动。最终,随着企业个体生产率水平的提升与海外OFDI数量的增加,以及中国整体上OFDI企业的增加,中国OFDI在质和量两方面都会实现新的飞跃。

3.3 异质化条件下中国 OFDI 的模式扩展分析

3.3.1 中国 OFDI 进入模式的基本特征

1. 跨国并购方式逐渐增加，涉及行业广泛

2010 年在对外直接投资中以并购方式实现的 OFDI 达到 297 亿美元，同比增长为 54.7%，占 OFDI 总流量的 43.2%。并购领域涉及采矿业、制造业、电力生产和供应业、专业技术服务业、金融业等，其中并购绝大多数在国有企业中发生。而从境外企业的设立方式看，子公司与分支机构占境外企业数量的 95.1%，联营公司仅占 4.9%。

结合上述 OFDI 企业主体的特征，目前中国国有企业在海外时有出现亏损的事件发生，究其原因，与其 OFDI 模式选择不当有很大的关系。据了解，2010 年中国企业以并购方式进行 OFDI 的交易额仅次于美国，位居世界第二位，但结果却是频频失败。据 2011 年第五届国际金融市场分析年会上通报的数据，中国 OFDI 企业仅有 30% 能够保持盈利，而处于亏损状态的企业往往大多数为大中型国有企业。因为从企业异质性理论角度理解，中国企业尤其是国有企业进行 OFDI 存在体制的问题。"走出去是企业走出去，而不是政府走出去，更不是国家走出去。"在中国企业走出去的过程中，由于体制问题而产生主观与客观相背离，常常是把可行性报告变成可批性报告，常常在公司能力不具备、对实际情况不了解的情况下就草率地进行巨额投资。

2. 发挥中介职能的 OFDI 形式占据重要比重

由于绝大多数中国企业设立海外分支机构，同样发挥着促进与扩大贸易的职能，因此，2010 年中国非金融类 OFDI 达到 601.8 亿美元，境外企业实现销售收入7104亿美元,而境内投资者通过境外企业实现的进出口额就高达1367亿美元,可以说中国企业OFDI对中国对外贸易的拉动效应非常显著。虽然中国企业OFDI的行业分布呈现多元化特征,但总体上呈现比较集中的态势,2010年年末,90%左右集中在商务服务业、金融业、批发零售业、采矿业、交通运输业和制造业,其中商务服务业占比44%,批发和零售业占比9.8%,两者共同发挥了中介职能的作用,对扩大企业国际贸易也具有非常重要的作用[18]。同时,由于中介组织的设立可以避免高额的投资与生产成本,对于那些刚走入国际化市场、资本相对不够充分并且海外经验不丰富的企业尤为适合。

3.3.2 中国OFDI进入模式的边际扩展

1. 中国OFDI模式理解的新角度

企业异质性理论超越产业间和产业内贸易与投资的框架,从微观层面来解释生产率水平不同的企业之间所进行的贸易与投资活动,以及相应的区位选择演变。按照其思想,不同行业或部门之间的企业同样可以遵循生产率的逻辑进行商务活动。例如,如果从事劳动力密集的加工制造企业在初始阶段,一般依据比较优势进行产业间贸易;随着规模化生产的不断扩大,其贸易与投资活动可以逐渐扩大产业内的份额,进而获得更大的利润;进一步,当企业生产率水平更高时,其参与国际化能力也随之更高,这时与制造业关联的生产性服务业、商务服务业或者金融业国际投资活动会逐渐扩展,从而获取具有更高附加值的利润。因此,从企业异质性理论的角度出发,企业OFDI的进入方式与产业选择可以说是统一的,受到生产率水平的内生影响,同时在外部宏观变量的影响之下,其OFDI的区位选择也会产生一定的差异性。

2.OFDI 模式多元化的扩展效应

根据前面对中国 OFDI 与世界各国发展水平的对比，可以发现中国的大部分企业还没有显著具备与发达国家企业进行竞争的优势条件。根据 Dunning 的 IDP 理论，可以发现中国企业的 OFDI 水平还处于第二阶段或者第三阶段，整体上企业进行国际化战略的能力还比较薄弱。可以说，目前中国企业 OFDI 的模式选择会以分散的、小规模的传统商业或者服务业为主，而国有垄断大型企业倾向于以资源行业或者金融业为主；另外，基于目前中国以劳动密集型出口为主导的外向型经济仍占据主导，因此企业 OFDI 的实质更大程度上也是追随贸易的步伐，进而作为扩大贸易的催化剂。因此，这个阶段区位选择与模式选择相关联，整体上必然会出现临近、分散的特征，并且更多的是以周边发展中国家为主。

根据第 2 章企业 OFDI 进入方式的界定，企业可以通过建厂生产的方式，也可以通过并购的方式进行 OFDI。并购相对于建厂生产来讲，可以进一步获得竞争企业的特定资产，这也为中国大型企业获取技术或战略性资产提供了直接途径，但同时也面临着巨额的整合成本。而通过对中国 OFDI 发展背景与演变特征的论述，可以发现中国企业 OFDI 在本质上可以划分为水平建厂型、贸易引致型与混合型。由企业异质性理论的思想可知，企业选择不同的方式进入海外市场，就要面临不同的进入成本，相应就需要具备更高的生产率水平。而不同区位的特定区位差异可以对进入成本起到消减或者增加的作用。因此，由于不同进入方式所负担的进入成本不同，使得可能形成较高生产率门槛的区位较少被企业所选择，而相反，一些生产率门槛较低的区位会更容易被企业所选择。

因此，生产率水平较高的企业，可以利用更多的 OFDI 模式来实现自身更多的利润，以水平型投资来实现规模化生产并避开贸易壁垒，也可以用中介机构的 OFDI 模式来进一步开拓市场。可以根据不同的区位环境，进而选择不同的 OFDI 模式，在保持既有利润的前提下，实现风险的分散化与利润的最大化；而生产率水平较低的企业，尤其是那些依托国内出口成长起来的企业，可以先以境外办事处或者中介机构的模式进入海外市场，起到学习与了解海外市场环境、积累 OFDI 经验、保持与扩大既有贸易范围的作用。随着企业 OFDI 进入模式的多元化，原本不能进行 OFDI 的企业可以通过较为简单的模式先行进入海外市场，而生产率较高的企业可以通过更多的 OFDI 模式进入更多的区位，由此循序渐进，最终实现中国 OFDI 企业数量的增加、OFDI 结构的优化以及 OFDI 整体水平的提升。

3.4 异质化条件下中国 OFDI 的区位扩展分析

3.4.1 中国 OFDI 区位分布的基本特征

1. 中国 OFDI 区位分布广泛

随着中国经济规模的不断扩大、中国产业结构的逐步多样化与中国出口区位的多元化，中国企业 OFDI 的区位也呈现广泛分布的特征。中国企业 OFDI 区位遍布全球七成的国家及地区，其中亚洲、拉丁美洲是中国 OFDI 存量最为集中的地区，大洋洲、欧洲是存量增幅最大的地区。截至 2010 年，中国 OFDI 企业共分布在全球 178 个国家及地区，占全球国家及地区总数的 72.7%，相比较 2009 年 177 个国家及地区的分布，增加了 1 个区位。2010 年年末，中国在亚洲地区的投资存量达到 2281.4 亿美元，占 71.9%，拉丁美洲 438.8 亿美元，占 13.8%，两地区集中了中国 OFDI 存量的 85.7%。而中国在大洋洲的 OFDI 上升较快，2010 年存量达到 86.1 亿美元，是 2005 年年末的 13.2 倍，占存量总额的 2.7%；而 2010 年欧洲 OFDI 是 2005 年年末的 12.3 倍，占 5.0%；非洲 OFDI 是 2005 年年末的 8.2 倍，占 4.1%；北美洲 78.3 亿美元，占 2.5%[19]（如图 3-8 所示）。

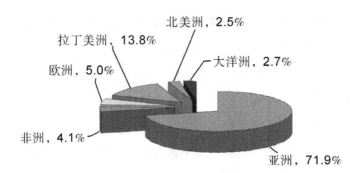

图 3-8 2010 年中国企业海外分支机构的地理分布

资料来源：中国商务部《2010 年度中国对直接投资统计公报》。

2. 中国企业 OFDI 区位选择基本遵循"就近原则"

历史上，由于中国与亚洲尤其是东南亚各国的文化与经济发展水平相近，政治局势的发展也相对比较稳定，资源禀赋之间也存在较强的互补性，因此亚洲成为中国 OFDI 区位选择的重点[20]。另外，从中国 OFDI 的前十大国家及地区看，属于周边国家及地区的占据一半，基本遵循"就近原则"。通过与邻近地区的投资往来，中国既发挥了生产的规模经济优势，又由于地理与文化的相通而降低了投资成本，同时政局的稳定也降低了中国企业 OFDI 的风险，并且随着中国与东盟自由贸易区，中韩、中日自由贸易区的逐渐建立，中亚能源的进一步开发，中国对亚洲的投资还可能有所增长[21]。图 3-9 显示，近四年来中国 OFDI 在亚洲地区占据 OFDI 总额的 60% 以上，而其他五个大洲的总和还不到中国 OFDI 的一半。由此可以说，以亚洲为主要区位的 OFDI 是中国 OFDI 区位选择的主要特征。

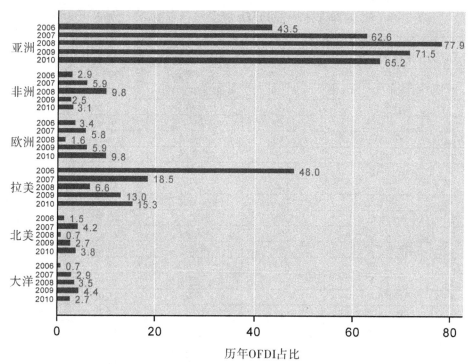

图3-9 中国2006—2010年OFDI流量区位分布趋势情况

资料来源：根据商务部《2010年度中国对外直接投资统计公报》相关数据绘制。

3. 中国OFDI集聚特征明显

由于存在政治、经济、文化、社会与地理空间的紧密联系，中国企业海外投资过程中也呈现比较显著的集聚特征。如表3-3，2010年流量在10亿美元以上的国家（地区）达到9个，占到我国OFDI总额的84%。2010年中国OFDI的主要流向为中国香港（56%）、英属维尔京群岛（8.9%）、开曼群岛（5.1%）、卢森堡（4.7%）、澳大利亚（2.5%）、瑞典（2%）、美国（1.9%）、加拿大（1.7%）、新加坡（1.6%）等。同时，在2010年年末，中国OFDI前20位的国家及地区存量累计达到2888亿美元，占中国OFDI存量的91.1%。充分显示了中国OFDI区位分布多元化的同时，由于空间网络化效应的存在，其区位分布也存在一定的异质化特征。

表 3-3　2010 年年末中国 OFDI 流量与存量前 20 位国家及地区

序号	2010 年流量排序		2010 年年末存量排序		
	国家（地区）	流量（亿美元）	国家（地区）	存量（亿美元）	比重（%）
1	中国香港	385.05	中国香港	1990.56	62.8
2	英属维尔京群岛	61.20	英属维尔京群岛	232.43	7.3
3	开曼群岛	34.96	开曼群岛	172.56	5.4
4	卢森堡	32.07	澳大利亚	78.68	2.5
5	澳大利亚	17.02	新加坡	60.69	1.9
6	瑞典	13.67	卢森堡	57.87	1.8
7	美国	13.08	美国	48.74	1.5
8	加拿大	11.42	南非	41.53	1.3
9	新加坡	11.19	俄罗斯联邦	27.88	0.9
10	缅甸	8.76	加拿大	20.03	0.6
11	泰国	7.00	中国澳门	22.29	0.7
12	俄罗斯联邦	5.68	缅甸	19.47	0.6
13	伊朗	5.11	巴基斯坦	18.28	0.6
14	巴西	4.87	哈萨克斯坦	15.91	0.5
15	柬埔寨	4.67	德国	15.02	0.5
16	土库曼斯坦	4.51	瑞典	14.79	0.5
17	德国	4.12	蒙古	14.36	0.5
18	南非	4.11	英国	13.58	0.4
19	匈牙利	3.70	尼日利亚	12.11	0.4
20	阿拉伯联合酋长国	3.49	印度尼西亚	11.50	0.4
	合计	635.68	合计	2888.28	91.1

资料来源：中国商务部《2010 年度中国对直接投资统计公报》。

而从 OFDI 企业的区位分布上看，中国海外企业大多也是集聚在香港地区、美国、加拿大、泰国与欧洲诸国等，在这些区位的企业数量占据 OFDI 企业总数的一半多。这种分布状况，与中国目前贸易市场的区位格局具有一定的相似性，存在比较明显的区位集聚现象。

值得注意的是，2005—2006 年拉丁美洲 OFDI 的比重非常高，2007 年之后就出现了猛然下降。同样，近年来中国对亚洲 OFDI 也呈现出逐步下降的趋势，这主要是源于中国企业对香港地区 OFDI 的逐渐减少，表明随着世界其他地区经济水平的提升与中国企业国际化实力的加强，中国企业的区位选择发生了一些结构上的微变。我们知道，占据中国 OFDI 前三位的香港地区、英属维尔京群岛和开曼群岛，同时也是我国利用外资的主要来源，2008 年合计占我国实际利用外资总额55.5%[22]。这里不乏国内资本到那里走一圈，换个身份，再以外资身份入境的情况。在经历了2008年多数国家及地区OFDI负增长之后，2010年中国对拉丁美洲的OFDI出现了明显的增长。其中，占绝对优势比重的是维尔京群岛与开曼群岛两地。自2003年至今，开曼群岛和英属维尔京群岛几乎集聚了中国企业对拉美地区OFDI流量的95%以上，对中国OFDI的贡献程度巨大（如表3-4所示）。但与香港地区不同的是，虽然"两岛"无论在历年流量还是存量上都位居中国OFDI的前三名，但是在"两岛"设立的境外企业数量却不到OFDI企业总量的4%，意味着在"两岛"地区进行的OFDI存在更多的"假投资"与"转投资"。同香港地区一样，最近几年随着政策形势与企业能力的转变，"两岛"的区位优势也在出现逐级削弱的趋势。

表3-4　2004—2010年中国对拉丁美洲五国投资流量统计

单位：万美元

年份 国家	2004年	2005年	2006年	2007年	2008年	2009年	2010年
英属维尔京群岛	38552	122608	53811	187614	210433	161205	611976
开曼群岛	128613	516275	783272	260159	152401	536630	349613
阿根廷	112	35	622	13669	1082	-2282	2723
墨西哥	2710	355	-369	1716	563	82	2673
巴西	643	1509	1009	5113	2238	11627	48746

数据来源：商务部《2010年度中国对外直接投资统计公报》。

3.4.2　中国OFDI区位分布的边际扩展

1. 异质性企业OFDI区位扩展要遵循自身能力

在中国OFDI迅速发展的背景下，诸多学者对于中国企业OFDI区位选择战略遵循"先易后难"还是"先难后易"讨论了十几年。如果单从新经济地理强调以空间异质性为主要观点来看，似乎从产业演化的角度看，中国企业OFDI需要根据产业发展特点遵循"由近及远、由易到难"的规律逐步进行。

但是从企业异质性角度看，这样的结论并不完整。从企业层面分析，就更应该根据不同企业进行具有针对性的区位选择，实现企业区位选择的多元化，从而在整个国家层面实现区位边际扩展带来的 OFDI 水平提升。

首先，"由难到易"的例子也不在少数。为什么那么多企业可以一开始从比较难进入的国家开始，并取得了相对成功的结果？比如海尔。但是同一产业，TCL 遵循从易到难的区位选择，也取得了成功。这似乎是一个矛盾。其次，到目前为止，中国 OFDI 的区位选择多元化局面为什么不完全是新经济地理学所描述的那样。呈现亚洲地区集聚的同时，为什么会出现同一企业在不同国家进行 OFDI 的现象？再次，"由近及远、由易到难"虽然是一个较理性的适用于一般企业的规律，但是在一个时点上，应该主要依据企业生产率高低来进行排序。并不是所有的企业都应该从最容易进入的国家开始 OFDI。如果企业在目前某个时点上达到了对较难国家投资的要求，那么在整体大规律支配下，它仍然可以进行扩张性的海外投资。因此，企业个体异质性应该可以说很大程度上决定了其 OFDI 区位选择的多样性。

2. 企业 OFDI 要发挥空间网络化效应

由于世界地理空间存在不均衡的特征，因此企业选择区位进行 OFDI 时，要重视所在区位的商业与社会网络的效应。母国与东道国之间存在一些经济或非经济的因素，如商业、文化与政治关联等，对中国企业 OFDI 区位选择的行为作用影响巨大。这突出了网络化效应的巨大作用，如几乎占一半比例的中国海外分支机构分布在亚洲，而这些地区一般来说正是与中国保持比较密切的社会与商业网络的区位。这些商业网络可以帮助中国企业更好地进行国际化。首先，网络化效应可以帮助企业克服信息不对称等非贸易壁垒，并可以帮助企业获得更好的商业机会；其次，网络化生产在某种程度上可以保护那些处于制度与法律体系较差国家的中国企业，如可以帮助企业避免遭受被东道国没收的风险；最后，网络化生产也可以帮助中国企业迅速结识当地较好的物流配送商，通过低成本的物流与服务网络来获取更多的利润（Yeung,

1997)。因此，中国企业在海外的网络化商业关系对其 OFDI 区位选择也具有重要的影响，并且对扩大中国 OFDI 区位边际效应也具有不可忽视的理论与实践意义。

3.5 异质化条件下中国 OFDI 区位选择的动力机制

根据以上对企业 OFDI 相关理论与中国 OFDI 宏观特征的考察，本小节试图建立一个初步的研究框架，来总结中国企业 OFDI 区位选择的动力机制。通过综合考察 OFDI 三元扩展边际对中国 OFDI 发展的重要作用，本书从企业异质性理论的角度看中国 OFDI 的区位选择，可以从宏观与微观两个层面的互动来探寻中国 OFDI 区位选择的动力机制框架。

3.5.1 中国 OFDI 区位选择的宏观双向互动

目前，根据中国企业国际化面临的内部和外部形势，可以说外部拉力与内部推力的互动共同激发了中国企业 OFDI 的区位决策。

1. 内部因素

首先，从中国目前经济的发展阶段与需求看，扩大 OFDI 成为实现中国经济由大转强的必经途径之一。最近几年，是出口量逐年减少、贸易顺差持续减缓的转型时期，而作为最近几年中国扩大内需政策，也可能在短时间内所见的成效有限。因此，如何使国际化企业转型，由单纯的出口方式转变为多种的国际化方式来弥补出口的减少，是中国保持经济持续增长的基本路径。另外，从中国 OFDI 的发展阶段讲，由贸易因素所逐步形成的 OFDI，可以与过去企业国际贸易形成互动性的演变，成为中国企业 OFDI 的内部推动力量。

其次，中国多年来积累的巨额外汇储备，成为推动 OFDI 迅速增加的刺激因素。随着国际经济形势的波动与美元的贬值，中国持有的外汇储备也在相对缩水。因此，如何对自身具有的财富进行科学地投资，进而实现保值与增值的目的，是非常重大的战略问题。中国政府与人民历来重视改革开放以来辛辛苦苦取得的财富积累，但是在以往多运用购买发达国家国债的金融类投资来进行增值，事实证明了这种单向的投资方式风险非常巨大。因此，近年来中国政府越来越多地以OFDI的方式来对持有的财富进行科学投资，正在取得一定的收益与回报。

最后，OFDI越来越成为壮大企业能力、提高中国整体国际竞争力的重要路径。当今世界经济正在由美国为核心逐渐向以亚洲经济发展为核心转变，因此中国政府也在从各个方面提高国际综合国力，其一方面是人民币国际化进程的加快，将对今后国际金融体系起到制约与平衡的作用；另一方面就是要推动中国企业国际化进程，迅速提高中国企业国际化的经营能力。而且，作为实体与金融的结合，企业国际化与人民币国际化相辅相成，互动发展。而企业以OFDI为主要国际化方式，是国际经济发展的必然趋势，也是中国企业"走出去"最直接的方式。

2.外部因素

首先，世界各国及地区的相对区位优势，在不断吸引中国企业到海外实现利益扩展。在全球经济自由一体化的背景之下，中国企业同样会遵循符合经济利益扩展的路径，即在世界范围内根据自身的利益需求来选择合适的区位进行投资经营。海外市场具有相对于国内比较明显的区位优势，比如资源禀赋非常富足的国家及地区，吸引着以资源为导向的企业前往以获取生产要素；市场潜力巨大的国家及地区，对生产那些具有相对比较优势产品，或者具有规模经济生产特征的企业来说，在国际范围内扩大其市场份额是其扩大销售的重要来源；同时，国际上法律、制度比较公正、透明，并且企业经营环境相对宽松的区位，是中国企业实现公平竞争、持续稳步成长的重要条件；而对于那些开放程度极高、具有天然避税功能且投资门槛非常低的区位，更是成为中国企业前往经营，以求在海外立足的首先目标。因此，海外市场具有显著的区位优势,是中国进行 OFDI 的首要拉力。

其次,世界主要发达国家的真实需求,成为拉动中国企业 OFDI 的第二层力量。近年来,世界经济危机不断蔓延,美国金融危机至今还没有出现消退的迹象,欧洲的债务危机已经上演成为全球范围的第二次严重危机。至此,以欧盟与美国为代表的两大发达国家阵营都出现了资金短缺、金融体系动荡,甚至发展到出现主权债务危机的地步。由此,作为经济发展势头良好的中国,正被陷入危机的世界各国及地区视为援助的主力。而在这种舆论呼声与高度期望之下,中国企业出现更多的 OFDI 正是顺应了这种世界整体需求的拉动。

最后,贸易保护主义的抬头,进一步加快了中国企业以 OFDI 方式进行国际化的步伐。中国改革开放三十多年来,对外贸易成为中国企业拓展海外市场的主要方式,为中国整体经济的增长做出了重大贡献。但是,近年来国际经济形势的不稳定,使世界范围内的贸易保护主义抬头,各国及地区都用显性或者隐性的贸易壁垒以实现自己的发展,这样也促使中国企业转而以 OFDI 替换出口的方式来进入海外市场,从而有效避开了东道国的贸易壁垒。因此,世界范围对贸易的不利因素也成为中国进行 OFDI 的拉动力量。

3.5.2 中国 OFDI 区位选择的企业微观选择

异质性企业理论揭示,即使在同一行业内部,不同企业之间的生产率水平也是不同的,企业间生产率差异成为决定企业 OFDI 行为选择的主要因素。因此,从企业微观层面分析,中国 OFDI 的区位选择需要关注企业异质性所起到的重要作用。企业 OFDI 虽然相对于出口来说,可以节省一部分出口的运输成本,但是要承担更大的固定投资成本,其中包括在东道国建厂投资,也包括注册以及取得营业执照所必须花费的政府公关成本等;由于 OFDI 企业的产品在东道国生产,因此也要承担东道国的可变投资成本,即东道国的要素价格,尤其是支付给生产工人的工资;除此之外,企业还要克服文化、距离、制度等一些所必须要面对的潜在成本。所以,一个以 OFDI 方式进入海外市场的企业，虽然具有宏观内部因素的推力，也能分享到外部因素所带来的利益，但其所面临的成本也更大，其所面对的风险也更具有不确定性。

因此，企业生产率就在OFDI过程中发挥着重要的作用。从一定程度上讲，企业所面对的OFDI成本越高，其所要具备的能力就相应越大。这种能力要么是企业的规模要足够大，要么是企业的资本与劳动力等要素密集度要很高，要么就是企业的生产率要绝对高。因为只有较高生产率的企业才能够承担起高额的OFDI成本，从而实现生产经营之后的一个正的利润；而如果企业生产率不能超过投资到东道国所要承担的成本，则会取得一个负的利润，最终会退出市场。

同时，企业的生产率对其OFDI的方式起到重要的决定作用：① 中国改革开放以来，大部分企业都是以对外贸易的方式进行国际化的，而近几年的国际化方式虽然越来越倾向于OFDI，但面对OFDI所要承担的高额固定与可变成本，原来善于出口方式的企业仍然可以保持在国内生产产品，却可以在海外建立分支机构，发挥拓展国际贸易市场和渠道的商务服务功能，同时也能够在物流、配送、售后、批发与零售等诸多环节扮演重要的国际化角色。这种OFDI方式既有利于具有外贸优势的企业继续拓展海外市场，又可以避免建厂生产所要面临的巨额固定成本，整体来看所要求企业的生产率水平就不会过高，因此成为大量中国企业进行OFDI的主要选择模式。② 在国际专业化分工日益明显的形势下，中国企业在逐步改变以往承接低端环节的生产出口，正随着生产率的提升开始逐步向分工环节的上游发展，生产、装配具有更高附加值的产品并直接对海外进行出口，因此许多能力较高的企业也会放眼全球，根据不同区位的优势，选择适合的区位进行生产并装配，再出口到相应的国家。③ 具有最高实力的企业，其国际化的方式也是OFDI的最高方式，即以投资建厂，在东道国当地生产并当地销售，发挥着与中国母公司同样的职能。这样的企业之所以能够完全实现以这样的方式进行OFDI，要么像一些著名企业如联想、海尔、华为那样具有良好的产品质量与过硬的竞争优势，要么像国有企业尤其是央企那样拥有雄厚的资金和庞大的规模，能够以较高能力去应对海外 OFDI 的成本。这些企业往往具有全球多区位布局的特点，因为其生产率水平可以承担起多数国家所需承担的成本与风险。

从中国 OFDI 企业主体结构上看，中国 OFDI 以央企与国企为典型，虽然企业数量不多，但是投资额度巨大。与此相反的是，中国民营企业数量众多，但总体的投资额度相对较小。从近年来的投资效果看，往往投资数额巨大的央企或国企，都不同程度地面临着亏损的经营结果。相反，自发"走出去"的民企却在很多领域都做得很好。而最近几年出现的明显趋势，也是以国有企业 OFDI 占总量的逐步减少，而民营企业 OFDI 无论从数量还是从额度上都在不断增加。这是与具有垄断性质的国企市场竞争能力不强有很大的关系，其在跨国竞争中真正能够实现盈利状况的不多。而且国有企业动辄就以跨国并购的方式进行 OFDI，往往由于政治因素就饱受阻挠。相反，民营企业由于具备更多的创新能力与管理经验，因而也更能赢得世界各国及地区吸引 FDI 的青睐。未来，中国 OFDI 若想实现从量到质的一个飞跃，也要从投资主体结构上实现一个转变，即民营企业海外投资的数量与规模都需要进一步得到壮大。

3.5.3 异质性企业三元边际扩展的内在关联

综合以上对企业 OFDI 区位选择理论的述评，并结合中国企业 OFDI 的发展特点与规律总结，本节基于企业异质性理论的思想，建立以企业微观视角为出发点的中国 OFDI 动力机制框架（如图 3-10 所示），在此框架中将企业异质性条件下三元边际扩展对 OFDI 区位选择的影响进行逻辑演绎，并将在以下三章紧扣此框架进行理论扩展与实证检验。根据第 2 章对企业异质性理论的阐述，具有最高生产率的企业才能以 OFDI 的方式服务海外市场，而生产率次之的企业只能以出口的方式服务海外市场。虽然企业异质性理论强调同一产业内企业间要素资源配置的重要性，但是如果结合 Dunning 等学者的投资发展路径理论，可以发现企业在整个国家不同的经济发展阶段，会以不同的产业选择与 OFDI 进入方式来实现利润最大化。具体来说,宏观层面上,中国改革开放 30 多年以来,基于以劳动低成本带来的出口比较优势,其产业选择必然是靠劳动密集型为基础的粗放生产,并且其产品价值也处于价值链的低端,可以说这是国际产业分工的结果。而从微观企业看,这其实也是企业能力匹配所出现的结果[23]。因此,中国企业 OFDI 的区位选择必须考虑与 OFDI 数量及进入模式之间的互动关联。如图 3-10 所示。

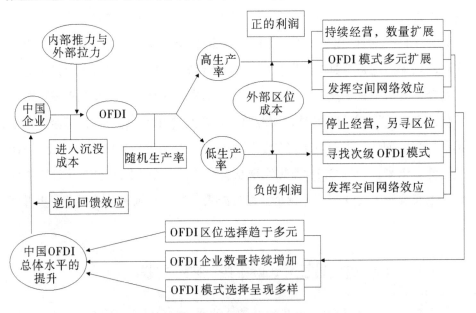

图 3-10　中国 OFDI 区位选择的动力机制框架

具体来讲,本框架分为两个考察层面、两个动态阶段依次发生演进。在前两小节划分的宏观与微观两个层面的基础上,第一个阶段是以企业主体为出发点,结合 OFDI 的国内环境与自身动因,以 OFDI 的方式进入到国际化市场中;第二个阶段,企业自身生产率与外部区位因素(东道国宏观经济变量)共同决定了企业 OFDI 的盈利或者亏损,此时企业将面临权衡:当企业生产率高于外部区位的成本时,企业 OFDI 可以实现正的经营利润,会在这个区位继续投资,甚至可以逐渐以更复杂的 OFDI 方式投资到更多的区位中;当企业生产率低于外部区位的成本时,企业 OFDI 的经营利润为负,持续的经营将会面临亏损，因此企业会退出这个区位，转而投资到那些自身生产率可以承担的区位，或者可以通过较为简单的OFDI模式进入海外市场。在这个过程中，OFDI企业也要充分发挥空间网络化效应，重视在海外区位中结成稳固的商业与社会网络。OFDI企业通过在区位、数量与模式上所发挥的边际扩展效应，可以在整体上提升中国OFDI的总体水平。同时，伴随OFDI企业的增加，会通过发挥逆向回馈的效应，对国内整体企业的生产率水平产生拉动效应，使得中国企业平均生产率水平得到进一步提高。最终，通过微观企业选择——宏观水平提升——微观企业优化循环的动力机制，最终可以实现中国企业OFDI能力的提高，从而形成循序渐进、可持续的OFDI区位选择路径。

3.6 本章小结

本章以企业异质性理论为指导，通过对FDI异质化特征的总结与中国OFDI三元边际扩展的分析，从企业微观层面入手研究中国OFDI区位选择的动力机制，表现为以下几个方面：

第一，通过国际直接投资的特征分析与中国OFDI的演变趋势分析，本章发现无论是世界范围还是中国的跨国企业，都具有在OFDI数量、模式与区位分布等三个方面上的异质化特征，并且三个方面共同形成了世界或者中国整体OFDI水平的提升。这为进一步发展与优化中国OFDI的水平与结构具有非常重要的启示。

第二，通过对中国企业OFDI数量的扩展分析，本章认为中国OFDI总体上可以从少量大型垄断企业所支撑的单纯量的增长，逐渐过渡到更多企业参与、呈现产业链形态的集群式的发展；通过OFDI模式的扩展分析，发现中国OFDI能够通过企业进入模式的多样化，来实现中国OFDI企业数量的增加、OFDI结构的优化以及OFDI整体水平的提升；而通过对OFDI区位选择的扩展分析，发现中国企业要根据自身生产率水平，采取适合自己的"由难到易"策略，同时在海外要注重发挥空间网络化效应，形成集聚效应与商业网络的优势。

第三，通过总结中国OFDI发展的现实，本章综合一个初步的研究思路，来探寻中国企业OFDI区位选择的动力机制，进而系统考察了OFDI三元扩展边际对中国OFDI发展的重要作用；进一步，从宏观（内部因素与外部因素）与微观（企业异质性）两个层面的互动来探寻中国OFDI区位选择的动力机制框架，并结合三元扩展边际的思想构建了本书总体研究的动力机制框架。

本章注释

① 资料来源：2011年《全球投资趋势监测报告》发布会上，联合国贸易与发展组织投资与企业司司长詹晓宁的讲话。

② 数据来源于联合国贸易和发展会议《2011年世界投资报告》。

③ 数据来源于联合国贸易和发展会议《2011年世界投资报告》。

④ 数据来源：陈文敬.中国对外开放三十年回顾与展望（一）.国际贸易，2008年第2期。

⑤ 数据来源：陈文敬.中国对外开放三十年回顾与展望（二）.国际贸易，2008年第3期。

⑥ 资料参考：王利华.中国跨国公司对外直接投资区位选择[D].上海：华东师范大学，2009.

⑦ 数据来源：中国商务部历年《中国对外直接投资统计公报》。

⑧ 数据来源：联合早报网，"石化三巨头2/3海外项目亏损4000亿投资高出低入"，2011年7月19日，http://www.zaobao.com/cninvest/pages4/cninvest_zong110719d.shtml。

⑨ 李桂芳，储贺军.中国企业对外直接投资分析报告2010[M].北京：中国经济出版社，2010.

⑩ 数据来源于联合国贸易和发展会议《2011年世界投资报告》。

⑪ 金融类是指境内投资者直接投向境外金融企业的投资；非金融类指境内投资者直接投向境外非金融企业的投资。

⑫ 根据李桂芳和储贺军（2010）的说明，由于从1996年开始中国与世界各经济体的投资水平差距变化才开始变得明显，因此根据他们的标准，本小节也从1996年开始，选择1996—2010年这一时间段的数据进行说明。

⑬ 数据来源：中国商务部《2010年度中国对外直接投资统计公报》。

⑭ 数据来源：中国商务部企业境外分支机构名录统计公报。

⑮ 数据来源：中国商务部《2010年度中国对外直接投资统计公报》。

⑯ 全球跨国经营指数，指的是海外总资产/总资产、海外收入/总收入以及海外员工/员工总数

三个指标的平均数。

⑰ 资料来源：2011 年《全球投资趋势监测报告》发布会上，联合国贸易与发展组织投资与企业司司长詹晓宁的讲话。

⑱ 数据来源：中国商务部《2010 年度中国对外直接投资统计公报》。

⑲ 数据来源：中国商务部《2010 年度中国对外直接投资统计公报》。

⑳ 资料参考：王利华. 中国跨国公司对外直接投资区位选择 [D]. 上海：华东师范大学，2009.

㉑ 资料参考：卢力平. 中国对外直接投资战略研究 [M]. 北京：经济科学出版社，2010.

㉒ 从 2009 年以后，出自于自由港的外资列入原始地。

㉓ 资料参考：林毅夫. 发展战略、自生能力和经济收敛［J］. 经济学（季刊），2002，（1）:269-300.

4 企业异质性与 OFDI 区位选择的扩展边际：基本模型

4.1 模型框架提出的背景

4.1.1 对中国 OFDI 问题进行微观层面研究的必要性

如前面章节所展示，中国 OFDI 呈现快速增长的趋势，引发了学者与政府部门的共同关注。但是，作为全球一体化过程中举足轻重的发展中经济体，中国 OFDI 的发展既存在现有大国实力支持的机遇，也存在 OFDI 从量到质转变的挑战。可以说，无论从目前学者的研究需要来看，还是从政府制定企业国际化政策来看，甚至是企业自身进行海外投资经营的战略定位来看，中国企业 OFDI 如何在发挥既有优势的基础上，再以更科学的引导进而从目前单纯量的增长转变为质的提升，具有现实的必要性与紧迫性。我们知道，20 世纪 90 年代日本持续萧条的二十几年，主要是由于当年的国际汇率因素所主导。但不可忽视的一点是，如果当时日本总体上没有对海外尤其是对美国盲目地投资，单纯从集约量的消耗上来进行海外战略，也许可能会对日本经济的恢复起到一定的缓和作用。如今，国内外诸多学者将今日的中国与昔日的日本相提并论，这也对如今中国在国际大环境下进行海外布局敲响了警钟。

从另一方面讲，如果现有研究单纯从国家和产业层面来研究中国 OFDI 的区位选择问题，就不能从更深层次分析中国企业海外投资的结构与效应变化等问题，似乎也不能适应当今变化多端的全球经济。例如，作为中国 OFDI 最重要的政府政策与指导部门，中国商务部所发布的经济数据还不能完全体现出企业 OFDI 的结构差异与变化，这与美国与欧洲等国家的产业、企业政策制定的立脚点存在明显的不同。另外，现有的大量学术研究都强调基于国家比较优势或者国际产业转移等相关理论对中国企业 OFDI 的指导意义。虽然这些理论能够指导中国改革开放三十多年来的对外贸易活动，但并不意味着这些理论对中国企业的 OFDI 也同样适用，甚至最新出现的研究也表明，现有中国对外贸易的增长源泉并不完全依靠于中国低成本要素的比较优势和产业分工格局，而是更多地基于中国企业贸易的扩展边际效应的提升（赵永亮，2010，2011；钱学锋和熊平，2010）。同样，中国 OFDI 的区位选择不仅存在于发达的欧美国家和地区，也存在于亚非拉等诸多不发达国家和地区，不仅在传统制造业与工程建筑行业有大量投资，同时更在商务服务业、批发零售业等贸易相关行业占据绝对的比重。从总体来看，中国企业 OFDI 既在行业上存在多种产业投资并重的局面，也在 OFDI 区位选择上存在发达与发展中国家及地区共存的多元化格局。这些现象都是宏观层面视角的理论所不能完全解释的。因此，从企业微观层面尤其是重点考察企业自身生产率差异所带来的 OFDI 区位选择差异行为，并依此建立更完整的企业异质性 OFDI 理论框架，对于研究中国企业 OFDI 问题可以说必要性十分巨大。

4.1.2 企业异质性理论研究框架建立的可行性

通过以上对中国企业 OFDI 研究的形势与必要性的分析，本小节重点关注以企业异质性贸易理论框架来诠释企业 OFDI 区位选择行为的可行性，也就是说，研究中国企业进行 OFDI 的理论支撑点可以从企业异质性视角出发进行演绎与扩展。从前人学者的总体研究来看，以往对中国企业 OFDI 的研究大多局限于国家层面的探讨，因而忽视了企业作为市场的主体，其海外投资行为在更大程度上取决于自身国际化能力的衡量[①]。而不断发展的企业异质性理论对此具有很好的解释。自 Melitz（2003）开创企业异质性理论以来，以企业微观层面的生产率差异为视角成为国际学术界研究的前沿。异质性理论认为，从事出口的企业比不出口企业的规模更大，生产率水平也更高，而相对来说，对海外进行直接投资的企业生产率水平会比出口企业更高（Yeaple，2009）。因此，本章以异质性理论模型研究为核心，在对中国企业 OFDI 的研究中，关注具有不同生产率水平的企业是如何自我选择到不同的东道国的。同时，本章也重点考察随着企业层面 TFP 的变化，东道国宏观区位因素在企业 FDI 决定上的效应变化。

同时，目前技术的发展、数据的可获取性也为本书从微观层面研究中国企业 OFDI 的行为提供了可行性方案。随着中国企业 OFDI 问题在世界范围内日益受到关注，不仅中国国内各政府及组织充分调动各项资源对中国企业 OFDI 进行数据统计或者问卷调查，而且诸如世界银行、世界贸发会议等组织也开始逐渐采集中国企业样本来分析其 OFDI 的行为。在欧美地区，许多国家每年都可以在政府或基金组织的支持下进行企业层面数据的调查，而且数据的获取相对非常容易，也给越来越多从事微观层面研究的学者提供了更加丰富的实证数据。研究中国微观企业的样本数据在早几年并没有公开获取的渠道，但随着近几年经济的发展与研究的需要，很多资讯公司都通过自身能力或相关途径进行调查或者普查数据的销售业务，同时中国国家统计局历年统计的工业企业数据库也逐渐得到开放，使得研究中国企业微观层面数据的获取变为可能，也使西方前沿理论在中国的发展具有可行性。

4.1.3 模型框架建立的借鉴与特征

本章采用 Helpman et al.（2004）的模型框架，并在 Yeaple（2009）和

Chen and Moore（2010）的基础上对基本模型进行扩展，用以检验中国企业在 OFDI 过程中的适用程度。模型得出，生产率最低的企业会选择在国内生产销售，生产率处于中间水平的企业会选择国内生产并出口的国际化方式，而生产率最高的企业会以在东道国直接投资的方式进行国际化。企业不同的区位选择首要考虑的是其自身的生产率水平及不同区位选择所要付出的固定投资成本。进一步，本章在实证的基础上，重点考察了中国企业之间的生产率差异是如何导致选择具有不同特征的东道国的，以及不同区位选择所带来的平均生产率变化。

本章也初步探讨了中国企业 OFDI 区位选择的扩展边际。在企业异质性理论与出口二元边际研究中，Metliz（2003）、Feenstra and Kee（2008）都在理论层面对扩展边际效应进行了研究，国内学者如赵永亮等（2010，2011）也基于中国现实数据，对贸易的二元边际理论进行了实证检验。但同样作为企业异质性理论重要的组成部分，企业异质性 FDI 理论至今还没有将二元边际的研究纳入其中。因此，二元边际尤其是扩展边际分析如何运用于中国 OFDI 的研究，将是从微观层面研究中国 OFDI 发展的重要途径。本章借鉴 Chen and Moore（2010）用二元边际分析法国跨国企业进行 FDI 的方法，初步探讨中国企业进行 OFDI 的扩展边际效应[②]。

本章通过构建侧重分析 OFDI 扩展边际的企业异质性理论框架，注重以微观视角来对企业异质性条件下中国 OFDI 区位选择的差异问题进行剖析，相对于现有基于宏观因素对中国 OFDI 区位选择进行研究的文献，本章从理论与实证角度所得出的结论更微观、更具体，不仅在研究中国 OFDI 的理论层面具有重要意义，而且特别在实证分析部分强调中国 OFDI 扩展边际效应的重要性，提出企业提升扩展边际的重要途径是可以通过企业 OFDI 数量增长和 OFDI 区位选择多元化程度的提升。相对于目前政府决策中国 OFDI 时单纯从集约的量的增长角度考虑政策的制定，又具有非常宝贵的实践价值。

4.2 理论研究的基本框架

4.2.1 基本模型的设定与演绎

根据 Helpman et al.（2004）模型的基本思想，结合 Yeaple（2009）和 Chen and Moore（2010）的具体扩展，本章以扩展的企业异质性 FDI 理论来对中国企业 OFDI 的区位选择决策进行分析③。模型假定世界上包括 $N+1$ 个国家和两部门，其中 N 个国家为东道国，表示为 $j=1,\cdots,N$，而另外一个国家为母国，表示为 h；两个部门中，其中一个部门生产差异性产品，另一个部门生产同质性产品。其中生产同质性产品用记账单位（Numeraire）进行表示，世界各国均能够进行生产。模型假定 CES 效用函数：

$$U = \left(\int_{\omega \in \Omega} x(\omega)^\alpha d\omega\right)^{\frac{1}{\alpha}} \quad st \quad p_i(\omega)x_i(\omega) = E \qquad (4.1)$$

其中 $x(\omega)$ 表示为商品 ω 的消费量。$0<\alpha<1$ 表示为任意两种商品之间的替代关系，所有商品的集合表示为 Ω。通过效用函数，可以得到企业 i 在国家 j 的需求方程：

$$x_{ij}(\omega) = \frac{E_j}{P_j}\left(\frac{p_{ij}(\omega)}{P_j}\right)^{-\varepsilon} \qquad (4.2)$$

其中 $x_{ij}(\omega)$ 表示为企业 i 在国家 j 所销售的产品数量，E_j 表示为国家 j 的总支出水平，P_j 表示为国家 j 的价格指数，$p_{ij}(\omega)$ 表示为企业 i 在国家 j 产品 ω 的销售价格，$\varepsilon \equiv 1/(1-\alpha)>1$ 表示差异化产品之间的价格需求弹性。令 $A_j = E_j/\left(a_{ij}P_j^{1-\varepsilon}\right)$，则企业的需求方程可以化简成：

$$x_{ij}(\omega) = a_{ij}A_j p_{ij}(\omega)^{-\varepsilon} \qquad (4.3)$$

方程中，A_j 表示国家 j 的总体需求。借鉴 Chen and Moore（2010）的方法，将 a_{ij} 表示为可能包含的企业特定需求参数，用来捕捉个体企业的产品偏好等特征。在每个国家都有许多企业，每一个企业生产不同种类的各种产品，并各自具有一个生产率水平 θ。假设每个国家 G 的生产率 θ 分布为帕累托最优，则可以表示为 $G(\theta)=1-\theta^{-k}$，其中 $k>\varepsilon-1$。

4.2.2 异质性企业 OFDI 区位选择

首先，我们关注在国家 h 的企业。如果在国家 h 的企业 i 选择在国内生产并出售，则会产生一个可变生产成本 c_h/θ_i 和一个固定生产成本 f_h^D。其次，如果面对海外市场，企业会根据组织生产的方式面临权衡，它可能通过出口或者在海外当地生产的方式。如果企业 i 选择把产品从国家 h 出口到国家 j，则会产生每单位的贸易冰山成本 $\tau_{ij}>1$，来反映运输成本和国家 j 对企业 i 征收的关税。企业也需要支付额外的固定成本 f_j^X，包括在国家 j 形成配送与服务的网络成本；同时，企业也可以通过在国家 j 开设子公司来节省运输成本。如果企业 i 选择通过在东道国当地生产来供应海外市场，则在国家 j 开设子公司需要支付固定成本 f_j^I，其中 $f_j^I>f_j^X$。

与 Helpman et al.（2004）的研究一致，本章假设技术完全自由转移，所有企业生产率在每一个国家都相等。本章也不考虑出口平台型 FDI 和垂直型 FDI[④]。因此，对于所有的国家 j，可以得到：

$$\left(\frac{c_j}{c_h}\right)^{\varepsilon-1} f_j^I > \left(\tau_{ij}\right)^{\varepsilon-1} f_j^X > f_h^D \tag{4.4}$$

综上论述，国家 h 中生产率为 θ 的企业，如果其区位决定是国内生产、向国家 j 进行出口或者直接投资，则要面临边际成本分别为：

$$c(\theta_i)=\begin{cases} c_h/\theta_i \\ c_h\tau_{hj}/\theta_i \\ c_j/\theta_i \end{cases} \tag{4.5}$$

因此，根据三种不同的区位选择方式，企业 i 的最优价格策略分别是：

$$p(\theta_i) = \begin{cases} c_h/(\alpha\theta_i) \\ \tau_{hj} c_h/(\alpha\theta_i) \\ c_j/(\alpha\theta_i) \end{cases} \tag{4.6}$$

由方程（4.3）和方程（4.6），可以得到企业 i 不同区位选择下的收入函数：

$$R(\theta_i) = \begin{cases} A_h(c_h/\theta_i)^{1-\sigma} \\ A_j(c_h\tau_{hj}/\theta_i)^{1-\sigma} \\ A_j(c_j/\theta_i)^{1-\sigma} \end{cases} \tag{4.7}$$

从方程（4.7）可见，无论企业 i 在母国还是在东道国进行生产，其在每一个市场的销售收入都与其生产率指数 $\theta^{\sigma-1}$ 呈正比关系。因此，结合方程（4.4），企业在不同区位生产的利润方程可以表示为：

$$\pi(\theta_i) = \begin{cases} a_{ih}B_h(c_h/\theta_i)^{1-\varepsilon} - f_h^D \\ a_{ij}B_j(c_h\tau_{hj}/\theta_i)^{1-\varepsilon} - f_j^X \\ a_{ij}B_j(c_j/\theta_i)^{1-\varepsilon} - f_j^I \end{cases} \tag{4.8}$$

其中 $B_h = (1-\alpha)\alpha^{\varepsilon-1}A_h$，$B_j = (1-\alpha)\alpha^{\varepsilon-1}A_j$。很明显可知，只有当 $\pi_{ij}^I > \pi_{ij}^X$ 时，企业才会以 FDI 的方式来服务海外市场。根据方程（4.8），如果企业要以在东道国直接投资的方式进行区位选择，则在给定任何 a_{ij} 的情况下，生产率水平应当满足：

$$\theta_i > \left[\frac{f_j^I - f_j^X}{a_{ij}B_j\left(c_j^{1-\varepsilon} - (c_h\tau_{ij})^{1-\varepsilon}\right)}\right]^{\frac{1}{\varepsilon-1}} \tag{4.9}$$

方程（4.9）表明了企业 i 对东道国 j 进行 OFDI 所需要满足的条件，即需要达到东道国 j 所要求的最低阈值。进一步，企业 i 对东道国 j 进行 OFDI 的概率方程可以表示为：

$$\text{Prob}(\pi_{ij}^I > \pi_{ij}^X) = \text{Prob}\left\{\theta_i > \left[\frac{f_j^I - f_j^X}{a_{ij}B_j\left(c_j^{1-\varepsilon} - (c_h\tau_{ij})^{1-\varepsilon}\right)}\right]^{\frac{1}{\varepsilon-1}}\right\} \tag{4.10}$$

方程（4.10）表明，企业的生产率与东道国的生产率阈值共同决定了企业的投资决定。在给定 a_{ij} 时，东道国市场需求降低、东道国生产成本增加或者贸易成本的减少，都会促使东道国生产率阈值的增加，从而减少企业对其进行 OFDI 的概率。总的来说，企业不倾向于选择市场环境比较恶劣的东道国进行 OFDI，尤其是企业生产率不高的时候，这种效应会更加明显。

因此，本章可以得到：

结论 1：相对于国内生产再进行出口的企业，OFDI 企业具有更高的生产率；东道国的市场需求越低，企业 OFDI 的倾向越小；东道国生产成本越高，企业 OFDI 的倾向越小；东道国的贸易成本越高，企业 OFDI 的倾向越大；东道国市场经营环境的恶化，会提高本国整体上的生产率阈值水平，对自我选择的 OFDI 企业的生产率水平要求就越高。

4.2.3 企业 OFDI 的扩展边际效应

同 Yeaple（2008）和 Chen and Moore（2010）考察企业进行 OFDI 的二元边际方法一样，本章重点考察中国企业进行 OFDI 结构中的扩展边际[⑤]。通过上述模型，我们可以得出，如果根据每一个东道国的生产率阈值由低到高对其进行排序，对于一个企业投资国家 j，则也会在很大程度上对国家 $k<j$ 进行投资。令 M_i 表示为企业 i 投资的东道国数量，则可以得到如下表达式：

$$M_i = J, \text{ 其中 } \underline{\theta}_J < \theta_i < \underline{\theta}_{J+1} \tag{4.11}$$

方程（4.11）表明具有最高生产率的企业会投向更多的东道国。由于本章的基本假设为企业生产率服从帕累托分布，因此可得：

$$\Pr\left(\pi_{ij}^I > \pi_{ij}^X\right) = \left(\underline{\theta}_j\right)^{-k} b^k$$

同时，结合方程（4.10），企业 OFDI 的扩展边际的方程可以表示为：

$$N_j \approx N \cdot \Pr\left(\pi_{ij}^I > \pi_{ij}^X\right)$$

$$\approx N \cdot \left[\frac{f_j^I - f_j^X}{a_{ij} B_j \left(c_j^{1-\varepsilon} - \left(c_h \tau_{ij}\right)^{-\varepsilon}\right)}\right]^{\frac{1}{\varepsilon-1}} \tag{4.12}$$

从方程（4.12）中本章可以得到：

结论 2：企业 OFDI 的数量随着东道国市场吸引程度的增强而增加。也就是说，东道国市场的准入门槛越低，就越会吸引更多的企业对其进行 OFDI。

4.3 理论模型的实证检验——广东省企业层面数据的支持

上述的理论模型表明，生产率最低的企业会选择国内生产销售，生产率处于中间水平的企业会选择国内生产并出口的国际化方式，而生产率最高的企业会以在东道国直接投资的方式进行国际化。而企业不同的区位选择首要考虑的是其自身的生产率水平及不同区位选择所要付出的固定投资成本 f。而本节利用广东省企业层面的数据进行分析，进而探索中国企业生产率异质带来的 OFDI 区位选择差异，将得出以下结论：进行 OFDI 的企业具有更高的生产率，并且企业生产率在不同区位所表现出的作用大小不同，其中在亚洲地区效应最为显著；在 OFDI 扩展边际上，企业生产率越高，其进行 OFDI 的东道国数量越多；具有更低生产率阈值的东道国，其所吸收的中国 OFDI 越多。中国企业 OFDI 存在比较显著的跨越贸易壁垒行为，即东道国实施的关税对中国企业 OFDI 区位选择具有显著的正效应。

4.3.1 计量模型的设定

在 Chen and Moore（2010）与 Yeaple（2009）的实证研究中，他们均基于二元分类因变量的 logit 模型对企业的 OFDI 二项区位选择进行分析，进而得出企业出口与 OFDI 决策的影响因素。本章区别于前人学者实证研究的方法，用多元态 logit 模型（简称"mlogit 模型"）对企业 OFDI 的区位选择进行估计。在 mlogit 模型中，对企业每一种区位选择的最优利润方程进行回归：

$$\pi_{ij} = \alpha_j + \beta_j Z_i + \varepsilon_{ij} \tag{4.13}$$

其中 $j=1,2,3,4$，π_i 表示企业 i 投资到国家 j 的利润方程。企业 i 的利润取决于一些特定变量，如东道国区位因素，用 α_j 表示。同时，企业利润也取决于企业自身生产率、企业与产业分类等特点。每一个企业都会根据自身的利润函数自我选择到不同的区位。由于本章研究的侧重点在于企业的区位选择，因此 mlogit 模型更符合本章研究异质性企业的区位选择问题。

根据 Greene（2008）对 mlogit 模型的描述，企业做出选择 j 的概率可以得出统计模型，即 $\mathrm{Prob}(\pi_{ij} > \pi_{im})$，满足所有 $m \neq j$。令 Y_i 表示所作选择的随机变量，McFadden（1973）证明了当且仅当 j 个干扰项相互独立且服从于同样的威布尔分布，即 $F(\varepsilon_{ij}) = \exp(e^{-\varepsilon_{ij}})$。因此可得：

$$\mathrm{Prob}(Y_i = j) = \frac{e^{\alpha_j + \beta_j Z_i}}{\sum_{m=1}^{4} e^{\alpha_m + \beta_m Z_i}} \quad (4.14)$$

其中 $j=1,2,3,4$，方程（4.14）可以表示为企业 i 选择区位 j 的概率。为了估计方程（4.14）中的参数，我们将区位 4 的利润设定为 0，则 mlogit 方程可以转化为：

$$\mathrm{Prob}(Y_i = 4) = \frac{1}{1 + \sum_{m=1}^{3} e^{\overline{\alpha}_m + \overline{\beta}_m Z_i}}$$

$$\mathrm{Prob}(Y_i = j) = \frac{e^{\overline{\alpha}_j + \overline{\beta}_j Z_i}}{1 + \sum_{m=1}^{3} e^{\overline{\alpha}_m + \overline{\beta}_m Z_i}}, \quad j=1,2,3 \quad (4.15)$$

以上即为本章进行实证分析的 mlogit 模型。方程（4.15）对企业 OFDI 区位选择模型的自变量设定划分为两部分：第一，依赖于企业自身的全要素生产率（TFP）Z_i，其衡量的是企业异质性自我选择效应，随每个企业而变化；第二，依赖于东道国的属性特征 $\overline{\alpha}_j$，如东道国的关税、进入成本、固定投资成本、制度变量等因素，而这些因素对于选择此东道国作为投资区位的企业都是一样的。纳入这些因素可以更好地控制整个计量模型，并且可以在接下来的回归分析中找出宏观变量对企业选择不同区位中的差异。

4.3.2 核心变量的测算

对于核心变量，本章根据 Levinsohn and Petrin（2003）的半参数估计方法对每一家企业的全要素生产率（TFP）进行估算[⑥]。假设生产技术符合 C-D 生产函数：

$$v_{it} = \beta_0 + \beta_l l_{it} + \beta_k k_{it} + \omega_{it} + \eta_{it} \tag{4.16}$$

其中 v_{it} 是企业产出增加值的对数，l_{it} 是劳动力要素的对数值，k_{it} 是资本的对数值。残差项由 ω_{it} 和 η_{it} 两部分组成，其中 ω_{it} 是残差项的一部分，可以被企业观测到并影响当期要素选择，表示为企业的全要素生产率。η_{it} 是真正的残差项，包含不可观测的技术冲击和测量误差。根据 Levinsohn and Petrin（2003），可将 ω_{it} 表示为：

$$\omega_{it} = \omega_i(k_{it}, m_{it})$$

其中 m_{it} 是中间品投入的对数。因此，方程（4.16）可以转换为以下形式：

$$v_{it} = \beta_l l_{it} + \varphi_{it}(k_{it}, m_{it}) + \eta_{it} \tag{4.17}$$

其中 $\varphi_{it}(k_{it}, m_{it}) = \beta_0 + \beta_k k_{it} + \omega_{it}(k_{it}, m_{it})$

因此，方程（4.17）可化为：

$$v_{it} = \delta_0 + \beta_l l_t + \sum_{h=0}^{3}\sum_{j=0}^{3-i} \delta_{hj} k_{it}^h m_{it}^j + \eta_t \tag{4.18}$$

以下将分为两步来对各个投入要素变量的系数进行估计。第一，通过方程（4.18）得到劳动项的一致无偏估计系数，再使用已估计的系数来拟合 $\varphi_{it}(k_{it}, m_{it})$ 的值 $\hat{\varphi}_{it}$；第二，再根据所得到的值来估计资本项的系数。最后，我们根据所得到的系数 β_l 和 β_k，进而获得每一家企业的全要素生产率，表示为：

$$\hat{\omega}_{it} = v_{it} - \hat{\beta}_l l_{it} - \hat{\beta}_k k_{it} \tag{4.19}$$

生产率计算中用到的数据包括企业产出和投入，产出选取工业增加值指标，它是指工业行业在报告期内以货币表现的工业生产活动的最终成果，比工业总产值更能反映特定时期的企业状况。从投入看，资本和劳动足以反映

企业异质性与OFDI区位选择的扩展边际：基本模型 | 4

企业的投入增值关系，其他中间投入品不过是将原值复制，并不能创造新增价值，所以就效率分析而言，只有资本和劳动是最根本和最重要的投入变量，因此选取资本和劳动作为投入要素（李春顶，2010）。在估计TFP之前，我们对企业的投入和产出数据以2005年为基期，用各年的工业品出厂价格指数进行平减。

4.3.3　实证选取的样本说明

由于到目前为止，公开获取中国企业层面OFDI的数据具有很大的难度，因此本章实证检验部分的数据获取是一项艰巨的工作。现有获取企业层面数据最便捷的方式还是求助于上市公司数据库，但上市公司进行OFDI的比重还不到中国企业总量的30%。因此，本章的数据来源结合中国国家统计局发布的《中国工业企业数据库》与商务部网站两个渠道。由于对企业层面数据的处理具有非常大的困难，因此本章只是搜集广东省2002—2009年的200多家企业共进行260次的OFDI的数据，来对本章所得出的结论进行验证。样本之所以这样进行采集，既由于工业企业已成为世界各国OFDI产业结构的主要组成部分，也由于广东是目前中国最大的制造业基地。可以说，利用《中国工业企业数据库》作为基本样本，并基于作为制造业基地的广东省企业OFDI为考察，可以体现出中中国整体OFDI的状况。本章对数据总体处理的方法为：首先根据中国商务部网站公布的中国企业对外分支机构设立的具体情况进行整理[7]，找出广东省563次海外分支机构设立的数据，其中也包括同一企业在海外设立的多家分支机构；其次，本章利用《中国工业企业数据库》2001—2007年的数据，整理出每年约4万家的广东省工业企业样本的基本数据，其中包括企业的基本属性指标与详细的财务指标，本章所需要的指标包括企业名称、总收入、劳动力规模、总资产、中间投入品与工业增加值等等；最终，本章将这两个数据库筛选的样本进行匹配，找出基于《中国工业企业数据库》并且是广东省企业进行的260次OFDI活动[8]。

在对企业层面变量进行重点关注的同时，本章也基于企业异质性理论的框架，综合考察一系列国家宏观层面变量的影响，因为作为企业异质性理论的核心思想，这些变量特征也是影响企业 OFDI 区位选择的重要因素。基于前面模型论述，本章重点关注东道国层面的贸易关税（Exporttax）、进入成本（Entrycost）与政府管制（Government）等变量。这三个变量的数据来自世界银行 WDI 数据库，其中政府的制度变量取自一个综合指数，综合考虑了东道国政府办事的公正性、透明度与效率水平等，能够全面反映东道国制度的作用与影响。

4.4 主要计量结果分析

4.4.1 宏观层面分析

首先，本章对 OFDI 企业与非 OFDI 企业在总体上进行比较。表 4-1 列出了两组企业的全要素生产率、资本和劳动力的平均值。从表中可以看出，进行 OFDI 与没有进行 OFDI 的企业呈现显著的差异性。从总体上看，从事 OFDI 的企业不仅在全要素生产率指标上显著大于没有从事 OFDI 的企业（基本上前者的生产率水平是后者的两倍），而且前者在资本与劳动力水平上都远远大于后者。由此可以看出，同 Yeaple（2009）与 Chen and Moore（2010）的结论一致，中国从事 OFDI 的企业的生产率要高于在国内进行生产投资的企业生产率。

表 4-1 OFDI 企业与国内投资企业指标对比

企业类别	TFP	资本	劳动力
OFDI 企业	62.58	1064048.96	1700.61
国内投资企业	35.57	96225.45	334.74

接下来，本章对进行 OFDI 的企业进行观察，从整体上找出企业自身生产率与其进行 OFDI 的国家数之间的相关关系。通过图 4-1 可以看出，企业自

身生产率水平决定了其进行 OFDI 区位选择的数量,即生产率越高的企业,其 OFDI 区位选择的东道国数量越多。也就是说,企业生产率水平越高,其所进行 OFDI 的扩展边际效应越强。正如方程(4.9)和(4.13)所得,本章验证了 Chen and Moore(2010)的结论,即生产率更高的企业相对于一般企业,可以高于更多东道国的生产率阈值,因此其更有可能对更多的东道国进行投资。

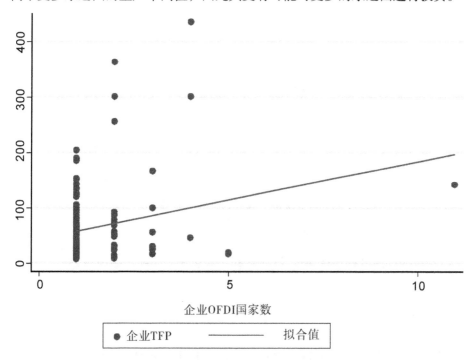

图 4-1　企业 TFP 与其投资东道国数量相关关系

从图 4-2 也可以看出,东道国的生产率阈值与企业对其进行 OFDI 的数量呈现负相关关系。也就是说,企业在一定生产率水平下,倾向于投资到市场吸引力大并且具有较容易进入门槛的国家[⑨]。这预示了在企业进行 OFDI 的区位选择上,对生产率阈值较低的东道国投资是中国企业 OFDI 扩展边际的源泉。同 Yeaple(2009)与 Chen and Moore(2010)的研究相比,本章认为企业 OFDI 区位选择多样性同样也是中国未来 OFDI 增长的重要源泉。而从图中也显示出目前中国 OFDI 企业生产率普遍不高的事实,同时也揭示了异质性企业自我选择效应在中国 OFDI 活动中也发挥了重要作用。

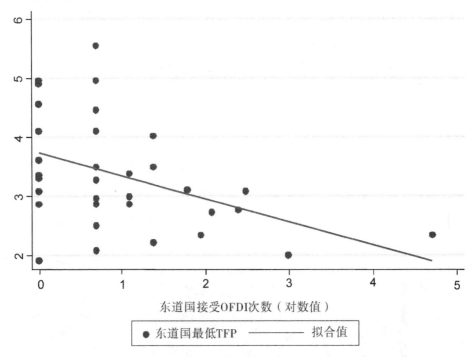

图 4-2　东道国最低 TFP 与其所接受 OFDI 数量相关关系

4.4.2　异质性企业区位选择的差异分析

通过以上宏观层面的分析，结果表明 OFDI 企业相对于国内投资企业具有更高的生产率水平；同时对于企业 OFDI 扩展边际的分析表明，随着企业生产率水平的不断提高，企业海外 OFDI 分支机构的数量也会逐渐增多；不仅如此，对于整个东道国来说，由于企业 OFDI 区位选择遵循生产率阈值从低到高的排序规则，因此东道国生产率阈值由低到高，其所吸收的中国企业 OFDI 也由多变少。鉴于本章将企业异质性条件下中国区位选择差异作为研究的重点，因此基于以上宏观层面分析的基础，本章以下部分将集中关注 OFDI 区位选择在企业异质性条件下的差异性。在 mlogit 模型区位设定上，本章用区位 1 代表亚洲（Asia），区位 2 代表欧洲、北美洲与大洋洲（Eur & NA & Oce），区位

3代表拉丁美洲与非洲（La & Afr），区位4则代表本国（Home）。本章以区位4（Home）作为基本参照组进行回归。

表4-2描述了参与不同区位选择企业的基本情况。从总体上看，相对于处于区位4（Home）的企业，进行OFDI的企业在三个区位中都表现出较高的生产率水平。其中，选择区位1（Asia）作为OFDI目的地的企业最多，且平均生产率最高，但标准差反映出区位1（Asia）的企业之间生产率差异最大。这可能是因为区位1（Asia）存在地缘与制度优势，并且存在以香港地区为主的避税天堂的影响，因此可以吸引更多的企业到区位1（Asia）进行投资；相比之下，区位3（La & Afr）可能存在较大的进入成本或风险，因此进入区位3（La & Afr）的企业数量较少，并且由于要求的生产率门槛值较高，因此也显示出了较高的生产率平均水平。同时，投资区位3的企业间生产率水平差异也较大，可能由于区位3存在市场优势与资源优势并存的因素，致使前往该地区进行OFDI的企业既存在持有市场追寻动机的中小型民营企业，也存在持有资源追寻动机的大型央企，因此导致生产率水平呈现较大的差异。

表4-2 企业区位选择基本统计描述

OFDI区位选择	企业数量	TFP平均值	TFP标准差
区位1（Asia）	171	80.07341	92.41037
区位2（Eur & NA & Oce）	43	41.34662	52.31896
区位3（La & Afr）	15	66.2056	75.20131
区位4（Home）	21163	34.71088	49.20543

接下来，本章对企业OFDI的区位选择进行mlogit回归。表4-3列出了以区位4（Home）作为参照组的其他三个区位的回归结果。Pseudo R2为logit模型特有的R^2，越大则表示模型整体拟合得越好。本章回归得到的值达到0.65，可以认为整体拟合比较理想[⑩]。

东道国因素对企业OFDI三个区位选择都表现出显著的效应。首先，通过结果发现，对于三个区位来讲，中国企业倾向于投资到那些具有较好政府管制能力的东道国，而具有较大进入成本的东道国很少被中国企业所选择。东道国的关税水平显示出在中国企业OFDI区位选择决定中的重要作用。与企业异质性理论所解释的跨越关税壁垒思想一致，中国企业更倾向于投资到对中国出口征收较高关税的国家。另外，从模型中的常数项可以看出，中国企业在各个区位进行 OFDI 的固定成本呈现负效应，并且欠发达地区的固定投资成本相对更高一些，因此也要求投资到区位 3（La & Afr）的企业需要具有较高的生产率阈值。这些结果同 Yeaple（2009）与 Chen and Moore（2010）的实证结论一致。

而对于企业生产率在 OFDI 中所起到的作用，则在三个区位中表现出显著的差异。通过结果分析，发现企业 TFP 对选择区位 1（Asia）的影响相对于区位 4（Home）是显著的，并且系数呈现正相关关系，表明在其他宏观影响因素不变的情况下，随着企业生产率的提高，企业选择区位 1（Asia）的可能性相对于区位 4（Home）是增加的。但是通过相对风险比率与边际效应系数可以看出，当其他因素不变时，相对于区位 4（Home）的选择，企业生产率对企业选择区位 1（Asia）的影响是很小的，即当企业生产率增加一个单位时，相对于选择区位 4（Home），企业选择区位 1（Asia）的相对概率只会增加 0.001。可能的原因是，由于亚洲国家与地区同中国之间具有地缘与文化优势，并且存在像中国香港地区这样的"避税天堂"，中国企业 OFDI 的区位选择在以亚洲为主要地区的时候，生产率较高与较低的企业为了分享制度与地理因素所带来的潜在利益，会相继集聚到这些地区，从而稀释了生产率对企业 OFDI 的解释力度。而企业生产率在选择区位 2（Eur & NA & Oce）与区位 3（La & Afr）中所体现的效应不显著，表明 OFDI 企业生产率在不同区位体现出作用差异的同时，企业投资发达国家和发展中国家并不表现出显著的生产率差异。可能的原因是，一方面，投资于这两个区位的企业本身具有资源与技术寻求型的动机，并不以自身生产率水平作为进行 OFDI 的主要考虑因素，因而其投资的动机具有一定的盲目性。这也是目前中国 OFDI 增长过快中所潜藏的隐性风险；另一方面，也可能由于本章在这两个区位中所拥有的样本量过少的原因所致，这将是今后进一步努力与完善的方向[⑪]。

表 4-3 企业 OFDI 区位选择 mlogit 回归

变量	系数值	t 值	rrr	mfx
区位 1 (Asia)				
TFP	0.001**	(2.55)	1.001	3.61e-06**
Entrycost	-0.765***	(-17.41)	0.466	-0.002***
Exporttax	3.156***	(39.91)	23.481	0.010***
Govnern~t	13.115***	(168.25)	496456	0.038***
常数	-6.699***	(-34.80)		
区位 2 (Eur & NA & Oce)				
TFP	-0.005	(-1.31)	0.995	-1.1e-05
Entrycost	-0.853		0.426	-0.002***
Exporttax	3.261***	(34.20)	26.065	0.007***
Govern~t	12.968***	(153.57)	428387	0.027***
常数	-6.778***	(-26.94)		
区位 3 (La & Afr)				
TFP	0.000	(0.12)	1.000	1.31e-07
Entrycost	-0.809***	(-15.00)	0.445	-0.0003*
Exporttax	3.313		27.465	0.001*
Govern~t	13.055		467361.3	0.004*
常数	-8.855***	(-15.47)	-15.47	
观察值	21392			
Pseudo R2	0.65			
Likeli~d	-503.92			

注：表中的标记 ***、**、* 分别表示显著性水平 1%、5%、10%。rrr 表示相对风险率，mfx 表示边际效应。

4.5 本章小结

本章以企业异质性理论为核心，对中国企业 OFDI 的区位选择进行理论演绎，得出生产率最低的企业会选择国内生产销售，生产率处于中间水平的企业会选择国内生产并出口的国际化方式，而生产率最高的企业会以在东道国直接投资的方式进行国际化。而通过对企业 OFDI 二元边际的分析，得出企业 OFDI 的数量随着东道国市场吸引程度的增强而增加。而东道国市场的准入门槛越低，则越会吸引更多的企业对其进行 OFDI。同时，本章利用中国企业层面的样本对理论进行实证检验，结果发现进行 OFDI 的企业具有更高的生产率,并且发现企业生产率在不同区位上所表现出的作用大小不同,其中在亚洲地区作用效应最为显著;在 OFDI 的扩展边际上,企业生产率越高,其进行 OFDI 的目的地数量会更多;而具有更低生产率阈值的东道国,其所吸收的中国 OFDI 也越多,具体表现为东道国市场的进入成本、贸易关税、固定投资成本对企业 OFDI 区位选择都具有显著的负效应,而东道国政府质量水平对企业 OFDI 区位选择具有显著的正效应。同时,本章也印证了企业异质性理论中 OFDI 的跨越贸易壁垒效应,即东道国实施的关税水平对中国企业 OFDI 区位选择具有显著的正效应。

本章的结论具有以下政策启示:第一,与 21 世纪的前 10 年不同,目前中国企业 OFDI 要力争从单纯量的增加逐渐转型到质的提升上。政府应当重视对企业 OFDI 扩展边际效应的提高,加大政策支持力度,促使更多企业特别是民营企业投资海外,实现企业数量增加所发挥的扩展边际效应,从而保障中国总体 OFDI 区位布局的优化与发展的稳步性。第二,基于目前中国整体 OFDI 水平尚处于国际化初级阶段,企业需要充分结合国家发展阶段与自身能力的约束,遵循 OFDI 区位选择"由易到难、由近到远"的基本原则,并稳步推进,量力而行,从依靠自身能力能够实现盈利的区位做起,进而保证在 OFDI 过程中对自身经营风险的可控能力。

同时,本章基于企业异质性理论模型的实证研究还存在以下不能克服的困难:第一,样本问题。虽然本章通过广东省企业层面的数据验证了企业异质性的基本理论,但从一定程度上说,由于所选取样本来自中国《大型工业企业数据库》,其中基本上对服务型企业的数据样本涉及很少。也就是说,从事贸易型或者作为垂直型分工功能的企业在中国 OFDI 中的作用没有被充分考虑。从某种意义上说,本章基于的经典模型只是对中国企业的水平型 OFDI 行为做了合理的解释。但是如果想从更深层次的角度去挖掘中国企业 OFDI 区位选择的结构与效应变化,则需要考虑企业 OFDI 的方式。第二,没有考虑中国企业 OFDI 在海外究竟"做什么"的问题。本章实证分析的结果与理论模型所演绎的结论在整体上基本吻合,但核心变量——企业自身的生产率对其

OFDI 区位选择的显著性影响存在差异性，并在总体上呈现影响效应较小的结果。除了样本选择的局限性之外，也与本章没有更深入分析企业 OFDI 的方式对其 OFDI 区位选择的效应影响。本章的实证研究还发现一个特别值得关注的现象，即通过广东省企业的数据统计分析发现，目前进行 OFDI 的中国企业同时也参与出口活动的比例高达 68%。因此，一个比较直接的感应就是，对中国企业 OFDI 区位选择的研究，应该充分考虑中国企业贸易行为在其 OFDI 区位选择结构中的影响效应。第三，没有从更广义的区位上对企业 OFDI 区位选择差异进行分析。本章的实证部分重点关注了企业 OFDI 在地理区位上的差异问题，但从更广义上看，区位因素不仅包括空间因素，更包含经济区位与制度区位等因素的影响。因此，从广义的区位因素上分析企业 OFDI 区位选择的分布差异，也是本书进一步努力的方向。

本章注释

① 通过从企业层面数据观察中国 OFDI 的现状，可以发现目前参与海外投资的企业仍然占据很小比例，而出口总体上显著大于进行 OFDI 的比例。

② 由于本章着重探讨的是企业进行 OFDI 的区位选择问题，因此更强调中国企业 OFDI 的扩展边际效应，即企业进行 OFDI 是否存在区位多元化以及是否存在企业数目的增长。

③ 本章模型的启发来自于 Helpman et al.（2004）的异质性 FDI 理论模型，从异质性企业理论角度研究中国 OFDI 企业是否存在区位多元化以及是否存在企业数目的增长。同时，与 Helpman et al.（2004）、Chen and Moore（2010）不同的是，本章模型集中关注企业 OFDI 的扩展边际效应，不对企业 OFDI 的集约边际进行分析。

④ 本章忽略对海外子公司出口可能性的考察。由于以 Helpman（2004）研究框架为核心的异质性理论主要研究的是水平型 FDI，模型框架主要核心思想是为了研究纯粹的临近——集中权衡，即 FDI 相对于出口节约了贸易运输成本，但是也相应地要承担更高的固定投资成本。

⑤ 由于本章贯穿始终考察的是中国企业 OFDI 的扩展边际效应的变化，即考察中国企业区位选择在数量上的结构变化问题。因此，本章的模型构建中不再涉及企业 OFDI 的集约边际演绎。这一方面也是由于本研究数据支撑的局限，即本书研究对企业层面 OFDI 额度的数据获取困难。如果需要对企

业 OFDI 的集约边际模型进行认识和对比，参见 Chen and Moore（2010）。

⑥不同于赖永剑（2011）将产出设定为总产值的做法，本章的产出设定为增加值，即总产出减去中间投入。

⑦由于本章重点在于观察企业 OFDI 的区位选择问题，不强调企业进行 OFDI 的进入模式，因此在这里重点关注设立子公司、分支机构与办事处的企业样本的区位分布情况。而商务部的企业对外投资统计正好满足本章研究的需要。

⑧其中也包括了同一家企业分别向不同东道国设立分支机构的行为。本章的处理虽然损失了大量的样本，但鉴于企业层面数据获取的困难，这也是能力约束之下的次优选择。

⑨通过扩展的企业异质性模型可以得出，企业在一定生产率水平下，会根据进入的生产率门槛值来选择不同的区位进行生产。

⑩Chen and Moore（2010）的各项 Pseudo R2 回归结果也都在 0.3 以下。

⑪可以通过扩大省份覆盖面的方法增加样本量，这样可以增加对各个区位尤其是区位 2（Eur & NA & Oce）与区位 3（La & Afr）的企业样本数。

5 企业异质性与 OFDI 区位选择的模式分解：扩展模型

为什么在诸多学者对中国 OFDI 的研究中，总脱离不了与企业出口之间关系的考察？这一方面是因为西方国际经济理论研究始终探讨的焦点之一，就是贸易与投资之间究竟是替代关系还是互补关系；另一方面，企业异质性理论框架将贸易与投资之间进行较好地整合，用企业异质性来统一解释企业国际化方式选择的差异性。从基本的建立"临近—集中"模型下的 HMY 模型，到 Yeaple（2009）所提出的 FDI 与出口替换模型，可以看到研究企业 OFDI 的区位选择问题，就需要将贸易区位选择与投资区位选择之间的关系在企业层面进行微观具体的探讨。

西方发达国家学者在研究跨国公司 OFDI 中，将它们进行的水平型 OFDI 定义为，跨国公司进入一个外国市场，通过建立一个新企业的方式进行投资（Nocke and Yeaple, 2008）。而对中国 OFDI 的研究则需要在此基础上进行修正。因为通过商务部网站 OFDI 数据统计可以看到，中国进行 OFDI 的企业在海外水平型投资多以设立分支机构为主要方式，而这些分支机构的功能总体上以配合国内企业的产品销售为主。因此，在进行中国 OFDI 与出口联动实证的时候，一是借鉴前述的文献综述与宏观统计数据，二是运用中国商务部 OFDI 对外设立分支机构的经营内容，宏观层面考察与企业层面考察的结果对比可以看出，大部分的企业对外设立的机构都是为出口服务的。因此从企业异质性角度研究中国 OFDI 区位选择问题，需要对企业 OFDI 的模式进行分解，进而深层次挖掘企业微观层面的一般性与特殊性。

本章通过构建扩展的企业异质性模型框架，将企业对外直接投资（OFDI）重点分为贸易引致型与水平型，利用中国 10126 个企业样本经验考察 OFDI 区位分布的决定影响，结果显示，企业贸易成本和投资成本分别成为贸易引致型和水平型 OFDI 的阈值变量；生产率越高的企业越倾向于高层次的水平型 OFDI；地理区位分布上，贸易引致型 OFDI 倾向于亚洲，水平型 OFDI 倾向于非洲、拉美与大洋洲，而在欧美地区的差异不明显；实证发现，贸易引致的 OFDI 对区位市场的制度环境较敏感（青睐于低风险市场）；在投资固定成本要求较高的区位，企业更倾向于放弃直接贸易型 OFDI 而转向间接的贸易服务型 OFDI；还发现国家战略（或资源）型的央企 OFDI 对风险（尤其制度风险）敏感性低于利益导向型的地方企业。本研究在政策上建议政府引导企业通过 OFDI 地理区位多元化规避风险，并提升战略型央企 OFDI 的风险意识和利益导向。

5.1 中国企业 OFDI 区位选择中的贸易因素

第 3 章对于中国 OFDI 区位选择的宏观描述，大致从产业选择上占绝大比重的产业有商务服务业、制造业、金融业与批发零售业，而从进入方式上则分为投资建厂型和并购型。本章结合国际上通用的划分标准，对中国企业 OFDI 模式从另一种角度进行划分，既可以达到产业与进入方式选择的统一，又符合了企业异质性理论的典型范式，从而可以在企业异质性模型框架下进行理论与实证分析。

5.1.1 中国企业 OFDI 区位选择模式的重新划分

目前，国内大部分学者对企业国际化的进入方式划分还不够明确，其中对市场进入方式进行细致比较的有鲁桐（2007）。如表5-1。

表5-1 跨国企业进入方式比较

市场进入方式	控制	资产水平	可变成本	固定成本	市场份额	风险
间接出口	↓	↓	↑	↓	↓	↓
直接出口						
销售公司						
特许经营						
许可证协议						
合同生产						
加工装配						
当地生产						

根据张燕（2010）的理解，中国目前很大比例上存在以劳动密集型产业或生产环节上的OFDI。这些对劳动密集型产业或者生产环节进行OFDI的企业，一般会选择新建的合资模式，开展境外加工，通常也成为境外加工贸易投资方式。境外加工贸易指的是在东道国直接建厂进行生产加工，开展加工装配活动，通过企业自带技术、设备、原材料或者零配件为特征，经过在东道国组装成制成品之后，再通过当地销售或者再出口到其他国家及地区，从而加大出口国内相关的产品。这种OFDI方式的优点是，既可以规避贸易壁垒的成本，也可以自带设备、技术等资本，减少固定投资成本与外汇支出，可以说具有一举两得的优点。

目前，按照国际上通用的划分准则，对企业OFDI的划分基本上遵从两个维度：第一，根据产业上下游链条的抽象维度，即水平型OFDI与垂直型OFDI；第二，根据投资方式的具体维度，即绿地型（建厂生产）与并购型（M&A）。但是，第二种划分方式实际上与第一种有交叉重叠的部分，即绿地型与并购型分别各自存在垂直型与水平型投资。因此，本章研究出于不交叉重叠的考虑，暂时舍弃第二种分类，集中研究第一种抽象型的OFDI模式对企业区位选择的影响。基于第3章的宏观层面描述，我们看不到企业层面OFDI模式差异对其区位选择的影响。进一步，本章区别于宏观层面对企业OFDI的进入方式选择，基于企业层面数据进行划分，可以得出更加细微的企业模式差异。

5.1.2 企业层面分析中国企业 OFDI 的模式结构

结合宏观数据划分的依据与含义,本章意外发现占据绝大比重的企业在从事着与贸易有关的 OFDI。近年来,经济的持续快速增长为中国积累了巨额财富,中国 OFDI 无论流量还是存量都呈现迅猛增加的趋势,尤其是企业以贸易引致型 OFDI(Trade Deriving OFDI,简称 TOFDI)与水平型 OFDI(Horizontal OFDI,简称 HOFDI)两种方式进行投资的数量都表现出较快的增加。据《2010 年度中国对外直接投资统计公报》显示,中国 OFDI 总量规模已达 3172.1 亿美元,2010 年实现同比增长 21.7%,连续九年保持增长势头,年均增速为 49.9%。根据联合国贸发会议《2011 年世界投资报告》,2010 年中国 OFDI 占全球当年流量的 5.2%,位居全球第五,预计中国 OFDI 与吸引 FDI 的比值在未来 10 年将超过 1∶1[①]。从整体上看,从 2004 年之后,以 TOFDI 方式投资海外市场的企业数量开始明显超过 HOFDI,并且在近三年呈现逐步拉大的趋势;相比之下,以 HOFDI 方式投资海外的企业数量增加表现得比较平稳,表明近年来从事 TOFDI 的企业可能在中国整体 OFDI 的增长中发挥了主要作用。按照余淼杰和徐静(2011)利用浙江省 2006—2008 年企业层面数据的估计结果,中国企业进行 OFDI 与出口之间存在稳健的互补关系。而两者互补关系的内在机制可能是 TOFDI 企业快速增长产生的结果(见图 5-1)。

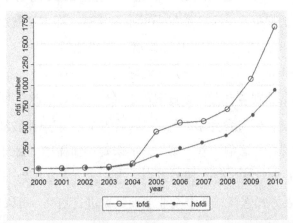

图 5-1 中国企业历年 TOFDI 与 HOFDI 数量统计对比

因此，本章对中国企业 OFDI 的微观结构进行分析，发现在中国 OFDI 结构中，以商务服务、批发与零售等方式直接进行贸易或间接为企业贸易活动服务的 TOFDI 型企业占据 OFDI 企业总量的 40% 左右。TOFDI 型分支机构所产生的对外直接投资流量巨大，在历年中国 OFDI 流量行业比重中稳居前三位[②]。这引发了人们对一个问题的思考，即如果将中国企业 OFDI 活动的结构进行分解，会发现企业国际贸易的需求对企业 OFDI 活动产生间接影响，尤其可能对企业 OFDI 的区位分布产生显著的引致效应。而从目前国内学者研究中国 OFDI 的现状看，对 OFDI 企业类型进行分解，并重点关注贸易引致型 OFDI 对 OFDI 总体影响的文献还没有涉及。

按照企业异质性理论的解释，出口与 OFDI 是企业在生产率不同阶段进行国际化方式的不同表现。相对于国内生产销售的企业，出口企业具有较高的生产率，而进行 OFDI 的企业又具有更高的生产率。但通过现实观察可以发现，企业 OFDI 活动同样存在大量的出口行为，而产生出口现象的一个重要原因可能是许多 OFDI 活动是贸易引致的，即许多企业设立海外分支机构进行 OFDI 的实质目的在于扩大其国内企业国际贸易的份额。基于此现象的观察，是否存在不同 OFDI 模式企业之间的显著差异？而贸易引致型 OFDI 与企业国际化区位分布之间是否具有显著的相关性？这些问题是贸易与投资理论发展所不容忽视的新问题。

本章基于扩展的企业异质性模型，通过分析中国企业 OFDI 的模式选择战略，将贸易引致型 OFDI 引入分析框架，用以研究批发、零售与贸易中介机构对企业 OFDI 区位分布的影响程度。相对于前人的宏观层面研究，本章利用中国大型企业数据，从微观层面剖析企业贸易引致型投资与其 OFDI 区位分布之间的相关关系与效应差异，同时也为贸易与投资的互补关系提供了微观视角。

5.1.3 基于企业层面对 OFDI 与贸易关系的研究

FDI 与贸易之间是替代还是互补的关系，一直以来都是理论与实证研究争论的焦点。国内外关于出口与FDI关系的实证研究层出不穷,但研究视角还仅限于宏观,基于企业微观视角的研究仍较缺乏。企业异质性理论透过同一产业内不同类型企业共同存在(非出口、出口及OFDI)的现象,构建了更符合现实的理论模型。近年来,国际上一些学者开始关注企业国际化领域出现的一种现象,即许多企业海外直接投资的设立是为母国企业的出口服务,例如那些以批发、零售为主要职能的分支机构与以开拓出口市场为主要职能的商务服务机构。从总体上看,关注此领域研究的学者分别从企业贸易与FDI两方面进行了研究。

第一,国际贸易角度的研究。随着企业异质性理论体系的发展,许多学者深入贸易现象内部,逐步从企业层面剖析参与出口企业内部的生产率异质,其中一个典型的现象就是对中介组织的关注。国际贸易中通过设立海外中介组织来间接完成国内产品的海外销售的现象一直被学者研究所忽视,直到最近,这种现象才被各国学者所关注。Feenstra和Hanson(2004)通过研究中国的出口结构,发现在1988—1993年期间,中国内地出口总量的53%都是出口至香港地区,而通过香港地区转出口至世界其他地区的中国商品占24%,表明企业在中国香港设立的中介组织在整个国际贸易中发挥了重要作用。Bernard等(2010)利用美国进出口企业层面数据,检验批发、零售中介组织在美国贸易中所发挥的作用。他们发现利用中介组织来进行进出口的企业相对于直接出口企业,其雇佣劳动数量更少,国内销售与对外贸易额都较低,在美国设立的机构也较少。而那些既通过直接出口又在海外设立批发、零售中介的企业则在各个指标上都远远大于仅仅利用中介组织进行贸易的企业。Blum等(2010)利用智利企业数据,发现从规模上讲,国内企业与国外中介组织至少其一是显著庞大的,即小规模出口企业几乎与规模更大的进口商相互合作。这个进口商可以是中介组织,也可以是生产企业。而对于进口企业而言,随着国际出口企业销售产品的增加,其设立中介组织的规模也会逐步增加。Lu等(2010)利用29个发展中国家的企业数据进行检验,发现生产率最高的企业会在国内销售并通过直接出口的方式销往国外,生产率次之的企业会通过直接出口与间接出口综合的方式进入海外市场,而生产率更低一些的企业只是通过中介组织间接出口来进入海外市场。Ahn等(2011)运用中国企业层面贸易数据,发现中介组织在中国出口中发挥着重要作用,得出企业会根据自身生产率自我选择不同的出口方式——直接出口或者是依靠中介组织的间接出口,而实证结果证明随着企业生产率的提高,初始通过中介组织进行间接出口的企业会逐步选择直接方式进行出口[3]。

第二,OFDI 角度的研究。相关 OFDI 方面的研究也出现了对中介组织的关注,如 Daniels(2000)通过研究发现,企业 OFDI 的业务拓展很大程度上依赖于如批发、零售与售后服务等相关的产品下游环节的扩展。Hanson 等(2001)认为,企业进行海外投资的战略差异基于贸易成本与市场规模的权衡。在市场规模与贸易成本较大的国家,企业倾向于以设厂生产的方式进行投资,而在市场规模与贸易成本都较小的国家,企业倾向于设立零售贸易机构来进口并分销母国企业的产品。Head 和 Ries(2004)通过实证检验,发现大部分企业 OFDI 是出于提高东道国生产的产品在海外市场的需求而设立的。而东道国出口的增长既源于最终产品在东道国的销售,也源于将中间产品销售给东道国分支机构的增长。因此,设立在东道国的分支机构名义上是直接投资行为,实际上这种投资则很大程度上在为贸易服务。Greaney(2005)通过研究发展,1997 年日本海外批发、零售机构的贸易活动占据了日本总出口的 66.7%。Kiyota 和 Urata(2005)的研究也表明,2000 年日本 95% 的出口与 85.5% 的进口都由跨国企业完成,而 50% 左右的企业通过企业内部贸易完成,其中从母公司出口到海外批发、零售分支机构的企业内贸易占据了很大比例。Fryges(2007)也得出,2003 年德国海外批发、零售机构的销售占德国跨国企业海外销售总收入的 50%[4]。Kleinert 和 Toubal(2010)将出口支持型(Export Supporting)FDI 引入理论模型,认为跨国企业可以通过在海外设立批发、零售分支结构来拓展贸易规模。在考虑固定成本与可变成本的影响后,他们发现出口支持型 FDI 与水平生产型 FDI 存在显著的差异性,并且随着距离的增加,水平型 FDI 替代出口支持型 FDI 的可能性会增加,同时工资水平差异对两者均具有显著性影响。

从企业异质性角度研究中国 OFDI 与出口之间的关系，需要以企业层面数据为样本，对中国企业 OFDI 进行结构的分解，找出企业 OFDI 中的贸易成分，进而考察企业 OFDI 不同模式与出口之间的相关关系。目前，与国外学者从中介组织角度来研究贸易与 FDI 关系的角度相比，国内学者研究的相关文献可以说还没有。即使从企业层面对贸易与 OFDI 之间的关系探讨，也只有余淼杰和徐静（2011）利用浙江省 OFDI 企业样本对两者的关系进行了验证，结果表明中国企业 OFDI 与出口存在显著的互补关系，即中国企业的 OFDI 行为并不会减少企业本身的出口。进一步，王方方和赵永亮（2012）利用广东省企业数据发现，目前进行 OFDI 的企业同时也参与出口活动的比例高达 68%。本章认为，中间组织作为企业 OFDI 中的新现象，既具有促进贸易与投资同时增长的双重作用，同时也是影响企业 OFDI 区位分布的重要组成部分。因此，以贸易为本质需求的 OFDI 活动在多大程度上影响中国 OFDI 企业的区位分布，是一个既具有理论探讨价值又具有现实指导意义的新问题。这正是本章主要的研究目的所在。

5.2 基于贸易引致的企业异质性扩展模型

5.2.1 模型假设

本章通过构建扩展的 Helpman et al.（2004）模型[5]，集中关注企业在 TOFDI 与 HOFDI 之间的权衡选择，进而找出不同的 OFDI 模式选择与 OFDI 区位分布差异之间的相关关系[6]。模型假设世界包括两个部门（完全竞争部门与垄断竞争部门）与 $N+1$ 个国家。其中完全竞争部门生产同质性产品，而垄断竞争部门生产差异化产品。同质性产品表示为记账单位产品，可以在任何一个国家生产。$N+1$ 个国家包括一个母国 i 和 N 个东道国 $j=1,\cdots,N$。模型假设在每一个国家都可以存在许多企业,每一个企业都能够生产不同种类的产品,并可以按照自身生产率水平 θ 呈现积累分布 $G(\theta)$。消费者具有多样化消费偏好,对于两种产品之间的选择具有不变替代弹性(CES),他们会根据每一种产品的价格 p 来确定自己的消费数量 x。

当企业将产品销售给国外消费者时,采取不同的进入模式将承担不同程度的成本。本章将企业所可能承担的成本分为贸易成本和投资成本。贸易成本影响国际贸易和 TOFDI,而不影响 HOFDI。由于母国 i 与东道国 j 之间存在冰山贸易成本 $\tau_{ij} > 1$,其作为可变贸易成本,既会提高进出口贸易企业的成本,也会提高将贸易分支机构设立到东道国的 TOFDI 成本,但不会影响企业进行 HOFDI 的成本。同时,由于在现实中,企业将产品出口到东道国后并不能马上进行商品的销售并取得利润,它同样要承担将商品进行分销或者一定的物流配送成本(distribution)。因此本章假设,相对于 TOFDI 企业已经在东道国设置分支机构来讲,出口企业同时也要承担一定的分销成本,记为 $t_{ij} > 1$。

此外,如果企业采取国际贸易方式,则需要承担一定的固定贸易成本 f_{ij}^{trade};如果企业通过 TOFDI 方式进入东道国市场,则也需要承担在东道国市场上运输与经销所付出的成本 f_{ij}^{tofdi};而如果企业选择以 HOFDI 的方式进入东道国市场,由于需要在东道国市场设厂生产,需要承担更大的固定投资成本。本章假设 $f_{ij}^{trade} < f_{ij}^{tofdi} < f_{ij}^{hofdi}$。因此,固定投资成本同时影响两种 OFDI 形式,但是水平型 OFDI 所承担的成本要远远大于贸易引致型 OFDI。因此,如果企业采取 OFDI 方式进入东道国市场,会根据自身生产率大小以及不同成本来选择所要采用的 OFDI 方式。

5.2.2 扩展模型演绎

处于国家 j 的企业 i 需求方程可以表示为:

$$x_{ij} = A_j p_{ij}^{-\varepsilon} \tag{5.1}$$

其中 x_{ij} 表示消费数量,$\varepsilon \equiv 1/(1-\alpha) > 1$ 表示需求弹性。$p_{ij} = c/\alpha$ 表示价格,

其中 c 表示企业生产的边际成本。A_j 表示国家 j 不同产品的总需求水平，本章根据 Chen 和 Moore（2010）的假定，将 A_j 表示为：

$$A_j \equiv E_j \int_{i \in I_j} p_{ij}^{1-\varepsilon} di \quad (5.2)$$

其中 E_j 表示国家 j 中不同产品的总支出，I_j 表示国家 j 中所有产品种类的集合。

根据以上对扩展模型的假设分析，三种不同方式进入东道国所面临的利润方程可以表示为 π_{ij}^k，其中 $k=trade, tofdi, hofdi$，则：

$$\pi_{ij}^{trade} = (c_h \tau_{ij} t_{ij}/\theta_i)^{1-\varepsilon} \frac{(1-\alpha)A_j}{\alpha^{1-\varepsilon}} - f_{ij}^{trade}$$

$$\pi_{ij}^{tofdi} = (c_h \tau_{ij}/\theta_i)^{1-\varepsilon} \frac{(1-\alpha)A_j}{\alpha^{1-\varepsilon}} - f_{ij}^{tofdi} \quad (5.3)$$

$$\pi_{ij}^{hofdi} = (c_j/\theta_i)^{1-\varepsilon} \frac{(1-\alpha)A_j}{\alpha^{1-\varepsilon}} - f_{ij}^{hofdi}$$

每一个企业会根据自己的利润函数来选择不同的 OFDI 方式。很明显，如果企业 i 想通过 OFDI 方式进入海外市场，则需要满足条件 $\pi_{ji}^{trade} > \pi_{ij}^{tofdi} > \pi_{ij}^{hofdi} > 0$。由方程（5.3）可得，OFDI 企业在 TOFDI 与 HOFDI 之间选择权衡的条件可以表示为：

$$\Pi_{ij} = B_j \theta_i^{\varepsilon-1} \left[c_j^{1-\varepsilon} - (c_h \tau_{ij})^{1-\varepsilon} \right] - (f_{ij}^{hofdi} - f_{ij}^{tofdi}) \quad (5.4)$$

其中 $B_j = (1-\alpha)\alpha^{\varepsilon-1} A_j$。由方程（5.4）可知，如果 Π_{ij} 小于 0，企业 i 会倾向于以 TOFDI 的方式进行海外投资，而如果 Π_{ij} 大于 0，企业会考虑以 HFDI 的方式进行海外投资（见图 5-2）。因此，本章可以得出：

结论 1：企业进行 OFDI 的方式选择取决于贸易可变成本（τ_{ij}）、固定投资成本（f_{ij}^{hofdi} 和 f_{ij}^{tofdi}）、可变投资成本（c_j）和企业自身生产率（θ_i）。当贸易可变成本减小、投资成本增加时，会导致 HOFDI 方式的减少和 TOFDI 方式的增加；同时，企业生产率越高，则相对于 TOFDI，以 HOFDI 方式投资海外的数量越多。

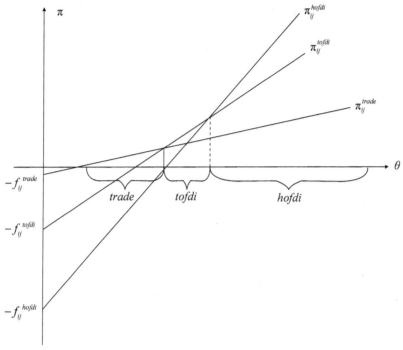

图 5-2　企业国际化进入模式的扩展

5.2.3　贸易引致型 OFDI 的双重作用

本章的模型框架也对出口与 OFDI 之间出现的互补关系给予一个新的解释。根据图 5-3 所示，贸易引致型 OFDI 在出口与 OFDI 互补关系中充当着双重角色。一方面，随着贸易成本的下降，会有更多的企业参与到对外贸易的活动中，其中生产率较高的企业为了使自身产品的销量最优化，会选择以 TOFDI 的方式参与到国际市场中（从 $\bar{\theta}_1$ 到 θ_1）；另一方面，随着贸易成本的下降，企业既想以出口的方式来享受贸易成本下降的利润增加，又想避免 HOFDI 所要承担的巨额固定成本，即处于 HOFDI 生产率阈值边缘的企业会选择以 TOFDI 的方式进行海外投资（从 $\bar{\theta}_2$ 到 θ_2）。两方面因素既促进了出口贸易的总量增加，同时也促进了 OFDI 的总量增加。而这种互补关系发生的微观基础正是以 TOFDI 企业所起的双重作用所导致。因此，本章可以得出：

结论 2：贸易引致型 OFDI 在出口与 OFDI 互补关系中充当着双重角色，既能够促进出口贸易的总量增加，同时也能够促进 OFDI 的总量增加。

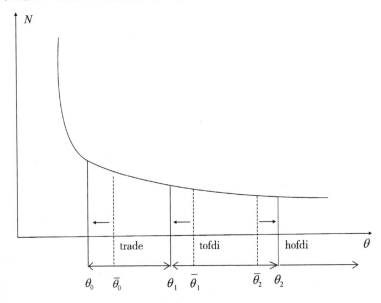

图 5-3 TOFDI 的双重作用分析

5.3 经验模型、估计方法与数据

5.3.1 经验模型设计

通过以上理论模型分析，可以得出企业 OFDI 选择方式的差异主要受到贸易可变成本、投资固定成本、投资可变成本和企业自身生产率的影响。为了进一步研究企业贸易活动与 OFDI 区位分布之间的关系，本章结合上述理论框架中的方程（5.4），进而设立分类因变量 y_{ij} 来代表企业选择 HOFDI 或者 TOFDI，其中当企业进行 HOFDI 时 $y_{ij}=1$，且满足利润条件 $\Pi_{ij} > 0$；当企业进行 TOFDI 时 $y_{ij}=0$，满足利润条件 $\Pi_{ij} < 0$。可以得到企业 i 以 HOFDI 方式投资到东道国 j 的概率方程：

$$\Pr(y_{ij}=1) = \Phi(\alpha + \delta_j + \theta_i + \upsilon_i + \varepsilon_{ij}) \quad (5.5)$$

其中 δ_j 表示东道国特征，包括东道国贸易可变成本、投资固定成本与可变成本。θ_i 表示企业 i 的生产率水平，θ_i 表示企业层面虚拟变量，其他各种难以指明的效应都放入残差项 ε_{ij} 中。鉴于此，可得估计模型：

$$\begin{aligned} y_{ij} = a &+ \beta_1 \cdot incomlev_j + \beta_2 \cdot tariffrate_j + \beta_3 \cdot entrycost_j + \beta_4 \cdot protinvest_j \\ &+ \beta_5 \cdot afflianum_i + \beta_6 \cdot firmnature_i + \varepsilon_{ij} \end{aligned} \quad (5.6)$$

其中 $incomlev_j$ 表示东道国 j 的投资可变成本，$tariffrate_j$ 表示东道国 j 的贸易可变成本，$entrycost_j$ 表示东道国 j 的投资固定成本，$protinvest$ 表示东道国 j 的保护投资者程度，$afflianum_i$ 表示企业 i 的生产率，$firmnature_i$ 表示企业 i 的性质，1 表示央企，0 表示地方企业，ε_{ij} 表示残差项。本章预期的回归系数为：贸易可变成本与企业生产率均为正数，投资固定成本与可变成本均为负数，制度变量与企业性质变量不可知。本章将在第五节用分类因变量的估计方法对前述理论模型进行验证。

5.3.2 估计方法

由于样本中描述企业生产率的数据获取存在一定的困难，因此在估计企业生产率对其OFDI模式选择差异影响时，就需要选取合适的代理变量来进行间接估计。Yeaple（2009）以及Chen和Moore（2010）用理论模型与实证检验，论证了企业OFDI数量与其生产率层级排序之间存在的显著正相关关系，即企业生产率越高，其进行OFDI的数量越多。Kleinert和Toubal（2010）使用企业在海外设立分支机构的数量作为企业生产率异质的代理变量，同样检验了生产率差异对理论解释的正确性。因此，基于前人对衡量企业生产率的方法，本章使用企业在海外设立分支机构的数量来代理其生产率的大小。由于Logit与Tobit等二分类模型估计方法都要求同方差假设，故本章使用Huber-White稳健性回归来克服可能出现的异方差问题[7]。同时，本章也加入年份特定效应和区域固定效应来进行控制。

5.3.3 数据样本

本章的企业层面样本来自商务部的境外投资企业数据统计,选取东部八个省市企业加上央企共 10126 个样本数据来进行计量分析,时间选取 2000 年至 2011 年上半年[⑧]。根据企业海外分支机构的经营范围,本章将企业 OFDI 的模式从大类上分为 TOFDI 与 HOFDI,并根据第五节分析检验的需要,又将两者作了进一步处理。其中 TOFDI 又分为贸易型 OFDI 与发挥市场开拓职能的非盈利性机构,而 HOFDI 也可以分为单纯的 HOFDI 与混合型 OFDI[⑨]。同时,本章采用东道国人均工资水平来代理东道国劳动力要素价格,以衡量企业 OFDI 所承担的投资可变成本,按照世界银行划分各国收入组为四类,分别为低收入国家、中低收入国家、中高收入国家与高收入国家;用东道国加权平均的关税率来代理企业的贸易可变成本,数据来源于世界银行 WDI 数据库;根据 Chen 和 Moore(2010)的做法,用企业进入东道国成本来代理企业 OFDI 的固定成本,数据来源于世界银行 Doing Business Project;同时,本章纳入制度变量来对模型进行控制,用东道国政府保护投资者的程度来进行代理,数据来源于世界银行 Doing Business Project;由于本章选取数据库不能直接获得企业层面关于生产率衡量指标,故借鉴 Kleinert 和 Toubal(2010)的做法,用企业在海外进行 OFDI 的东道国数目来代理企业生产率水平,具体做法是将数据库中每一家企业 OFDI 的分支机构进行计数统计,用以代表每一家企业进行 OFDI 的东道国数目[⑩]。

5.4 计量结果与分析

5.4.1 基本结果分析

本章接下来基于方程(5.6),分别使用 Logit 方法与 Probit 方法各进行 3 组稳健性回归(共计 6 组,见表 5-2)。表 5-2 中第(1)、(2)、(3)三列是使用的 Logit 模型对企业 OFDI 选择估计的结果。稳健性 t 值表现出较强的显著性,较好地印证了扩展的企业异质性模型预期结论。

成本变量的影响。(1)贸易成本变量在 1% 水平上显著保持为正,显示出随着东道国对外贸易成本的增加,中国企业对其市场投资会更倾向于以 HOFDI 的方式,这与企业异质性理论所得出的结论一致,即当东道国贸易成本增加时,进行海外投资的企业会选择 HOFDI 来有效跨越贸易壁垒。(2)投资可变成本与固定成本两个变量都在 1% 水平上显著为负,表明当东道国企业投资的固定成本与可变成本增加时,企业为减少成本保持利润,会避免在东道国设厂生产,而倾向于选择承担较少成本的 TOFDI 来从事对东道国市场的投资。这与 Kleinert and Toubal(2010)利用德国数据得出的结论一致,即在扩展的企业异质性模型中,企业投资成本是进行投资模式权衡的关键变量。

企业生产率的影响。与企业异质性理论结论一致,企业生产率变量在 1% 显著性水平上保持为正,表明生产率越高的企业会更倾向于以 HOFDI 的方式投资东道国。这意味着中国企业在进行 OFDI 过程中,同样遵循生产率差异带来的自我选择效应而选择不同的投资方式。由于中国企业国际化整体上还处于初级阶段,这也解释了为何中国 OFDI 企业存在大量的贸易引致型 OFDI 的内在原因。

控制变量的影响。(1)纳入模型的制度变量为东道国对企业的保护程度,系数为正则表示企业倾向于投资到保护投资者力度较大的国家。与陈恩和王方方(2011)的结论一致,这个变量没有通过显著性检验,意味着中国企业的海外投资并不以东道国整体风险为自身主要考虑因素,这也表明现阶段中国企业 OFDI 活动存在一定的盲目乐观心态,对海外投资潜在的制度风险没有进行充足的事前准备。(2)就企业 OFDI 模型选择的主体差异来说,虚拟变量系数在 1% 水平上显著为正,意味着央企相对于地方企业更倾向于选择以 HOFDI 的方式进入海外市场,这也说明近年来央企在中国 OFDI 中所起作用较大,并且由于存在信贷、资金与政策优势,央企相对于地方企业则更倾向于以 HOFDI 的方式投资海外[11]。

表 5-2　企业 OFDI 模式选择的二元估计结果

变量	Logit 估计			Probit 估计		
	（1）	（2）	（3）	（4）	（5）	（6）
常数	−10.746***	−11.012***	−11.505***	−3.878***	−3.928***	0.190
	（−20.787）	（−7.541）	（−4.258）	（−10.842）	（−11.197）	（1.598）
incomelev	−0.299***	−0.275***	−0.271***	−0.183***	−0.169***	−0.155***
	（−9.502）	（−8.646）	（−7.893）	（−9.447）	（−8.598）	（−7.402）
tariffrate	0.196***	0.179***	0.179***	0.121***	0.112***	0.104***
	（3.880）	（3.496）	（3.257）	（3.898）	（3.538）	（3.121）
entrycost	−0.181***	−0.191***	−0.186***	−0.110***	−0.114***	−0.139***
	（−3.089）	（−3.188）	（−3.052）	（−3.045）	（−3.107）	（−3.790）
afflianum		0.030***	0.017***		0.018***	0.010***
		（9.565）	（5.462）		（9.744）	（5.065）
protinvest			−0.005			−0.004
			（−0.140）			（−0.201）
firmnature			0.648***			0.468***
			（8.179）			（9.815）
年份控制	是	是	是	是	是	是
地区控制	是	是	是	是	是	是
样本量	9455	9455	9455	9455	9455	9455
Pseudo R2	0.054	0.061	0.066	0.054	0.061	0.066

注：表中的标记 ***、**、* 分别表示 t 检验通过 1%、5%、10% 显著水平，括号内的值为稳健性回归 t 值，下表同。

最后，为了考察以上回归是否稳健，本章在表 5-2 的后三列进行 Probit 估计来加以检验，结果显示所有变量在相应的回归中与 Logit 估计结果保持一致，说明实证结果比较稳健，分析结论可信。

5.4.2　进一步分析与检验

由于本章重点在于考察贸易引致型 OFDI 在中国企业 OFDI 区位分布中的作用方向与效应大小，因此，接下来本章根据扩展的企业异质性模型结论，进一步对中国企业 OFDI 的方式进行分解，将 TOFDI 分解为贸易服务型 OFDI 与贸易型 OFDI，而将 HOFDI 分解为水平型 OFDI 与混合型 OFDI[⑫]。可以设立以下模型进行进一步检验：

$$locat_{ijt} = \alpha + \beta_1 \cdot ntrade_{ijt} + \beta_2 \cdot trade_{ijt} + \beta_3 \cdot hofdi_{ijt} + \beta_4 \cdot mix_{ijt} + \varepsilon_{ijt} \quad (5.7)$$

其中 i、j、t 分别表示企业、东道国、年份。$locat_{ijt}$ 是 OFDI 企业的区位分布，本章所衡量的区位包括地理区位、经济区位与制度区位。$ntrade_{ijt}$ 代表促进企业贸易扩展的非盈利性机构，用来代理贸易服务型 OFDI；$trade_{ijt}$ 代表从事进出口、发挥国际贸易职能的海外分支机构，用来代理贸易型 OFDI；$hofdi_{ijt}$ 代表在海外投资设厂并进行当地生产销售的分支机构，用来代理水平型 OFDI；mix_{ijt} 代表同时具有贸易与 OFDI 行为的海外分支机构，用来代理混合型 OFDI。这四个解释均表示为虚拟变量，当属于某一种海外投资模式时取 1，否则取 0。ε_{ijt} 表示残差项。

1. OFDI 区位选择与影响因素分析——贸易引致型 VS 水平型（Ⅰ）

图 5-4 显示了中国企业历年 HOFDI 与 TOFDI 在各大洲区位上的分布情况。其中 6 组子图依此表示亚洲、非洲、欧洲、拉丁美洲、北美洲与大洋洲 HOFDI 与 TOFDI 在近年来的变化趋势。从总体上看，企业在各个大洲 OFDI 的模式选择存在比较明显的差异，其中亚洲差异最大，呈现 TOFDI 明显高于 HOFDI 的状态；欧洲与北美洲同样也呈现 TOFDI 高于 HOFDI 的态势，但两种模式选择的差距并不十分明显；而最不明显的属于拉丁美洲和大洋洲，两种模式选择的变化趋势基本上保持一致；相反，企业在非洲 HOFDI 大于 TOFDI，显示出区位独特的一面，这可能与投往非洲的企业多为国有工程类企业有关。以上结论与程惠芳和阮翔（2004）得出中国 OFDI 区位选择的次序吻合，同时也描述了中国企业 OFDI 的基本现状，即以亚洲为主体，在欧洲与北美洲以市场、技术资源混合为导向，在拉丁美洲与大洋洲以市场与自然资源混合为导向，而在非洲的布局由于制度层面不可控因素较多而具有复杂性。本章接下来将中国 OFDI 地理区位的选择划分为亚洲（区位 1，Asia）、非洲（区位 2，Afr）、欧洲与北美洲（区位 3，Eur & NA）、拉丁美洲与大洋洲（区位 4，La & Oce），并利用分解的 OFDI 模式进行多元态 Logit 模型回归，来进一步分析企业 OFDI 的不同方式与地理区位之间相关关系[13]。

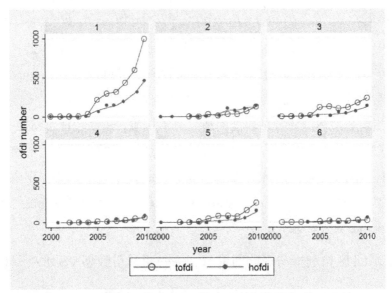

图 5-4 中国企业 HOFDI 与 TOFDI 数量各大洲比较

表 5-3 基于区位 1（Asia）列出 6 组区位分布差异的回归结果，分析了不同 OFDI 模式对其他 3 个区位 OFDI 分布的影响。（1）OFDI 模式对区位 2（Afr）选择的影响。从前两组结果可以看出，相对于选择区位 1（Asia），企业在区位 2（Afr）的投资更倾向于 HOFDI 方式，在分离出混合型 OFDI 之后，HOFDI（包括 HOFDI 与混合型 OFDI）都在 1% 水平上显著为正，而 TOFDI 系数（包括贸易服务型 OFDI 与贸易型 OFDI）都在 1% 水平上显著为负。这意味着，相对于投资亚洲，中国企业对非洲的投资在很大程度上是属于水平型 OFDI，同时也存在一定的混合型 OFDI。（2）OFDI 模式对区位 3（Eur & NA）选择的影响。相对于区位 1（Asia），TOFDI 系数在 1% 水平上显著为负，HOFDI 在 1% 水平上显著为负，表明企业投资欧美地区在模式选择上呈现多元化局面。但将 HOFDI 分离之后，企业的贸易型 OFDI 与 HOFDI 都表现为不显著，混合型 OFDI 在 1% 水平上显著为负，表明企业模式选择与区位 3（Eur & NA）选择之间的关系不明显[14]。（3）OFDI 模式对区位 4（La & Oce）选择的影响。从最后两组结果看出，服务型贸易 OFDI 的系数在 10% 水平上显著为负，贸

易型 OFDI 在 1% 水平上显著为负，而 HOFDI 在 5% 水平上显著为正，说明相对于选择区位 1（Asia），企业倾向于以 HOFDI 的方式投资区位 4（La & Oce），而不倾向于选择以 TOFDI 的方式。当分离出混合型 OFDI 之后，结果仍显著地支持了上述论断。王凤彬和杨阳（2010）提出中国 OFDI 应当以"差异化同时并进"的模式向不同区位进行投资，本章所分解的 OFDI 模式在不同区位产生的分布差异，不仅得出了相似的结论含义，而且为企业利用不同模式进行多元化的 OFDI 区位战略提供了更细致的分析。

表 5-3 多元态 Logit 模型估计结果

变量	区位 2（Afr）vs 区位 1（Asia）		区位 3（Eur & NA）vs 区位 1（Asia）		区位 4（La & Oce）vs 区位 1（Asia）	
	（1）	（2）	（3）	（4）	（5）	（6）
常数	−16.004	−16.995	−16.826	−16.364	−17.137	−17.412
	(−0.003)	(−0.003)	(−0.005)	(−0.005)	(−0.003)	(−0.003)
ntrade	−0.991***		0.461***		−0.275*	
	(−7.939)		(4.815)		(−1.923)	
trade	−1.343***	−0.352***	0.446***	−0.015	−0.481***	−0.206*
	(−12.314)	(−2.926)	(5.148)	(−0.227)	(−3.780)	(−1.749)
hofdi	−0.010	0.982***	0.379***	−0.082	0.304**	0.580***
	(−0.102)	(9.129)	(4.201)	(−1.186)	(2.500)	(5.191)
mix		0.991***		−0.461***		0.275*
		(7.939)		(−4.815)		(1.923)
年份控制	是	是	是	是	是	是
样本量	10126	10126	10126	10126	10126	10126
Pseudo R2	0.025	0.025	0.025	0.025	0.025	0.025

注：表中的标记 ***、**、* 分别表示 t 检验通过 1%、5%、10% 显著水平，括号内的值为稳健性回归 t 值，下表同。

2.OFDI 经济与制度区位分布的影响分析——贸易引致型 VS 水平型（II）

进一步，本章分析企业不同投资模式与 OFDI 经济、制度区位分布差异之间的相关关系。在变量处理上，按照东道国劳动力工资水平划分的标准，将东道国关税率、进入成本与投资者保护各划分成四个等级，分别标示为低、中低、中高、高,然后使用多元态次序 Probit 模型进行估计,得出分解的 OFDI 模式在不同经济与制度区位中的分布差异[15]。表 5-4 各列出两组不同区位划分的次序 Probit 稳健性回归结果(共计 8 组)。

与经济区位分布的关系。(1)从前两组回归结果看,贸易型 OFDI 在 1% 水平上显著为正,贸易服务型 OFDI 在 5% 水平上显著为负,HOFDI 在 1% 水平上显著为负,说明企业倾向于以贸易型 OFDI 的方式投资劳动力成本高的区位,而倾向于以贸易服务型 OFDI 与 HOFDI 的方式投资到劳动力成本较低的区位。然而分离出混合型 OFDI 之后,HOFDI 变得不明显,混合型 OFDI 更倾向于投资到劳动力成本高的区位。徐雪和谢玉鹏(2008)验证了中国 OFDI 的初级阶段多以贸易方式进行,企业在可变成本高的东道国会强化贸易型 OFDI 对 HOFDI 的替代效应,这与本章所得的结论一致。(2)经济区位 2(tariffrate)的两组结果显示,选择贸易型 OFDI 的企业更倾向于投资到关税率较低的区位,而贸易服务型企业可能会选择关税率较高的区位,分离出混合型 OFDI 之后,选择 HOFDI 模式的企业倾向于选择关税率较高的区位,而混合型 OFDI 倾向于选择关税率较低的区位,进一步显示出贸易型企业对关税是呈现规避的趋势,而 HOFDI 企业对关税则是跨越的。(3)经济区位 3(entrycost)显示出 TOFDI 与 HOFDI 模式总体上倾向于投资到固定投资成本较低的区位,但是例外的情况是贸易服务型 OFDI,其在 1% 水平上显著为正,可能是作为非直接经营性活动,并不需要投入投资固定成本,故投资固定成本越大,贸易服务型 OFDI 对其他投资方式的替代性越大。

表 5-4 多元态次序 Probit 估计结果

变量	经济区位 1 (incomelev)		经济区位 2 (tariffrate)		经济区位 3 (entrycost)		制度区位 (protinvest)	
	(1)	(2)	(3)	(4)	(5)	(6)	(7)	(8)
常数 1	−7.124	−7.013	4.514	4.348	5.669	5.513	−7.258	−7.014
	(−0.013)	(−0.008)						
常数 2	−6.060	−5.949	5.481	5.315	6.684	6.527	−6.702	−6.458
	(−0.011)	(−0.007)						
常数 3	−5.659	−5.548	7.149	6.982	7.200	7.043	−5.795	−5.551
	(−0.010)	(−0.006)						

续表

变量	经济区位1 (incomelev)		经济区位2 (tariffrate)		经济区位3 (entrycost)		制度区位 (protinvest)	
	(1)	(2)	(3)	(4)	(5)	(6)	(7)	(8)
ntrade	−0.111**		0.166***		0.157**		−0.245***	
	(−2.352)		(3.074)		(2.264)		(−5.096)	
trade	0.489***	0.600***	−0.408***	−0.574***	−0.245***	−0.402***	0.279***	0.524***
	(10.997)	(16.410)	(−8.230)	(−13.636)	(−3.763)	(−7.312)	(6.523)	(15.059)
hofdi	−0.166***	−0.055	0.181***	0.015	−0.135**	−0.292***	−0.148***	0.096**
	(−3.803)	(−1.528)	(3.744)	(0.344)	(−2.065)	(−5.052)	(−3.351)	(2.528)
mix		0.111**		−0.166***		−0.157**		0.245***
		(2.352)		(−3.074)		(−2.264)		(5.096)
年份控制	是	是	是	是	是	是	是	是
地区控制	是	是	是	是	是	是	是	是
样本量	10125	10125	9790	9790	9537	9537	9692	9692
Pseudo R²	0.205	0.205	0.216	0.216	0.265	0.265	0.178	0.178

注：表中的标记***、**分别表示t检验通过1%、5%显著水平，括号内的值为稳健性回归t值，下表同。

与制度区位分布的关系。从最后两组结果看，贸易型OFDI在1%水平上显著为正，表示企业倾向于以贸易型OFDI的方式进入到投资者保护力度较大的区位，分离出的混合型OFDI同样显示出对保护程度较高区位的偏好，意味着总体上以贸易引致为主的OFDI对制度变量较为敏感；相反，以HOFDI方式投资的企业对制度变量反映不确定。陈丽丽和林花（2011）通过实证分析也发现，中国资源寻求型的企业多为国有企业与中央企业，这类企业由于存在垄断优势，倾向于采用HOFDI的方式进入东道国，然而往往会忽略东道国潜在的制度风险；此外，贸易服务型OFDI企业也不倾向于制度较稳定的区位，这可能是因为此类投资属于非直接经营性活动。随着保护投资者力度的加大，经营性投资活动对服务型OFDI的替代效应就会加强。

5.5 本章小结

本章构建扩展的企业异质性模型，通过将中国OFDI的结构进行分解，把贸易引致型OFDI纳入模型中，并利用中国企业数据对分解后的投资模式与区位分布差异之间的关系进行了全面论证。基本结论为：（1）贸易引致型 OFDI 对贸易与 OFDI 总量产生双重影响，基本表现为随着贸易与投资成本的降低，企业会增加以贸易引致型 OFDI 的模式进入海外市场，在总量上表现出贸易与投资互补的关系。（2）影响企业 TOFDI 与 HOFDI 模式选择的显著性因素有贸易可变成本、投资固定成本与投资可变成本，不仅验证了企业异质性模型的基本结论，更突出贸易引致型 OFDI 对贸易成本具有规避倾向，而 HOFDI 对贸易成本具有跨越倾向。（3）制度因素不是影响企业 OFDI 模式选择的主要因素，而企业性质的差异对企业 OFDI 模式选择的影响显著，表现为整体上央企倾向于 HOFDI，而地方企业倾向于 TOFDI。（4）分解的 OFDI 模式与 OFDI 地理区位分布之间的关系具有差异性，即 TOFDI 模式与选择亚洲区位关系显著，HOFDI 模式与选择非洲、拉丁美洲与大洋洲等区位关系显著，而 OFDI 模式与欧洲、北美洲等区位之间的关系不确定。（5）投资可变成本越高的区位，贸易型 OFDI 对其他投资尤其是对 HOFDI 的替代效应越强；投资固定成本越高的区位，贸易服务型 OFDI 对其他投资方式的替代效应越强；贸易可变成本越高的区位，贸易服务型 OFDI 与 HOFDI 对其他投资方式尤其是贸易型 OFDI 的替代效应越强；而制度保障程度越高的区位，贸易型 OFDI 对贸易服务型 OFDI 的替代效应越强，但对 HOFDI 的替代效应不确定。

根据以上结论，本章得到以下政策启示：（1）对于正准备投资海外市场的中国企业来说，分解的企业 OFDI 模式存在生产率的差异性，意味着企业应该基于自身生产率发展状况，自我选择到适合自己的区位。要充分从节约自身成本的角度考虑，尤其应注重贸易引致型 OFDI 在国际化初期的合理性与必要性，要适当保持贸易与投资之间过渡的平稳性。（2）对已经进行 OFDI 的企业来说，在充分了解自身生产率水平的前提下，可以根据 OFDI 模式与区位分布的特点，使用不同的 OFDI 模式进入到更多的区位中，实施 OFDI 区位多元化的发展战略，这样既可以实现市场份额在区位多元化投资中不断扩大，也可以达到分散投资风险的目的。（3）中国政府应该继续加强国际区域一体化合作谈判，最大程度上降低企业进入海外市场的投资成本与贸易成本，通过增加贸易引致型 OFDI 来为中国出口与 OFDI 的双增长拓展空间。（4）自金融危机爆发以来，世界经济发展一直在低迷的状态下徘徊，尤其是近期希腊与冰岛等国家经济形势的恶化、欧元区金融一体化进程的受挫，以及美国各大银行的危机复发，为中国企业更大规模进入欧美市场提供了历史性机遇。经济危机导致世界贸易保护主义抬头，但欧美地区由于资金短缺急需中国资金的注入，因此中国企业更能够以 HOFDI 的方式大举进入欧美地区，这样既可以跨越贸易保护壁垒加快国际化步伐，也可以抓住欧美地区处于被动的时机，主动获取对方的市场、技术、管理与人才。（5）在最近利比亚政治局势突变的危机中，中国政府表现出高度负责与高效的大国形象，在全力保护中国企业投资者过程中发挥了决定性的作用。今后，政府需要进一步建立和完善的国内外企业安全保障机制，有效保护海外投资企业的利益，力争在类似的突发危机中都能够使中国企业顺利避免潜在的政治风险。（6）未来中国 OFDI 的增长，必须从单纯量的增长转变为质的增长。目前，作为中国 OFDI 流量中比例最大的一部分，国有企业与中央企业更多的是承担着资源获取的战略性投资角色。但中国经济结构的调整也对企业的发展壮大提出了更高要求，尤其表现在更具数量规模的民营企业需要在更大的国际市场中得以磨炼，既实现以更高的生产率水平获取更大的市场规模与份额，又实现对国外先进知识、技术与管理经验的学习与获取。因此，这要求政府在保持国有企业与中央企业 OFDI 量的增长的同时，更重视对其他类型企业在信贷、资金等政策上的支持，使更多数量的企业参与到国际化竞争中。

本章注释

① 资料来源：联合国贸易和发展会议《2011 年世界投资报告》。
② 更详细的数据参见商务部、国家统计局和国家外汇管理局联合发布的《2010 年度中国对外直接

投资统计公报》。

③ 资料参考：Ahn, J. Khandelwal, A. K. and Wei, S. J. The Role of Intermediaries in Facilitating Trade [J]. Journal of International Economics, 2011, 84(1):73–85.

④ 资料参考：Fryges, H. The change of sales modes.in international markets: Empirical results for German and British high-tech firms [J]. Progress in International Business Research, 2007, (1):139–185.

⑤ 区别于 Helpman et al.（2004）对企业 OFDI 的假设，本章对 OFDI 的结构进行分解，将 OFDI 企业的类型扩展为既可以是在海外设厂生产产品并在当地销售的水平型企业，也可以是在海外设立贸易服务型机构或批发、零售机构进行销售的中介型企业。

⑥ Bernard（2007）通过企业异质性理论，已经印证了从事进口的企业同样具有较高生产率的结论。为了集中研究由贸易（出口与进口）引致而进行的 OFDI 与水平型 OFDI 之间的选择和 OFDI 区位选择差异的关系，本章将进出口企业的 OFDI 活动统称为贸易引致型 OFDI。

⑦ 无论是否存在异方差，异方差一致标准误都是为计算渐近 t 分布的 t 统计量提供了一种简单的方法，因此该方法易于获取系数显著性水平。

⑧ 八个省市分别为广东省、北京市、上海市、浙江省、山东省、江苏省、福建省和辽宁省，同时也包括商务部统计的央企数据。根据《2010 年度中国对外直接投资统计公报》的统计，2010 年末非金融类 OFDI 存量最多的前十位省市中，东部占了八位，而中央企业和单位 OFDI 存量占总量的 77%。因此，本章选取东部八个省市与央企的数据，具有一定的代表性。

⑨ 本节的划分依据是根据海外企业从事的商业活动性质，将从事进出口贸易活动的 OFDI 统称为贸易引致型 OFDI，其中贸易型 TOFDI 既包括承担进出口贸易的中介机构，也包括批发、零售分支机构；而混合型 OFDI 的划分依据，是根据企业既从事当地设厂生产、研发与销售活动，也承担对母国进出口的中介职能活动，故具有混合性质；水平型 OFDI 是指那些只发生在海外设厂生产并在当地进行销售的活动。

⑩ 资料参考：Kleinert, J. and Toubal, F. Production versus Distribution-oriented FDI [C]. Université Paris1 Panthéon-Sorbonne.(Post-Print and Working Papers) No. hal-00608510, 2010.

⑪ 根据《2010 年度中国对外直接投资统计公报》显示，央企虽然仅仅占据中国 OFDI 企业数量的 5%，但 2010 年央企非金融类 OFDI 额达到 424.4 亿美元，占据总流量的 70.5%，其中与央企自身规模与生产率优势之间存在很大关系。

⑫ 在本章选取的样本中，HOFDI 存在着大量的服务办事处，承担搜集信息、开拓市场、联系客户与售后服务等商务服务活动，属于非直接经营活动，这跟真正以进出口贸易活动（包括加工贸易与转口贸易）为主要经营活动的分支结构职能不同；同时，按照 Bernard et al.（2010）与 Krautheim（2010）的划分，以批发、零售等业务为主的分支机构属于本章所划定的贸易型 OFDI；本章在扩展模型处理中，并没有考虑既从事贸易活动又进行 HOFDI 的分支机构，因为了得到稳健性检验结果，本章将混合型 OFDI 样本单独划出进行稳健性估计。

⑬ 多元态 Logit 模型需要一个因变量作为基本参照组，而回归所得系数均为其他因变量相对于基本参照组的似然比。本章用区位 1（Asia）作为基本参照组来进行回归分析。

⑭ 出现这种结果的原因可能为：一方面由于区位 3（Eur & NA）的市场存在复杂性，企业投资的方式也具有多元复杂的特点；另一方面从表 5-3 可以看出，区位 3（Eur & NA）与区位 1（Asia）发展

趋势相近，可能存在共线性的问题。进一步的研究中将会充分考虑这一问题并加以改进。

⑮ 用多元态次序 logit 模型估计的结果与多元态次序 probit 估计结果保持一致，这里为节省篇幅，故不再进行专门列出。如需具体结果请与作者联系。

6 企业异质性与 OFDI 区位选择的空间效应：三国模型

第 4 章与第 5 章从企业异质性理论框架的角度论述了企业 OFDI 扩展边际增加的效应，OFDI 区位选择的增加可以通过 OFDI 企业数量的增加与模式选择的多样化来实现。本章将遵循企业异质性的理论思想进一步探析空间效应在企业区位选择过程中的作用，即由于企业的异质性区位选择差异在空间作用之下的表现是如何发生变化的。

Krugman（1997）在其著作《地理与贸易》中提出地区集聚的观点，即市场容量不同的区域由于运输成本的差异而导致在某一区域产生企业相互集聚的现象；而当一个行业生产的产品同时能够作为最终产品与中间产品时，伴随贸易成本的下降，规模经济会逐渐上升，在一个地区产生集聚的可能性就会增大。因此可以说，Krugman 将空间内生化的思想解释了空间异质性条件下区域经济产生差异的内生机制。同时，随着新经济地理学的深入发展，特别是伴随空间计量技术的日益进步，经济地理学逐渐将空间因素纳入传统计量经济的分析中，用以论证空间异质性多产生的效应是否对经济区位主体的活动行为产生本质的影响。

在企业面临 OFDI 区位选择的过程中，有一个问题值得考虑，即某个企业究竟要把投资投到哪里去？一般来讲，企业海外区位选择可以通过两种路径进行，第一个是随机的，第二个就是通过已投资企业的"伙伴关系"进行，即进行随机性 OFDI 之后，进而通过被投资的企业或者东道国所熟知的某个东道国的网络或者某层关系，从而进一步将投资的区位进行扩展。

通常来讲，如果想更深入研究企业 OFDI 的区位选择数量与流向，进而更透彻理解与把握中国 OFDI 扩展边际的来源与效应机制，就必须研究考虑第三方效应的网络化 OFDI。而如果要从空间维度上更好地研究企业 OFDI 网络化的相互依赖性，就必须扩展原有模型，将投资东道国由一个变为两个，即将传统的两国分析模型扩展为存在三个国家（一个母国与两个东道国）的分析框架。本章将试图证明，进行更多东道国数量投资的企业会更倾向于进入新的市场区位进行 OFDI，同时企业与第三国的贸易活动提高了企业对第三国进行 OFDI 的可能性，而被投资东道国与第三国的距离决定了母企业对其投资的可能性。

6.1 中国企业 OFDI 区位选择的空间因素

6.1.1 中国企业 OFDI 的区位集聚现象

为什么香港地区能够占到中国 OFDI 总额的 65%？为什么开曼群岛与维尔京群岛没有体现出东道国市场巨大的需求，中国企业却对其进行大量的投资？

香港地区作为国际开放度极高的大都市、成熟与发达的市场经济地区，与内地文化相近，因此历年成为内地企业 OFDI 的首选地。香港地区作为自由贸易港，与 100 多个国家和地区的 460 个港口开展了航运往来活动，从而形成了以香港地区为枢纽，航线通达五大洲、三大洋的非常发达完善的海水运输网络，是亚太地区甚至是世界的航运中心。单单以吞吐量来进行衡量，香港地区的货柜港口就是全球最聚集、最发达的货柜港口之一（李桂芳，储贺军，2010）。因此，中国内地企业的进出口多经由香港转口，因为可以享受到较低的税收与较好的制度保障;同样,中国企业OFDI的区位之所以大量选择香港地区,上述原因也一一成立。但是从香港地区地处的空间位置看,再加上它独特的全球化金融与服务网络,预示了在香港地区投资设立企业,不仅可以享受到可以看得到摸得着的优惠待遇及资金积累,更重要的是可以很快速地搜寻潜在的交易者。由于世界各国的企业都在香港地区集聚,因此香港地区具有非常优越的空间与社会网络优势,企业在此集聚,可以分享全球化网络生产、交易等服务的信息共享,更能够在宏观制度的保障下顺利实施,这就是香港地区成为中国企业OFDI主要集聚地的隐性优势。

同香港地区的作用一样,属于拉丁美洲的开曼群岛与英属维尔京群岛也集聚了大量中国企业的OFDI。自2003年至今,开曼群岛和英属维尔京群岛几乎集聚了中国企业对拉美地区OFDI流量的95%以上,对中国OFDI的贡献程度巨大。作为著名的国际避税地,开曼群岛与英属维尔京群岛不对企业收取任何税收,同时对公司相关的管理较为宽松,公司的注册手续简单便利,而且对相关的资本流动也没有多少限制;同时,由于这些地区的离散金融体系非常发达,既有利于境内企业在海外更好地实现融资,也有利于为企业海外曲线上市提供一个良好的途径。而鉴于中国长期以来对国内企业直接海外上市及其上市募集资金运用的要求非常严格,因此国内企业多采取海外曲线上市的策略,在开曼群岛和维尔京群岛等地注册公司,由境外公司通过收购、股权置换等方式取得境内资产的控制权,然后将境外公司拿到境外交易所上市,其实质是境内企业的股东上市①。

6.1.2 中国企业OFDI区位选择的空间效应

对跨国企业FDI"第三方"效应的研究始于经济学家观察到的国际经济新现象,即跨国企业在海外某个东道国设厂投资生产后,将产品出口到另外一个国家(Baltagi et al.,2007)。解释这种现象的理论致力于将传统FDI理论扩展为多国多生产阶段的理论模型,并融入企业层面的异质性变量,从而使复杂的 FDI 战略决策更贴近现实。当模型扩展为两个以上国家与生产阶段时，跨国企业就有动机从事更复杂的混合型 FDI，出口平台型 FDI 就是其中一种代表。新经济地理学所强调的集聚效应以及"第三国效应"所引致的出口平台型 FDI 把空间异质因素纳入到主流经济学的分析框架，为企业 OFDI 的区位选择与影响机制等研究扩展了深度与广度（谢杰，2011）。随着新经济地理学将空间因素正式纳入新古典主流模型框架，空间异质性所产生的空间网络化效应成为经济学各个领域关注的焦点；而企业异质性与空间异质性的结合，考察了考虑具有"第三方"的空间网络化效应之后，企业 OFDI 的区位选择随着企业海外分支机构的生产率与模式的不同而改变。近年来，随着空间计量技术的发展，通过截面或面板的个体样本来研究经济活动中要素流动的"第三方效应"已经成为可能，并且随着空间计量经济学的发展，对企业 FDI 行为的空间结构与相互作用的深入剖析越来越受到学者们的关注。

通过前文对中国 OFDI 区位演变与特征的回顾与总结，可以看出中国目前 OFDI 区位选择的基本特征，总体上虽然呈现多样性的区位分布，但同时也呈现出非常显著的集聚性。根据 Chaney（2011）的图形模拟（参见附录1），本书认为中国企业 OFDI 过程中，第一阶段的 OFDI 的区位选择具有随机性，企业根据自身生产率的高低选择贸易型或者是水平型（表现在企业数量扩展与模式扩展效应）；到了企业在海外经营的阶段，具有一定生产关系网络的企业分支机构，对母国企业进一步 OFDI 区位选择的决策具有引导性（表现为区位扩展效应）。而通过以上对中国企业 OFDI 区位选择所可能发挥的空间效应进行关注，有助于中国企业在海外形成稳固的空间网络化关系，从而可以长期实行更持续有效的 OFDI，其研究的结论更深入更具体，也更加符合现实。另外，此研究深入探讨企业在同一投资目的地生产不同产品，进而可以参与到多方市场的可能性，因此对中国 OFDI 的区位边际扩展，进而形成中国 OFDI 区位分布多样化的格局提供了理论视角，这也对企业如何进一步在海外进行投资区位的选择具有重要的实践指导意义。

6.2 考虑"第三方"效应的多国模型

6.2.1 模型假设与演绎

本章构建一个扩展的三国模型[②]来演绎参与国际化的企业如何对更复杂的国际环境进行不同的区位选择。模型假设世界由 N 个国家组成,$N=1, 2, \cdots, N$。在每一个国家都有相当数量的典型性消费者支出,用 $E_j (j \in N)$ 表示。根据企业 i 生产区位选择可以将市场划分为四种:国家1(母国 h),国家2(北方发达国家 j),国家3(南方不发达国家 k),以及剩余的其他国家。本章根据 Grossman et al.(2006)与 Aw and Lee(2008)的思路,假设母国企业 i 可以通过三个区位的不同组合来划分企业 OFDI 区位选择的类型。这时,企业 i 面临三种选择,第一,在母国 h 生产,利用东道国 j 的分支机构进行销售;第二,在东道国 j 生产并进行当地销售;第三,在东道国 j 生产、销售,并且同时把生产的产品出口到其他东道国 k 的市场中,即本节所集中探讨的第三国效应。因此,在当今跨国公司生产与销售全球一体化过程中,第三个国家 k 的区位属性会通过影响东道国 j,进而对企业 i 的区位选择决策产生重大的影响。因此,本章构建一个可以反映影响企业 i 区位选择的第三国效应的扩展模型。

本章假设所有国家的典型性消费者消费产品的效用具有不变替代弹性(CES)。在支出预算约束下,最大化 CES 效用函数可得每一种典型生产产品的消费数量:$x_{rk} = A_k p_{rk}^{-\varepsilon}$,其中 q_{ik} 表示产品 r 在国家 k 的消费需求方程,其中 $k=C_1, C_2, C_3, C_0$,分别用来表示国家1(母国),国家2,国家3,其他国家。$A_k \equiv E_k / \sum_r p_{rk}^{1-\varepsilon}$ 表示国家 k 的整体需求水平。同时,本章假定相对于母国,i 国与 k 国的市场规模足够大,可以引发企业产生 OFDI 的动机[③]。不同区位生产的产品既可以满足当地化需求,也能够通过出口的方式供应到其他区位来扩大其销量。如果包含所有可能存在的生产区位选择，则一共可以产生27（3×3×3）种生产区位组合，可以用（x, y, z）的形式进行标注④。当然，这27种区位选择首先要删除15个，因为北方国家作为发达的区位，本来就是最终进入的目标，并且其本地生产成本比母国与南方国家都要高很多，所以企业在北方投资生产的产品一般不会再对母国与南方国家进行出口。最终，我们剩下12种区位选择组合。

除此之外，诸如通过在k国生产并出口到母国的现象在中国OFDI中还不成为普遍的现象。因为目前中国作为全球最大的制造业基地，生产成本优势依然存在，并且集聚收益还比较丰厚。尽管存在一些制造业企业向东南亚、非洲等不发达的国家及地区设厂生产，但基本上属于满足当地生产的类型，还没有像发达国家跨国公司一样是充分利用国外的生产成本优势生产产品再运回本国。因此，诸如k国生产产品再供应母国等6个区位选择组合也被排除到分析框架之外⑤。

经过筛选，可以得出以下几种类型：在母国生产并同时出口到i国与k国（h, h, h），在母国与k国生产并由母国出口到i国（h, h, k），在母国与i国生产并由母国出口到k国（h, i, h），在母国生产出口到k国并通过k国出口到i国（h, k, h），在母国与k国同时生产并由k国出口到i国（h, k, k），以及在三个国家中同时生产并进行当地化销售（h, i, k）。而按照现实情况下企业OFDI的常理，（h, k, h）组合由于存在比较间接的生产供应，在分析诸如中国这样的发展中国家时不具有代表性。虽然像开曼群岛或维尔京群岛这样的地区，表面上看类似于这种区位选择方式，但实际上还是存在本质差别的。中国大陆对两岛的大量OFDI都是基于其良好的制度环境与优惠，基本上没有进行当地化生产并出口到第三国的现象，而表面上经由两岛转口到其他国家及地区或者大陆的现象，实际上由于并没有在其地区进行实质性的生产而不能被归为这一类型中。因此，这种类型被排除。此外，与（h, h, h）相比，（h, h, k）只是在具有低成本的k国进行生产并当地销售，似乎并不是最佳的选择。如果选择这样的区位组合，基于从成本节约的角度考虑，完全可以用（h, h, h）

或者 (h, k, k) 所代替,因为这种选择从企业自身生产率自我选择角度来说相对是不经济的,既会多付出投资成本,也会丧失基于低成本进行生产销售的优势。基于同样的考虑,组合 (h, i, h) 的选择也是低效的,因为它不符合异质性企业对区位进行自我选择的特点,即如果在海外进行设厂生产,则 k 国相对于 i 国来说是首要选择,而基于贸易的比较优势理论,i 国相对于 k 国在出口上讲是首要选择。因此,本章将组合 (h, h, k) 与 (h, i, h) 进行剔除。

与 Aw and Lee(2008)所假设的不同,本章假定同样存在一种贸易引致型的 OFDI $(h, h, h)^*$,即企业虽然在国内生产,但依然在海外布局开设分支机构,但在海外区位不负责生产,海外分支机构只负责国内生产产品在海外市场的批发、零售与市场开拓。这一种区位组合比较特殊,如第5章所假设的那样,它所担负的成本比完全出口组合高,但是又相对于完全的水平型 (h, i, k) 比较低。这种假设也符合中国企业目前 OFDI 的基本特征。最终,本章得到四种区位选择的组合方式,即母国生产并出口型 (h, h, h)、贸易引致型 $(h, h, h)^*$、出口平台型 (h, k, k) 与完全水平型 (h, i, k)。其中,出口平台型 OFDI 也可以称作混合型垂直 OFDI,它一般涉及对中间产品在 k 国生产装配之后,再以最终产品的形式出口到 i 国。这个过程中,k 国既作为母国企业布局海外的生产基地,又作为出口 i 国市场的跳板,具有明显的中转平台作用。它与完全水平型 (h, i, k) 不同,既在海外布局的时候考虑了投资成本因素,又考虑了空间关联与网络化生产因素。因此,本章也是将后两种组合作为研究的重点。

根据以上基本模型的分析,这四种组合的利润方程可以被表示为:

$$\pi_{hhh} = \alpha B\theta \left[1 + \beta_j (\tau t)^{1-\varepsilon} + \beta_k (\tau t)^{1-\varepsilon}\right] \quad (6.1)$$

$$\pi_{hhh^*} = \alpha B\theta \left[1 + \beta_j \tau^{1-\varepsilon} + \beta_k \tau^{1-\varepsilon}\right] - \left(f_j^* + f_k^*\right) \quad (6.2)$$

$$\pi_{hkk} = \alpha B\theta \left[1 + \beta_j (w_k \tau t)^{1-\varepsilon} + \beta_k (w_k)^{1-\varepsilon}\right] - f_k \quad (6.3)$$

$$\pi_{hjk} = \alpha B\theta \left[1 + \beta_j (w_j)^{1-\varepsilon} + \beta_k (w_k)^{1-\varepsilon}\right] - \left(f_j + f_k\right) \quad (6.4)$$

其中，方程（6.1）表示企业的生产区位选择在母国，并同时将生产的产品出口到各国的利润方程；方程（6.2）表示贸易引致型企业OFDI的利润函数，可以看出相对于国内生产，贸易引致型OFDI要承担更大的固定成本；而方程（6.3）表示考虑存在第三国效应之后的出口平台型OFDI的利润函数，此时与贸易引致型OFDI相比，出口平台型OFDI存在贸易可变成本、投资固定成本与可变成本三者的差别；方程（6.4）表示企业以水平型OFDI方式服务海外的利润函数，可以知道水平型OFDI企业需要花费更大的费用在海外进行建厂投资，因此所需承担的固定成本也最大，因此需要企业的生产率水平也相应更高。

6.2.2 不考虑存在第三国效应的情形分析

当不考虑出口平台型OFDI的情形时，图6-1根据方程（6.1）、（6.2）与（6.4）描述了国内生产、贸易引致型OFDI与水平型OFDI之间利润函数曲线的比较。πhhh^*曲线的斜率相对于πhhh比较陡峭，说明贸易引致型OFDI相对于国内生产并出口来说节省了分销与配送（distribution）成本t。而水平型OFDI曲线的斜率更大，则进一步表示东道国的投资可变成本是低于贸易可变成本的，即$\frac{w}{\tau}<1$。从图6-1可以得到经典的企业异质性理论的扩展结论，也是本书第五章得到的基本结论之一，即：

结论1：生产率更高的企业可以克服更大的固定投资成本(f_j+f_k)，从事最高水平的水平型OFDI，生产率水平最低的将从事国内生产，而生产率水平处于中间的可以克服一般的固定投资成本$(f_j^*+f_k^*)$，以贸易引致型OFDI的方式投资海外市场。

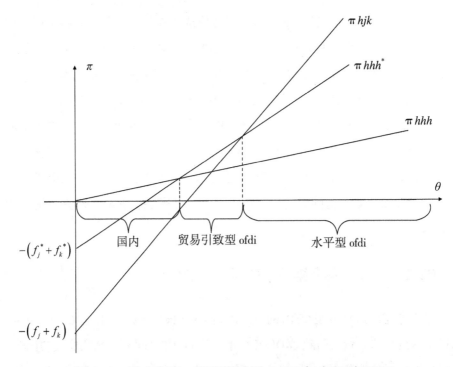

图 6-1 国内生产、贸易引致型 OFDI 与水平型 OFDI

6.2.3 考虑存在第三国效应的情形分析

当增加本章重点考察的一种 OFDI 区位选择组合 (h,k,k)，即出口平台型 OFDI 时，企业 OFDI 的空间与生产网络化效应就能够体现出来。图 6-2 显示了方程（6.1）至（6.4）共同存在的情形。方程（6.3）与（6.4）分别表示企业出口平台型 OFDI 与水平型 OFDI 的区位选择。从方程可以看出，只有当 $\tau t > \dfrac{w_j}{w_k}$ 时，对于企业来讲其海外经营才是最优的，这个时候决定了贸易可变成本与分销成本要大于 j 国与 k 国之间的可变投资成本差异，从而表现为水平型 OFDI 曲线的斜率大于出口平台型 OFDI 斜率[⑥]。由于本章假设 j 国与 k 国的市场规模 B 相对于母国市场都比较大，因此也能够得到企业 i 选择 (h, k, k) 区位组合的曲线斜率比 $(h, h, h)^*$ 的斜率大。

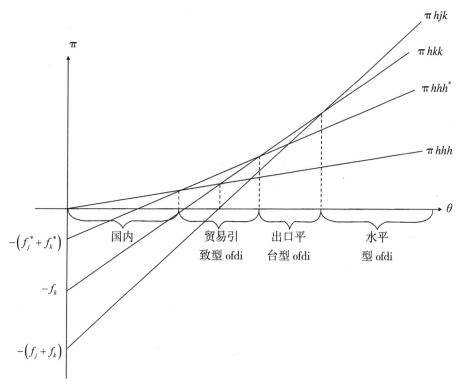

图 6-2 考虑出口平台型 OFDI 的情形分析

从图 6-2 可以看出,相对于图 6-1,当加入出口平台型 OFDI 的区位选择组合后,生产率水平处于中间的企业会分解为两种,即其中生产率略高的企业会以出口平台的形式进行混合 OFDI。

结论 2:相对于无第三方效应的模型,考虑第三方效应的模型得出生产率最高的企业会通过水平型 OFDI 服务海外市场,生产率最低的企业不会选择 OFDI 方式进入海外市场,而处于中间水平的企业,若要能够进行 OFDI 并保持利润获得,可以选择两种方式来进行国际化:生产率水平低一些的企业可以通过贸易引致型 OFDI 来服务海外市场;生产率高一些的企业,可以选择那些成本较低、市场潜力较大的区位进行生产,然后将产品再出口到第三方国家,充分发挥空间网络化效应,进而获得全球化的网络布局。

总之,通过三国模型的构建,本书将企业 OFDI 的第三方效应考虑其中,对在空间异质性条件下不同生产率企业的 OFDI 区位选择差异进行了逻辑演绎。由于本章重点考察出口平台型 OFDI 与水平型 OFDI 之间的区别与联系，以及两种区位选择组合所可能产生的空间网络化生产效应，因此在以下的实证分析中，本章将重点考察（h, j, k）与（h, k, k）两种区位选择组合之间的联系与差异。

6.3 基于分解的中国企业 OFDI 实证检验

6.3.1 计量模型构造

设定企业 i 最终产品生产的区位可以表示为一个集合 $N_{Fin}(g) = \{j \in N : Fin = 1\}$，而国家 k 表示为出口平台型 OFDI 生产的区位，即 $N_{hkk}(g) = \{k\}$。根据 Chen（2011），企业 i 的总利润可以表示为：

$$\prod(g) = \sum_{j,k \in N_{hjk}(g)} B\theta \left[1 + \beta_j (w_j)^{1-\varepsilon} + \beta_k (w_k)^{1-\varepsilon} \right] \\ + \sum_{j,k \in N_{hkk}(g)} B\theta \left[1 + \beta_j (w_k \tau t)^{1-\varepsilon} + \beta_k (w_k)^{1-\varepsilon} \right] - (f_i + 2f_k) \quad (6.5)$$

现在进一步考察企业 i 的海外生产区位的网络化。首先，考虑企业 i 在国家 j 要建立最终产品的生产分支机构，用 $\Delta hjkv$ 表示。如果 $\Delta hjkv = 1$，则意味着 $\prod(g) > 0$，因此根据方程（6.5）可得：

$$\left[1 + \beta_j (w_j)^{1-\varepsilon} + \beta_k (w_k)^{1-\varepsilon} \right] M_j > \left[1 + \beta_j (w_k \tau t)^{1-\varepsilon} + \beta_k (w_k)^{1-\varepsilon} \right] (\tau^{1-\varepsilon} B + M_j^e) + (f_i + 2f_k)$$

$$(6.6)$$

其中 $M_j = B + M_j^e = B + \sum_{j,k \in N_{hkk}(g)} \tau^{1-\varepsilon} B$ 表示为国家 j 的市场潜力，它包含了国家 j 的市场规模与第三国出口市场的市场规模总和（用 M_j^e 表示为那些没有进行生产投资布局的区位）。最终将方程（6.6）进行简化，得到初步的实证方程：

$$\Pr[\Delta Fin_{ik}=1]=\Phi\big[\beta Z_{ijk}+HOFDI_{ijk}+EOFDI_{ijk}+MP_{ijk}+\varepsilon_{ik}\big] \quad (6.7)$$

其中， $HOFDI_{ijk}=\left(\chi_{h1}+\chi_{h2}W\cdot N_{hofdi}\right)\cdot I_{hofdi}$ ，

$$EOFDI_{ijk}=\left(\chi_{e1}+\chi_{e2}W\cdot N_{eofdi}\right)\cdot I_{eofdi}$$

在方程（6.7）中，ΔFin_{ik} 表示企业 i 决定在东道国进行投资的概率，Z_{ijk} 代表东道国国家层面的特征，$HOFDI_{ijk}$ 用来表示水平型 OFDI 区位选择之间的空间网络效应，其中 $N_{hofdi}\equiv\{N_1,\mathrm{K},N_j,\mathrm{K},N_n\}$ 表示企业在每一个国家进行水平型 OFDI 的生产区位，I_{hofdi} 设定为一个虚拟变量，即当企业 i 对国家 k 进行水平型 OFDI 时表示为 1，否则为 0。为了衡量企业 i 对某个国家 k 之间的平均贸易成本，方程中也加入 N_{hofdi}，即用企业 i 对国家 k 的水平型投资数量来进行代理。

同理，在出口平台型 OFDI 的变量表示中，也加入 $EOFDI_{ijk}$ 用来表示出口平台型区位选择所发生的空间网络效应，其中 N_{eofdi} 与 I_{eofdi} 所定义的方法与前面相同。按照 Krugman（1991）在空间经济的跑道模型论述思路，本章借用地理距离来构建空间权重矩阵 W。权重矩阵可以表示为 $N\times N$ 的方阵，其中 N 代表国家的数量，因此权重矩阵 W 对于任何一个国家 k，可以表示为 $\{\ln D_{1k},\mathrm{K},\ln D_{kk},\mathrm{K},\ln D_{Nk}\}$。

鉴于此，可得最终的估计模型：

$$\begin{aligned} y_{ijk}=&\alpha+\beta_1\cdot incomlev_{jk}+\beta_2\cdot tariffrate_{jk}+\beta_3\cdot entry\,cos t_{jk}+\beta_4\cdot protinvest_{jk}+\\ &\beta_5\cdot firmnature_i+\beta_6\cdot afflianum_i+\beta_7\cdot \ln dist_{ijk}+\beta_8\cdot wdistep_{jk}+\beta_9\cdot wdistfin_{jk}\\ &+\beta_{10}\cdot mp_{jk}+\varepsilon_{ijk} \end{aligned} \quad (6.8)$$

其中前 6 个变量与第 5 章所采用的解释变量相同，分别从东道国层面与企业层面对企业 OFDI 区位的最终选择进行解释。而 $\ln dist_{ijk}$ 代表中国与东道国之间的距离，用以衡量空间异质对企业 OFDI 成本的影响。$wdistep_{jk}$ 表示出口平台型 OFDI 所产生的空间网络化效应，$wdistfin_{jk}$ 表示水平型 OFDI 所产生的空间网络化效应，而 mp_{jk} 代表东道国的市场潜力水平。ε_{ij} 表示残差项。本章预期的回归系数为，贸易可变成本与企业生产率均为正数，投资固定成本

与可变成本均为负数，制度变量与企业性质变量不可知。而核心变量——网络化效应的符号为正数，市场潜力的符号为负。本章将在第 4 节用分类因变量的估计方法对前述理论模型进行验证。

6.3.2 核心变量估计方法

在新经济地理学发展以来，经济学家将研究空间经济的视角偏向了一个区位市场潜力大小对其经济活动的作用强度。依据 Mayer et al.（2010）对市场潜力的解释，一个地区商品与服务的潜在需求主要依赖其是否能够接近具有挖掘潜在市场能力的消费者或者区位，则以潜在需求所表示的市场潜力为：

$$MP_{ij} = \sum Y_{jk} f(d_{jk}) \qquad (6.9)$$

其中 MP_{ij} 为区位 j 的市场潜力，$f(d_{jk})$ 表示为距离的衰减函数，在文中同样以权重矩阵来与收入 Y_{ij} 进行相乘，以所有周边潜在国家的加权收入之和来表示为某一地区的市场潜力。随着越来越多学者对市场潜力的研究，使得市场潜力的衡量具有许多形式。本书为了简化计量过程，同时也是为了与前述的网络效应衡量相对应，因此使用简化的方法。

市场潜力实际上是一个 GDP 加权平均的概念，其含义可以认为，假如某个中国企业想将投资的重点定位于北美，于是决定在美国进行投资设厂；此时，不是位于北美地区的巴西市场同美国一样，与中国保持比较远的距离。因此，这时候中国企业相对于巴西市场，将会更倾向于对加拿大市场的投资，于是在这个企业最终投资美国市场的决定中，加拿大由于临近美国，相对于巴西，将会被赋予更多的权重因素。如果市场潜力的符号为正，则意味着中国企业 OFDI 存在以海外设厂生产的集聚特征，而相反如果市场潜力的符号为负，则说明目前中国企业进行 OFDI 是以海外设置分支机构的贸易引致型 OFDI 集聚为主。同时，本书对市场潜力的计算也参照 Redding and Venables（2004）的思想，即在计算某个东道国的市场潜力时，没有包括此国家自己的需求水平。

6.3.3 主要变量的数据说明

与第 5 章的数据来源一样，本章企业层面样本来自商务部的境外投资企业数据统计，选取东部八个省市企业加上央企共 10126 个样本数据来进行计量分析，时间选取 2000 年至 2011 年上半年。对于本章重点考察变量——距离的衡量，本章使用 CEPII 数据库中的距离数据进行衡量。需要着重说明的是，CEPII 提供四种以不同方式测量的距离。为了保持不出现严重的内生性问题，本章用以衡量东道国与母国贸易成本的距离因素用人口加权距离（distwces）来代理，而构建权重矩阵时则采用各个国家间的首都距离（distcap）来代理①。另外，各个国家的收入水平来自于世界银行 WDI 数据库对各国历年 GDP 的统计。同时，与前面两章的数据来源一样，本章对企业 OFDI 宏观影响因素考察的变量均来自世界银行。其中，本章采用东道国人均工资水平来代理东道国劳动力要素价格，以衡量企业 OFDI 所承担的投资可变成本，按照世界银行划分各国收入组为四类，分别为低收入国家、中低收入国家、中高收入国家与高收入国家；用东道国加权平均的关税率来代理企业的贸易可变成本，数据来源于世界银行 WDI 数据库；根据 Chen 和 Moore（2010）的做法，用企业进入东道国成本来代理企业 OFDI 的固定成本，数据来源于世界银行 Doing Business Project；同时，本章纳入制度变量来对模型进行控制，用东道国政府保护投资者的程度来进行代理，数据来源于世界银行 Doing Business project；而衡量企业生产率水平的指标仍然采纳第 5 章中的代理变量——企业 OFDI 的东道国数目进行估计。

6.3.4 实证结果分析与解释

接下来基于方程（6.8），本书使用 Logit 回归方法进行 7 组稳健性回归（见表 6-1）。表 6-1 中第（1）列是不考虑网络化效应情形下的回归结果；第（2）至（7）列是考虑了空间网络化效应之后的回归结果。各主要变量的稳健性 t 值表现出较强的显著性,较好印证了包含第三方效应的企业异质性模型的预期结论。

① 不考虑网络化效应的情形。从表6-1中的回归(1)可知,当不考虑企业OFDI的空间网络化效应时,企业OFDI区位选择的解释变量符合预期。一方面,在国家层面,东道国劳动力成本越低、市场进入成本越高、固定投资成本越低、贸易运输成本越大,都会使企业倾向于在东道国建厂生产;另一方面,在企业层面,企业的生产率越高,越是中央企业,其以在东道国投资建厂方式进行OFDI的倾向越大;与前两章结论相同,中国企业在海外OFDI模式的选择不考虑东道国的投资保护制度等因素,进一步显示出中国企业OFDI对防范风险的意识不够。

② 考虑网络化效应的情形。从表6-1中的回归(2)至(7)可知,企业OFDI区位选择的空间表现出非常显著的效应。首先,回归(2)中加入考虑了空间网络效应的企业混合型OFDI解释变量,结果显著为正,表明企业更倾向于将OFDI生产区位选择到目前所拥有的水平型OFDI区位的临近区域。而回归(4)中加入考虑空间权重的企业水平型OFDI变量,同样显示出显著的正效应。这个结论与Chen(2011)的结论相似,意味着中国企业OFDI的区位选择也存在比较明显的空间网络化效应。其次,回归(3)中加入了市场潜力变量,以此解释企业OFDI可能存在的空间外溢效应。结果表明,市场潜力对企业产生的空间网络化效应也十分显著,意味着中国企业在选择以贸易引致型方式进行OFDI时,更倾向于将OFDI选择到那些市场潜力非常大的区位,进一步说明了企业在发挥OFDI模式扩展效应的时候,贸易引致型OFDI由于主要以扩大国际贸易为目的,因此市场潜力较大的区位是其最为合理的选择。

表6-1 Logit模型回归结果分析

	(1)	(2)	(3)	(4)	(5)	(6)	(7)
常数	−0.367	−0.230	−0.579**	0.524	−0.021	−0.391	0.105
	(−1.323)	(−0.810)	(−2.030)	(1.641)	(−0.068)	(−1.295)	(0.332)
incomelev	−0.275***	−0.288***	−0.277***	−0.310***	−0.255***	−0.240***	−0.294***
	(−9.025)	(−9.209)	(−8.931)	(−8.493)	(−7.520)	(−7.131)	(−8.125)

续表

	（1）	（2）	（3）	（4）	（5）	（6）	（7）
tariffrate	0.253***	0.237***	0.232***	0.262***	0.264***	0.257***	0.251***
	（4.948）	（4.536）	（4.448）	（4.419）	（4.765）	（4.643）	（4.232）
entrycost	−0.112**	−0.138**	−0.083	−0.212***	−0.125**	−0.063	−0.131*
	（−1.995）	（−2.385）	（−1.440）	（−2.946）	（−1.971）	（−0.984）	（−1.835）
protinvest	0.028	0.035	0.034	0.007	0.004	0.001	0.004
	（0.966）	（1.178）	（1.133）	（0.200）	（0.131）	（0.038）	（0.114）
firmnature	0.781***	0.791***	0.821***	0.893***	0.629***	0.663***	0.937***
	（10.180）	（10.000）	（10.274）	（8.827）	（7.107）	（7.414）	（9.188）
afflianum	0.017***	0.008***	0.008***	−0.229***	−0.028***	−0.027***	−0.227***
	（5.328）	（2.670）	（2.787）	（−12.769）	（−3.551）	（−3.379）	（−12.725）
lndist	0.061***	0.048**	−0.051*	0.015	0.012	−0.093***	−0.111***
	（2.685）	（2.085）	（−1.848）	（0.600）	（0.484）	（−3.211）	（−3.668）
wdistep		0.582***	0.584***	0.722***			0.728***
		（4.580）	（4.597）	（5.299）			（5.310）
wdistfin				0.833***	0.760***	0.766***	0.843***
				（5.972）	（5.962）	（5.959）	（5.976）
mp			−0.352***			−0.370***	−0.437***
			（−6.415）			（−6.423）	（−7.290）
N	9457	9457	9450	9457	9457	9450	9450
r2_p	0.049	0.080	0.084	0.218	0.149	0.153	0.222

注：表中的标记 ***、**、* 分别表示 t 检验通过 1%、5%、10% 显著水平，括号内的值为稳健性回归 t 值，下表同。

另外，当考虑市场潜力空间效应之后，距离因素变为负效应，说明随着距离的增加，贸易引致型模式对水平型 OFDI 模式的替代效应将加强，这也说明受空间距离的影响，企业 OFDI 也会考虑地理与文化等因素影响，对于较远的区位倾向于以贸易引致型的 OFDI 模式进行；最后值得注意的是，回归（4）至（7）中加入水平型 OFDI 权重变量之后，以衡量企业生产率的变量变为显著的负效应，出现此结论，还有待于今后进一步深入的研究。目前可能存在的原因有两个：第一，考虑了企业 OFDI 的空间效应，尤其是那些单纯水平型企业空间效应之后，由于这一类企业大量地存在于香港地区、开曼群岛与维尔京群岛中，而在这样的集聚地，海外投资可能也存在大量生产率水平不高的企业，其生产率水平相对于那些已经具有外贸积累基础的贸易引致型企业还不够高，所以出现了生产率水平显著的负效应；另外，也可能是生产率水平的代理变量——企业海外机构数量在将 OFDI 模式分解为三种之后，这种代替生产率水平的方法可能变得失效，因此在今后应该用测算企业真实生产率水平的方法进行深入检验。

为了对实证的结果进行敏感性检验，本章引入一种新的方法，即分层线性模型回归。该方法非常适合于本书研究的特点，即一组解释变量是嵌套于另一组解释变量中的。其实现实中很多社会科学研究都要涉及分层的数据结构。例如在组织研究中，需要研究工作场所的特征，诸如决策的集中度是如何影响工人的劳动生产率的。其中，工人与企业都是分析单位，而变量是分别在这两个层次上进行测量的。因此可以说这样的数据便构成了分层结构，即工人是从属于企业的。同样，本章构建的计量模型也具有分层机构，即要考察的是企业 OFDI 的区位特征是如何与企业自身独具的特征形成互动并影响企业 OFDI 区位选择决策的。这样的研究既包括在国家层面测量的经济指标，又包括以企业为单位的企业性质与生产率等信息。因此，国家与企业都作为研究单位，其中企业是从属于国家的，因此其基本数据的结构也是分层的。

因此，本小节检验将回归的层 -1 的单位视为企业，企业的回归结果表现为一系列企业层面特征的函数，而层 -2 的单位是国家。本章用 Y_{ij} 表示为第 j 个国家中第 i 个企业的结果。因此这个因变量是一系列企业特征 X_{qij} 和误差项 r_{ij} 的函数：

$$Y_{ij} = \beta_{0j} + \beta_{1j}X_{2ij} + \mathsf{L} + \beta_{Qj}X_{Qij} + r_{ij} \qquad (6.10)$$

其中 $r_{ij} \sim N(0, \sigma^2)$，回归系数 β_{qj}，$q=0,\cdots,Q$，表示在国家 j 中作为企业特征函数的因变量是如何分布的。由于在方程（6.10）中的一组 β_{qj} 所反映的每个国家效应在不同单位之间是不同的，这种变化在层 -2 的方程中加以拟合，对应每个层 -1 模型回归系数有一个方程。每个 β_{qj} 被作为依赖于一系列国家层面变量 Z_{si} 和一个特殊国家效应 u_{qj} 的因变量。每一个 β_{qj} 具有如下的模型：

$$\beta_{qj} = \gamma_{q0} + \gamma_{q1}Z_{1j} + \gamma_{q2}Z_{2j} + \mathsf{L} + \gamma_{qs_q}Z_{s_qj} + u_{qj} \qquad (6.11)$$

其中对每个 β_q 有一系列具体的 Z_s，$s=1,\cdots,S_q$。在本章实证中，国家层面的某些因素，例如东道国的收入水平、关税、投资成本、进入成本、制度因素、空间网络化效应等都对每一家企业具有相同的影响，而企业性质、生产率等个体特征包含在国家层面中进行考虑，因此构成了双重嵌套模型。运用双重嵌套线性回归得到的结果见表6-2。通过表6-2可以看出，利用分层线性模型进行回归之后，结果与表6-1显示出比较一致的显著性，表明回归结果总体上比较稳定可信，解释力度较强。

通过以上对考虑"第三国效应"的企业异质性模型的实证检验，可以发现中国企业OFDI也存在比较明显的空间网络化效应。因此，这为中国企业进行OFDI区位选择的路径与方式的选择与演变带来了一些启发。下面一节将以华为国际化的案例来系统阐述企业异质性理论框架下企业究竟为何能，以及如何能在海外市场中更好地进行OFDI。

表6-2 双层嵌套线性模型回归结果

	（1）	（2）	（3）	（4）	（5）	（6）	（7）
常数	0.417***	0.436***	0.362***	0.447***	0.414***	0.349***	0.377***
	（6.518）	（6.867）	（5.668）	（7.202）	（6.537）	（5.464）	（6.034）
incomelev	−0.065***	−0.066***	−0.063***	−0.065***	−0.064***	−0.062***	−0.063***
	（−9.225）	（−9.459）	（−9.130）	（−9.646）	（−9.172）	（−8.878）	（−9.326）
tariffrate	0.060***	0.058***	0.057***	0.060***	0.063***	0.062***	0.059***
	（5.110）	（4.985）	（4.909）	（5.349）	（5.368）	（5.298）	（5.267）
entrycost	−0.026**	−0.031**	−0.020	−0.038***	−0.029**	−0.019	−0.028**
	（−2.064）	（−2.409）	（−1.534）	（−3.142）	（−2.305）	（−1.513）	（−2.275）
protinvest	0.006	0.008	0.007	0.007	0.005	0.004	0.006
	（0.941）	（1.159）	（1.077）	（1.044）	（0.759）	（0.688）	（0.957）
firmnature	0.187***	0.186***	0.192***	0.213***	0.205***	0.210***	0.219***
	（10.646）	（10.722）	（11.019）	（13.128）	（12.057）	（12.302）	（13.430）
afflianum	0.003***	0.001**	0.001**	−0.021***	−0.010***	−0.010***	−0.021***
	（5.892）	（2.245）	（2.401）	（−12.403）	（−6.451）	（−6.251）	（−12.280）
lndist	0.014***	0.012**	−0.009	0.017***	0.018***	−0.001	−0.004
	（2.769）	（2.422）	（−1.482）	（3.312）	（3.487）	（−0.184）	（−0.598）
wdistep		0.007***	0.007***	0.013***			0.013***
		（21.625）	（21.533）	（25.967）			（25.808）
wdistfin				0.005***	0.003***	0.003***	0.005***
				（17.772）	（11.828）	（11.611）	（17.648）
mp			−0.076***			−0.067***	−0.072***
			（−6.302）			（−5.567）	（−6.120）

续表

	(1)	(2)	(3)	(4)	(5)	(6)	(7)
N	9457	9457	9450	9457	9457	9450	9450
F	121.875	191.458	171.198	288.503	225.277	200.702	258.353

6.4 中国企业OFDI区位选择的网络化：以华为国际化为例

华为作为中国跨国企业OFDI最为成功的企业之一，也是中国企业尤其是民营企业的典范，其OFDI区位选择的经验值得中国所有企业以及政府在国际化政策实践中汲取经验，因此对此进行研究，具有非常重要的借鉴意义。由于华为属于电信服务行业，契约式的OFDI模式是其主要的OFDI方式，并且华为有在国际化过程中所产生的国际影响与复杂的区位网络化分布，因此本书在企业层面将其作为一个案例来加以阐释。

6.4.1 华为国际化区位选择的演变特征

华为的成功，在于自身采取了渐进式的国家化区位布局战略。华为进入海外市场的经验来自国内，与其当初在国内采取的"农村包围城市"的策略相似。在经历了国内最激烈的市场竞争之后，华为已经在中国这个全球最大的电信市场中积累了丰富的经营与管理经验，在正视自身的发展定位并具备一定的核心技术实力之后，才开始踏上了国际化之路。华为进行OFDI的区位选择是遵循"先易后难"的策略，凭借低价优势进入规模相对较大的发展中国家，从而规避了发达国家准入门槛的种种限制。由于海外大型的电信公司难以在发展中国家与华为展开正面的价格竞争，因此使得华为的国际化在发展中国家初见成效。

华为于1995正式对外进行OFDI，起点是非洲与亚洲等一些第三世界国家。这和当时华为的技术水平是相吻合的。这些新兴市场电话普及率低，进入门槛低(即东道国生产率阈值不高),同时也是许多国际跨国公司所忽略的地方。这些市场与中国初期发展的电信市场有很多相似之处,这使得华为在中国市场积累的丰富经验非常适合地用在了 OFDI 的初期阶段。1999 年 8 月,华为才终于迎来了国际市场上零的突破,同时在也门和老挝两个国家中标。当年,华为在国际上迅速形成规模,并建立起大的营销和服务网络,该年度华为海外销售额达 5000 万美元,2000 年实现了 1.28 亿美元,2001 年 3.3 亿美元,2002 年 5.5 亿美元,并在 2003 年与 2004 年连续翻了一番,分别达到 10.5 亿美元和 22.8 亿美元。2005 年,华为在海外投资的销售占总销售额的 58%[①]。

2000 年之后,华为开始在其他地区进行全面拓展,包括泰国、新加坡、马来西亚等东南亚市场,以及中东、非洲等区域市场。特别值得关注的是,华为 OFDI 的区位选择在泰国市场获得了非常有效的回馈,主要是由于当地具有华人比较集中的特点,因此相对来说很容易建立起社会与商业的网络。因此华为连续地获得了几个较大的移动智慧网订单。与此同时,随着华为在发展中国家的业务积累,也具有了一定的认可,因此开始在如沙特、南非等相对比较发达的国家及地区取得了良好的投资回报。这个时候,华为在海外市场的壮大引起了诸多电信跨国公司的广泛关注,并逐渐认识到华为作为后起之秀对自身产生的潜在威胁,因此对华为在战略上和经济上进行百般阻挠,来压制华为在各个市场中的发展。但是,华为实打实地走出来的根基,根本不会轻易被其所动摇,它们也根本无法阻止华为的国际化之路。

2003 年,华为决定进入欧洲市场,开启了华为 OFDI 区位战略选择的第二个阶段。在这之前,华为曾尝试过进入美国市场,但是由于美国市场的知识产权保护与法律体系比较严格,再加上同行巨头思科的竞争阻挠,最终被思科通过一场知识产权的官司排挤出了美国市场。因此,华为在对欧洲市场进行详细分析与自身特点相结合之后,转而对欧洲市场进行投资。结果两年间,华为先后突破了 BT、西门子、沃达丰、法国电信等欧洲电信业跨国公司,逐渐在欧洲地区站稳了脚步。其中,华为与西门子于 2003 年 12 月签署合作协议,在全球企业网市场,华为将只通过西门子销售华为的 QUIDWAY 路由器和交换机等网络基础产品。同时，作为华为的坚实合作者，西门子也将逐年扩大华为数据通信产品在欧洲市场的销售。2004年，华为在英国设立欧洲地区总部，此举标志着华为海外拓展的重点逐渐由亚非拉发展中国家转向欧美的主流高端市场。

2009年，华为全球化扩张更进一步：华为与全球最大移动通信运营商沃达丰签署加深双方战略合作伙伴关系的协议。根据协议，在今后沃达丰的全球3G采购中，华为将为其提供完整的产品解决方案，并获得优先级的供应权。同时，为了进入美国而足足准备了8年的华为，开始以代表处或分支机构的方式进入美国。虽然到目前为止，华为在美国的真正OFDI进行得并非一帆风顺，但是至少通过与作为最发达国家的美国进行若干次的交涉，更丰富了华为自身海外国际化的经验，并熟知了美国当地化经营的法律法规与经营思维，对于进一步深入探索进入发达国家市场，成为世界名副其实的跨国企业具有重要作用。

6.4.2 华为国际化区位选择的边际扩展

1. 研发创新支撑能力扩展

华为之所以能够在国际化扩展过程中一路保持充足的动力，其本质原因在于，华为一贯采取海外经营的"聚焦原则"，时刻保持对核心技术的重视与投入。在产品的经营上，华为始终坚持将资源集聚到最核心的业务部分，对多元化可能导致企业内部产生传导经营不善的风险一直持非常慎重的保留态度。不仅如此，华为还以出售非核心资产的方式，进而保证核心领域的技术研发费用投入。2002年，在电信业最不景气的时候，华为能够保持投入研发的资金占营业额的比例为17%。这一比例甚至高于诺基亚、阿尔卡特与思科。正是华为在研发和技术上的长远储备，才为后期走向海外的成功打下了良好的基础。2009年，尽管全球经济低迷，华为仍坚持加大研发投入，研发费用达人民币 133 亿元，同比增长 27.4%，研发人员占公司总员工数的 46%①。

表 6-3 华为财务数据

指标\年份	2009	2010
收入	149059	186176
销售成本	90090	107666
销售毛利	68969	77610
研发费用	13340	16556
销售和管理费用	24169	30996
营业利润	21062	29271
所得税	3870	3672
本年利润	18274	23767

资料来源：华为历年统计年报。

迄今为止，华为已在全球设立了 17 个研究所，遍布美国达拉斯及硅谷、瑞典斯德哥尔摩、俄罗斯莫斯科、印度班加罗尔等地，以及中国的深圳、上海、北京、南京、西安、杭州、成都和武汉等地。通过跨文化团队合作，实施全球异步研发战略。与此同时，华为还与领先电信运营商成立了近 20 个联合创新中心，把领先技术转化为客户的竞争优势和商业成功。根据世界知识产权组织（United Nations World Intellectual Property Organization）的统计，华为 2009 年专利申请总数为 1847 项，排名世界第二；2010 年，美国知名商业媒体 Fast Company 又评出当年最具创新力的公司，前五名分别是 Facebook、Amazon、苹果、google、华为。华为是排名前五的公司中唯一的新上榜企业。

华为以自身高技术研发为依托，在国际化过程中充分发挥了自身的竞争优势。但华为的自主研发技术模式，并不是通过闭门造车来完成的，而是采取了与国外诸多有实力企业合作的模式，合作建立研发机构。根据不同的国际化阶段与项目投入完成的难度与风险，华为充分发挥与海外跨国企业合作效应，共同建立研发机构，在短时期内可以实现双方技术知识的迅速互补，使项目周期缩短，项目风险降低，进而保证了整体利润的获得。华为先后与世界一流跨国企业，如微软、IBM、英特尔、摩托罗拉、NEC、高通、Agere、SUN 等共同合作建立研发机构，而华为的技术联盟也使得其产品与服务实现了与世界领先水平同步发展的地位。

表 6-4 华为国际化与国内及 OFDI 企业能力对比①

	生产率水平	资本规模	劳动力规模
国内投资企业	35.57	96225.45	334.74
OFDI 企业	62.58	1064048.96	1700.61
华为	395.49	57400000	34597.35

由于持续保持对研发与技术创新的投入，与国内其他企业的国际化水平相比，华为已经在自身国际化能力上保持着领先水平。通过表 6-4 可知，目前华为的生产率水平是国内投资企业的 11.1 倍，也是海外 OFDI 企业总体平均水平的 6.3 倍。而从资本与劳动力规模上，也同样显示出华为自身能力已经远远超过了国内其他企业水平。从这一点也能说明，根据目前中国总体企业的水平，想要真正产生出更多具有全球资源整合能力的跨国企业，则还需要相当长的一段过渡时期。

2. 注重国际化模式扩展与品牌塑造的循序渐进

在华为国际化初期，其海外进入方式主要选择设立海外市场部门或者海外贸易子公司的模式，对原有的国内核心业务所生产的产品销售到世界其他国家。2002 年之前，华为公司通过这样的方式，比较稳妥地扩大了海外市场份额，也积累了非常丰富的海外市场经验。华为在以合同契约为主要特征的国际化进入方式中，非常重视多种模式相结合的灵活策略。这样的好处显而易见，与众多企业 OFDI 依靠并购实现的国际化路途不同，华为在初期注重联营公司的合作，并且注重以投资方式来推动本行业的国际化契约业务扩展。华为海外市场的进入方式，给很多企业国际化一个重要的启示，就是企业在国际化初期，需要根据自己能力来确定合适的进入模式，对于以出口发展起来的企业，在国际化初期应该用海外办事处或者代工（OEM）的方式，重点在于将自己的产品先打入东道国市场，首先获得一定利润的同时，也形成了自身进一步发展的社会与商业网络，具有接触更多大客户的机会。

6 企业异质性与OFDI区位选择的空间效应：三国模型

表6-5 华为近年所得税缴纳情况

单位：百万元

年份 项目	2009	2010
境内所得税	3119	3981
（比重%）	（66.75）	（71.01）
海外所得税	1554	1625
（比重%）	（33.25）	（28.99）
总计	4673	5606

资料来源：华为历年统计年报。通过缴纳税收情况对比，可以看出华为海外国际化比重较高，同时在海外也注重履行企业社会责任，注重品牌与商业网络的建立。

同时，华为在品牌生成与塑造过程中，非常注重国际化模式与品牌塑造的相互结合。虽然拥有自有品牌之后，企业经营可以获取更大的利润，但是在企业市场规模效应没有完全发挥，并且市场认知度与需求没有全面跟上的时候，自有品牌并不能显著提高一个企业的市场能力。因此，在自有品牌没有充分建立的初始阶段，华为专注于自身生产与经营能力的提高，并且不断满足持续扩大的国际市场需求。其实施的自有品牌与贴牌共存的运作模式，在初期俄罗斯市场成立合资公司，销售双方共同拥有的品牌。随后，华为又与诸多国际上著名的公司以贴牌的方式进行合作，首先与摩托罗拉在GSM技术上面进行洽谈合作，形成以华为移动交换机为技术终端、以摩托罗拉基站设备为平台的组合网络，最终也以摩托罗拉的品牌对产品进行销售。在2003年又通过与3COM、西门子等成立合营公司，通过对方的销售网络与品牌影响力，最终开始突破欧美市场。经过长时期的积累，华为国际化模式与品牌塑造的渐进化方式为其带来了更加广阔的市场需求与更高的海外认知度。

3. 遵循分散风险、均衡布局的区位扩展战略

华为根据自身的特点,非常谨慎地制定了"先发展中国家,后发达国家"的 OFDI 区位选择策略。从刚开始只是在中国周边国家及地区试水,到逐渐扩展到东南亚各个区位,再到逐渐进入中东与非洲等发展中国家及地区,华为始终保持了逐步推进的稳健型国际化区位战略布局。直到在海外市场获得一定市场并取得相应知名度之后,华为才尝试进入欧美市场,并在欧洲的高端市场获取了非常丰厚的回报。尽管随着华为国际化能力的提升与经验的日益丰富,其在全球的区位布局在加快扩展,但在美国市场的进展至今还没有突破。而在华为初次进军美国市场遭到对手阻挠之后,立即转向欧洲市场,保持着灵活的区位选择策略,可以说是根据自身的特点与能力做出的科学决策。这从侧面说明,华为"由易到难"的渐进化国际战略是合理的。也就是说,企业国际化区位选择的次序,是与自身生产率与东道国市场投资环境两个方面密切相关的。而偏颇于哪一个条件而不能完善发展,在持续的国际化路径发展中都可能面临更大的问题。因此,对于身处发展中大国的企业来讲,循序渐进的国际化区位战略是非常明智的选择。

同时,华为的区位扩展也保持与风险控制相结合。华为在保持快速扩张的同时,逐渐加大风险控制力度,注重稳健经营,显示华为在整体上向负责任、可信赖的大型跨国公司转变。公司在增长的同时,在应收账款管理、库存管理及整体营运资金管理方面取得进展,降低经营风险,保证公司未来的稳定发展。华为对公司 2009 年运营情况进行了较详尽地说明,这本身显示出华为的自信加强,对与社会大众进行沟通的态度更加开放、成熟。与华为的案例呈相反结果的例子有两个可以顺便提及:一个是联想,其国际化路径不是根据自身核心技术生成之后,再向海外进行投资,而是一蹴而就,以收购 IBM 个人电脑业务的方式直接进入美国市场,导致了长达三年多之久的消化不良现象;另外一个是 TCL,虽然与华为相同,采取的区位选择策略都是"先易后难",但是在国际化初期获取大量的利润与市场之余,并没有将核心技

术的研发投入视为长远发展的基石，导致 TCL 在后来的价格战中损失惨重。由此表明，企业国际化的区位选择扩展，首先要根据自身能力遵循"由易到难"的循序渐进策略，而更重要的是，在区位选择过程中时刻保持自身能力，要始终将核心技术的巩固视为企业国际化长远发展的核心动力。只有同时具备两方面要素，才能在区位选择过程中获取持续的经营利润。

6.4.3 华为国际化区位选择的网络化效应

随着华为国际化能力的提高，华为全球区位战略已经形成了系统的区划布局，在整个组织结构中形成了相互交织的空间网络化互动，已经开始迈向具有全球资源整合能力的跨国企业队伍。华为在国家化过程中，非常重视与外国著名企业之间的结盟与合作，也非常重视中国与东道国国家层面的友好关系，以便于在长期形成坚实的商业经营网络。华为不以价格战为手段，强调拒绝机会主义，自始至终坚持完善和壮大自身的产品营销网络与服务网络。华为创始人任正非始终坚持的国际化理念就是"国际市场拒绝机会主义"。对于真正准备长期投入并成为未来跨国公司的企业来说，必须目标明确地进行实实在在的投资，而"只想捞一把就走的企业"是走不远的。因此，在许多跨国企业采取"以市场换技术"的形势之下，华为依然坚持内部自主技术的研发，同时也非常重视发挥与其他企业合作形成集聚规模优势的作用，一直与潜在的国际竞争对手保持一种"和而不同"的"友商"关系，在全球范围内建立了广泛的利益共同体，进而长期合作，相互依存，共同发展。例如，华为与美国的 3Com 公司合作成立了合资企业，这样一来 3Com 公司就可以把研发中心转移到中国，实现了成本的降低，而华为则利用了 3Com 世界级的网络营销渠道来销售华为的数通产品，从而可以大幅度地提升华为的产品销售。由于保持与东道国企业之间的合作与互助，华为利用各个企业的社会与商业网络优势，大大加快了其产品在东道国生产与销售的速度，并进一步拓宽了企业本身在海外各个区位的业务范围。因此，华为在海外的区位战略具有比较明显的结成网络意识,并且在专业化经营的基础上不断加强自身技术研发的能力,最终可以大大提升自身生产率水平,进而形成较强的国际竞争能力。

表 6-6 华为海外合营与联营公司概况

名称	组织形式	注册地	本集团持股比例	业务性质
华为赛门铁克	合营公司	香港地区	51%	经营网络存储与安全产品的研发、生产和销售
华为海洋网络	合营公司	香港地区	51%	经营海洋网络设备及软件研发、销售、安装实施、技术服务
TD Tech Holding Limited	联营公司	香港地区	49%	研究、开发制造及销售 TD-SCDMA 无线接入设备
委内瑞拉奥涅罗基亚电子工业(合资)股份有限公司	联营公司	委内瑞拉	35%	研究、开发制造及销售通信终端产品

资料来源:华为历年统计年报⑪。

因此,伴随着国际化方式与区位选择的多元化,华为已经实现了全球范围内商业经营的网络化。华为在经历渐进式国际化的过程之后,从2003年开始,其各个组织体系都开始向国际市场蔓延,包括业务目标、人员规划、业务流程、研发规划等都开始从全球的高度进行战略部署(刘建丽,2011)。在内部组织结构的纵向调整上,华为将过去的集权化组织结构向产品线结构转型,将海外区位的布局划分为8大片区⑫。截至2010年年底,华为已经在海外拥有22个地区部、100多个分支机构,同时几乎在各大洲都设立了独立的研究所和培训中心⑬,其产品与设计方案已经广泛运用于全球137个国家及地区,生产区位遍布七大洲。同时,华为建立面向市场的大平台化矩阵组织⑭,在此基础上又分解成为4大产品线与20多个地区部。而各个地区部都能够及时通畅地共享信息与经验,并进行相互合作与协调。各个区部都具有各自的小平台来向四周区域进行扩散式延伸,对各个小组织的管理也是呈网络化的矩阵管理(牟西军,2008)。这样,华为的海外市场机构共同形成了灵活多样的生产与销售网络化组织,对于发挥空间网络化效应,最大获取规模经济与范围经济效应具有关键性的作用⑮。见图6-3。

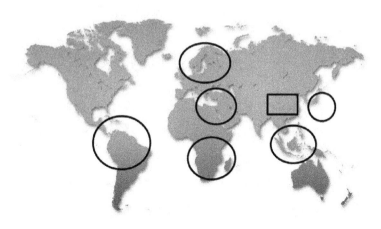

图 6-3　华为国际化区位网络图⑯

通过以上对华为国际化的分析，本书揭示出作为中国企业国际化的典范，华为能够取得成功的主要因素在于：第一，华为能够按照自身生产能力，量力而行，在国际化区位布局上实行"由易到难"的渐进式阶段过渡，同时在模式选择上也遵循"由简到繁"，进而循序渐进地推进国际化；第二，华为在国际化区位战略布局中能够时刻保持自身能力，能始终将核心技术的巩固视为企业国际化长远发展的核心动力；第三，从另一方面讲，华为的国际化过程，同样也发挥了区位选择中网络效应的重要作用，特别是在东道国市场非常重视与其他企业的结盟与合作，进而形成坚实的社会与商业网络。随着经济全球化和信息网络化的深入发展，国际化企业将进入一个没有边界、没有围墙的平面化的世界中，任何企业不管有多强大，其生产发展都有赖于众多合作伙伴。正是依靠着核心能力提升与国际化"循序渐进"的互动推进，再加上全球范围内商业经营网络的联结，华为才真正在国际市场上立于不败之地，从而为中国企业 OFDI 积累了难能可贵的经验与启示。

6.5 本章小结

本章构建一个扩展的三国模型来演绎参与国际化的企业如何对更复杂的国际环境进行不同的区位选择。研究发现,当企业生产率水平达到一定程度之后,会逐渐从贸易引致型 OFDI 的模式转型到出口平台型 OFDI,即企业 OFDI 的区位选择会考虑到某个区位是否受到第三国效应的影响。而企业在国际化过程中也十分重视在海外结成的商业与社会网络的效应。通过中国企业层面数据检验,本章发现中国企业 OFDI 的区位选择存在比较明显的空间网络化效应,企业更倾向于将 OFDI 生产区位选择到目前所拥有的水平型 OFDI 区位的临近区域;其中,市场潜力对企业产生的空间网络化效应也十分显著,意味着中国企业在选择以贸易引致型方式进行 OFDI 时,更倾向于将 OFDI 的区位选择到那些市场潜力非常大的区位,进一步说明了企业在发挥 OFDI 模式扩展效应的时候,贸易引致型 OFDI 由于主要以扩大国际贸易为目的,因此市场潜力较大的区位是其最为合理的选择。此研究为中国企业进行 OFDI 区位选择的路径与方式的选择与演变带来了一些启发。

通过对华为公司国际化的案例分析,进一步说明了跨国企业国际化区位选择中网络效应的重要性。总体来看,华为作为中国企业 OFDI 的典范,其成功的主要因素在于,华为能够按照自身生产能力,量力而行,在国际化区位布局上实行"由易到难"的渐进式阶段过渡,同时在模式选择上也遵循"由简到繁",特别是在东道国市场非常重视与其他企业的结盟与合作,形成坚实的社会与商业网络。随着华为国际化能力的提高,华为全球区位战略已经形成了区划布局,在整个组织结构中形成了相互交织的空间网络化互动,已经开始迈向具有全球资源整合能力的跨国企业队伍。作为中国企业尤其是民营企业的典型,华为的案例值得中国所有企业以及政府在国际化政策实践中吸取经验。

本章注释

① 资料参考：李桂芳，储贺军. 中国企业对外直接投资分析报告 [M]. 北京：中国经济出版社，2010.

② 传统上"第三方"是指除母国与东道国之外的其他所有国家。而 OFDI 的第三方效应是指东道国周边其他国家对此东道国中的 OFDI 产生了某种因素的影响。例如，中国对维尔京群岛、开曼群岛、巴西等拉丁美洲国家及地区进行 OFDI，其目的可能为了向其他国家如美国、加拿大等北美国家进行出口，则其他国家如美国与加拿大即是第三方，而北美市场对中国对拉丁美洲 OFDI 的区位选择产生了影响，即属于第三方效应。

③ 资料参考：Aw, B.Y. Lee, Y. Firm heterogeneity and location choice of Taiwanese multinationals [J]. Journal of International Economics, 2008, 75: 167–179.

④ 这 27 种组合的详细表示方法在这里进行省略，详细表示方法请见 Aw and Lee（2008）。例如，如果区位的选择为（h，h，k），方国家投资设厂进行当地供应。

⑤ 这 6 个区位选择组合分别是（k，h，h）、（k，h，k）、（k，i，h）、（k，i，k）、（k，k，i）和（k，k，k）。

⑥ 当 $\tau t < \frac{w_j}{w_k}$ 时，意味着水平型 OFDI 的组合（h，j，k）在任何生产率水平下都低于出口平台型 OFDI 的区位选择组合（h，k，k），因此（h，j，k）就不会成为企业进行 OFDI 的区位选择组合。根据 Aw and Lee（2008）多考虑的两种情形，即一种是 $\tau t < w_j$ 不会出现，如果存在这种情况，那么（h，h，h）区位组合就会优于（h，j，k），因为母国与 j 国投资可变成本差异过大，就会使得企业在母国生产后直接出口到 j 国。第二种情形是如果 $w_k \tau t < w_j < \tau t$，这时企业区位选择组合就取决于 $(f_j^* + f_k^*)$ 与 fk 的大小，如果 $(f_j^* + f_k^*) < f_k$，则在任何生产率水平下都只能得到 $\pi hkk < \pi hhh^*$，同样不符合论述的本意。

⑦ 鉴于 CEPII 数据库所提供的四种不同定义的距离，本书也使用其他的距离衡量方法，进而对实证的结果进行对比，发现结果并没有因距离变量的变化而出现明显的差异性，表明本书所采用的距离衡量方法使得回归结果具有一定的稳健性。

⑧ 数据来源：牟西军. 华为公司国际化实践与分析 [D]. 上海：复旦大学管理学院，2008.

⑨ 数据来源：华为历年年报数据公布。

⑩ 各项指标均为近年来企业能力情况的平均值。

⑪2010 年 12 月 31 日，华为集团无当期或累计未确认的联营公司投资损失。

⑫2008 年之后，由于华为在北美市场的活动进展受到一定的阻挠，因此又将全球区位布局划分为 7 个大区。而每一个大区又被拆分为 20 多个地区部，促使各个一线的地区都可以拥有独立的决策权。

⑬ 按照刘建丽（2011）的统计，研究所共设立 17 个，而培训中心则在全球范围内设立了 36 个。

⑭ 四大平台分别为销售与服务平台、生产与供应链平台、财务平台、研发平台。

⑮ 华为虽然在海外战略布局上已经拥有全球七大片区，但遗憾的是，到目前为止仍不能覆盖北美地区，尤其是在进入美国市场时面临重重市场壁垒。

⑯ 华为全球布局包括七大片区，除了北美洲之外，可以说几乎在全球已经遍布了生产与经营网络。除了中国本土片区之外，华为在其他六大片区都设有地区组织架构，分别是亚太片区、东太平洋片区、南非片区、中东 & 北非片区、欧洲片区与拉美片区，发挥着重要的空间网络化效应。

7 结论、建议与进一步研究的方向

7.1 研究结论

第一,通过总结中国 OFDI 发展的现实,本书综合一个初步的研究思路,来探寻中国企业 OFDI 区位选择的动力机制,进而系统考察了 OFDI 三元扩展边际对中国 OFDI 发展的重要作用;进一步,从宏观与微观两个层面的互动来探寻中国 OFDI 区位选择的动力机制框架,并结合三元扩展边际的思想构建了本书总体研究的动力机制框架,进而发现,中国企业具有在 OFDI 数量、模式与区位分布等三个方面上的异质化特征,并且三个方面共同形成了中国整体 OFDI 水平的提升。这为进一步发展与优化中国 OFDI 的水平与结构具有非常重要的启示。

第二,通过对中国企业 OFDI 数量的扩展分析,本书认为中国 OFDI 总体上可以从少量大型垄断企业所支撑的单纯量的增长,逐渐过渡到更多企业参与、呈现产业链形态的集群式的发展;通过 OFDI 模式的扩展分析,发现中国 OFDI 能够通过企业进入模式的多样化,来实现中国 OFDI 企业数量的增加、OFDI 结构的优化以及 OFDI 整体水平的提升;而通过对 OFDI 区位选择的扩展分析,发现中国企业要根据自身生产率水平,采取适合自己的"由难到易"策略,同时在海外要注重发挥空间网络化效应,形成集聚效应与商业网络的优势。

第三，通过构建企业异质性 FDI 模型，得出生产率最低的企业会选择国内生产销售，生产率处于中间水平的企业会选择国内生产并出口的国际化方式，而生产率最高的企业会以在东道国直接投资的方式进行国际化。而通过对企业 OFDI 二元边际的分析，得出企业 OFDI 的数量随着东道国市场吸引程度的增强而增加。而东道国市场的准入门槛越低，则越会吸引更多的企业对其进行 OFDI。

第四，利用广东省企业层面的样本对企业异质性理论进行实证检验，结果发现，进行 OFDI 的企业具有更高的生产率，并且发现企业生产率在不同区位上所表现出的作用大小不同，其中在亚洲地区作用效应最为显著；在 OFDI 的扩展边际上，企业生产率越高，其进行 OFDI 的目的地数量会更多；而具有更低生产率阈值的东道国，其所吸收的中国 OFDI 也越多，具体表现为东道国市场的进入成本、固定投资成本对企业 OFDI 区位选择都具有显著的负效应。同时，本章也印证了企业异质性理论中 OFDI 的跨越贸易壁垒效应，即东道国实施的关税水平对中国企业 OFDI 区位选择具有显著的正效应。

第五，通过将中国 OFDI 的结构进行分解，把贸易引致型 OFDI 纳入模型中，并利用中国企业数据对分解后的投资模式与区位分布差异之间的关系进行了全面论证。结果发现，贸易引致型 OFDI 对贸易与 OFDI 总量产生双重影响，基本表现为：随着贸易与投资成本的降低，企业会增加以贸易引致型 OFDI 的模式进入海外市场，在总量上表现出贸易与投资互补的关系，而分解的 OFDI 模式与 OFDI 地理区位分布之间的关系也具有显著的差异性；影响企业贸易引致型 OFDI 与水平型 OFDI 模式选择的显著性因素有贸易可变成本、投资固定成本与投资可变成本，不仅验证了企业异质性模型的基本结论，更突出贸易引致型 OFDI 对贸易成本具有规避倾向，而水平型 OFDI 对贸易成本具有跨越倾向。

第六，分解的 OFDI 模式与 OFDI 地理区位分布之间的关系既有显著的关联性，也有明显的差异性，即贸易引致型 OFDI 模式与选择亚洲区位关系显著，水平型 OFDI 模式与选择非洲、拉丁美洲与大洋洲等区位关系显著，而 OFDI

模式与欧洲、北美洲等区位之间的关系不确定；其中，投资可变成本越高的区位，贸易型 OFDI 对其他投资尤其是对 HOFDI 的替代效应越强；投资固定成本越高的区位，贸易服务型 OFDI 对其他投资方式的替代效应越强；贸易可变成本越高的区位，贸易服务型 OFDI 与 HOFDI 对其他投资方式尤其是贸易型 OFDI 的替代效应越强；而制度保障程度越高的区位，贸易型 OFDI 对贸易服务型 OFDI 的替代效应越强，但对水平型 OFDI 的替代效应不确定。

第七，本书发现中国企业 OFDI 的区位选择存在比较明显的空间网络化效应，企业更倾向于将 OFDI 生产区位选择到目前所拥有的水平型 OFDI 区位的临近区域；其中，市场潜力对企业产生的空间网络化效应也十分显著，意味着中国企业在选择以贸易引致型方式进行 OFDI 时，更倾向于将 OFDI 的区位选择到那些市场潜力非常大的区位，进一步说明了企业在发挥 OFDI 模式扩展效应的时候，贸易引致型 OFDI 由于主要以扩大国际贸易为目的，因此市场潜力较大的区位是其最为合理的选择。同时以华为公司国际化的案例分析，进一步证明了跨国企业国际化区位选择中网络效应的重要性。

第八，通过中国企业层面数据的实证分析，发展制度因素在不同海外投资模式中所体现出的效应具有明显的差异性。具体表现为：企业在决定进行国内投资还是进行 OFDI 之间，制度因素表现出显著的相关性，表明对于总体 OFDI 企业而言，东道国层面的制度安全考虑是很重要的因素；而对于已经在海外进行 OFDI 的企业来讲，制度因素在其 OFDI 区位选择中并不表现出显著的相关性，同时考虑了企业模式扩展与空间网络化效应之后，制度变量仍保持不显著，进一步说明在海外投资企业的区位演变与模式转换并不过多地考虑东道国制度因素。另外，总体上企业性质的差异对企业 OFDI 模式选择的影响比较显著，表现为整体上央企倾向于水平型 OFDI，而地方企业倾向于贸易引致型 OFDI，进一步表明了中国 OFDI 企业主体的异质化特征。

7.2 政策建议

7.2.1 深化培育中国跨国企业的核心竞争力

从企业异质性层面看，企业 OFDI 成功的关键，是自身生产率要达到进入海外市场所要求的水平。如果没有形成自身可持续的核心竞争力，则不能以较高的生产率水平去克服海外投资成本，从而获取较高经营利润，甚至会由于无力承担较大损失而退出海外市场。中国整体 OFDI 水平比较落后的事实，主要也是由于中国企业普遍缺乏核心竞争力所致。因此，为了促进中国 OFDI 整体的长远与健康发展，需要进一步加强对 OFDI 企业主体核心竞争能力的打造，加大企业内部研发投入以及提高企业的创新意识，运用企业自身的国际生产与经营能力支撑其长远持续的海外投资。企业创新能力的提高是一个长时期积累的过程，需要企业潜心专注对技术研发的投入。在企业前期核心能力不高的时候，企业需要通过海外合营或联营的形式，通过对外合作与交流，学习海外企业经营与管理的技术与经验，发挥技术外溢效应与知识学习效应，逐步提升自身核心技术的研发能力。同时，政府要从国家层面加大对技术创新与研发的投入，通过对企业信贷与资金的支持，引导企业往自主创新型的方向上发展，使中国企业真正实现由大到强的转变，从而在激烈的海外市场竞争中立于不败之地。

7.2.2 优化中国跨国企业 OFDI 区位选择布局

不同于 21 世纪的前 10 年发展，目前中国企业 OFDI 要力争从单纯量的增加逐渐转型到质的提升上。政府应当重视对企业 OFDI 扩展边际效应的提高，加大政策支持力度，促使更多企业特别是民营企业投资海外，实现企业数量增加所发挥的扩展边际效应,从而保障中国总体 OFDI 区位布局的优化与发展的稳步性;基于目前中国整体 OFDI 水平尚处于国际化初级阶段,企业需要充分结合国家发展阶段与自身能力的约束,遵循 OFDI 区位选择"由易到难、由近到远"的基本原则,并稳步推进,量力而行,从依靠自身能力能够实现盈利的区位做起,进而保证在 OFDI 过程中对自身经营风险的可控性,有效降低风险;对于中国整体发展来讲,中国企业更多地参与 OFDI,可以在现有个体企业国际化能力不高的局限下,仍能够促使中国整体 OFDI 水平的提高,进而整体上平衡国内外资本流动。因此,中国政府应该合理利用外汇储备,在民营企业大军不断壮大的背景下,多给予其资金与政策的支持,使中国企业更多地参与到海外国际化进程中,进而创造 OFDI 整体的增长。推动以产业链为驱动、以建立海外生产基地和全球一体化生产体系为目的的集群式对外投资。

7.2.3 发挥扩展边际效应的整体增长作用

长期以来,在对于中国 OFDI 如何良性持续发展的问题上,诸多决策都将重点放至宏观层面,忽视了企业微观层面分析对中国 OFDI 增长的重要意义。今后政策的制定,需要重视对中国企业层面数据的考察,进而对企业 OFDI 的数量扩展、模式扩展与区位扩展进行相互关联考察,充分挖掘中国 OFDI 的发展路径以及企业 OFDI 区位选择的动力机制,实现整体上对 OFDI 总量的增加与结构的优化。因此,政府应致力于将政策从 OFDI 的集约边际效应倾斜到 OFDI 的扩展边际增长上。通过国外投资保障协议(FIPAs)等政策举措,扩展东道国选择范围并促进新企业进入海外投资领域,从而提高投资的扩展边际效应。政府政策制定要重新审视企业层面研究的重要性,利用企业层面贸易数据来分析出口与非出口企业各自的特征,以及随着贸易壁垒的减少,出口企业数量、企业出口产品种类以及出口目标市场增加的潜在可能性。应当利用企业层面数据,来更多地研究贸易自由化政策对一国或地区企业与产业层面的生产、消费福利与就业等方面的影响。

对于企业来讲，可以通过贸易引致型 OFDI、合资联营、绿地建厂与并购相互结合等方式，发挥企业 OFDI 数量、模式与区位选择扩展的联动效应，稳步实现国际化的进程。尤其是企业 OFDI 的区位选择应分阶段逐步推进，根据自身的规模、资本、能力、市场占有率以及国际化条件等不同指标水平，选择相符合的东道国区位。同时，在宏观层面，企业要对东道国市场的政治、经济、文化、法律保护等投资环境进行审时度势，作为其国际化区位选择的重要参考。从总体看，由于发达国家及地区的市场结构规范，技术壁垒较多，对市场的进入设置的门槛较高，而发展中国家及地区进入门槛相对来讲还比较低，因此根据企业的实际情况，大多数应该先以发展中国家及地区为主要区位选择首要点，而随着自身能力的提高，再以数量与模式扩展的形式逐步将区位扩展到发达国家及地区的市场中。

7.2.4 积极推动多元化的 OFDI 模式发展

一方面，对于正准备投资海外市场的中国企业来说，要充分从节约自身成本的角度考虑，尤其应注重贸易引致型 OFDI 在国际化初期的合理性与必要性，要适当保持贸易与投资之间过渡的平稳性；对已经进行 OFDI 的企业来说，在充分了解自身生产率水平的前提下，可以根据 OFDI 模式与区位分布的特点，使用不同的 OFDI 模式进入到更多的区位中，实施 OFDI 区位多元化的发展战略，这样既可以实现市场份额在区位多元化投资中不断扩大，也可以达到分散投资风险的目的。自金融危机爆发以来，世界经济发展一直在低迷的状态下徘徊，尤其是近期希腊、冰岛等国家经济形势的恶化、欧元区金融一体化进程的受挫，以及美国各大银行的危机复发，为中国企业更大规模进入欧美市场提供了历史性机遇。经济危机导致世界贸易保护主义抬头，但欧美地区由于资金短缺急需中国资金的注入，因此中国企业更能够以 HOFDI 的方式大举进入欧美地区，这样既可以跨越贸易保护壁垒加快国际化步伐，也可以抓住欧美地区处于被动的时机，主动获取对方的市场、技术、管理与人才。

另一方面，政府应该加大政策支持，积极推动出口导向型 OFDI 的发展，以及开发和初加工相结合的资源导向型 OFDI。中国作为发展中国家大国，其自身 OFDI 异于发达国家的重要特点之一就是 OFDI 与对外出口相互作用的联动效应。据前所述，中国作为以劳动密集型出口为起步动力的发展中大国，在企业国际化路径演变上，出口本身就占据重要的地位，相对而言，OFDI 行为不过是企业发展到一定阶段的延伸。随着人民币的持续升值，中国总体贸易出口就会由于升值而导致减少，若想保持中国 OFDI 与出口的同步增加，政府就应该制定相关政策，间接促使中国企业国际化由出口方式更多地转向 OFDI 方式。同时，政府应该继续加强国际区域一体化合作谈判，从最大程度上降低企业进入海外市场的投资成本与贸易成本，通过增加贸易引致型 OFDI 来为中国出口与 OFDI 的双增长拓展空间。

7.2.5 制定与完善相关政策，科学引导企业海外投资

首先，政府应当总体上加大对所有 OFDI 企业的财政性支持，通过设立多种政策性扶持基金，积极配套中国企业 OFDI 项目的开展；同时，根据企业国际化能力与国际化程度的差异，政府要因其所需，进而提供相对应的资金与优惠政策，特别是对于那些发展潜力大、具有核心竞争能力的企业，其海外投资活动更需要政府在多形式的融资扶持下快速成长；而对于 OFDI 进入模式不同的企业，政府应当对贸易引致型 OFDI 企业实施税收的支持政策，可以在税收减免与退税上面多给予优惠，而对于真正进行海外投资建厂的企业，应该给予更多的资金政策性支持，尤其对于技术密集与从事现代服务业的企业，更应当加大政府政策支持，使其在海外更快更好地成长。

其次，政府需要进一步对企业海外 OFDI 的审批程序进行简化，使得企业国际化的手续趋于通畅。要在对企业 OFDI 的各种管制上实现进一步放松，特别是可以根据企业的实际需求，放松对企业国际化的外汇管制。同时，要精简审批程序，对审批的时间与环节进行缩减，如对企业结售汇的简化，同时

要限定审批结果的最迟期限,减少各个环节不必要的审批等。除了简化审批程序外,审批过程的监督也需要进一步加强,要给予企业知情权,增加审批过程的透明度,从而从根本上消除企业海外投资的行政障碍,构建合理完善的投资管理体制。

第三,要强化双边及多边机制,促进对外投资。政府要以保障企业海外经营利益为出发点,通过与东道国沟通与谈判,在政府层面加强双边与多变机制的构建与巩固,使企业在海外可以得到较公平的待遇,从而避免潜在的道德风险与政治风险。为了使企业了解世界各国的主要产业发展目标、优先发展产业领域、对外资行业准入规定等有关信息,2011年9月,商务部与国家发改委、外交部发布了《对外投资国别产业指引(2011年)》,通过对115个国家的相关信息进行重点介绍,保证企业进行国别化的OFDI区位战略时有章可循。同时,政府也要深化企业的"双赢"投资理念,加强企业社会责任,进而推动企业进行长远可持续发展的对外投资。

第四,要完善相关安全机制,提高企业风险防范意识。要建立有效的海外保险制度,充分利用多边海外担保机制及西方国家的海外投资保险服务。为了指导企业建立科学的境外安全风险管理体系,加强事前管理,有效规避和控制风险,在政策指导与支持方面,2012年商务部发布了《境外中资企业机构和人员安全管理指南》,成为建设企业OFDI风险防控体系的一项重要工作。同时,有关政府部门也需要加快推进《中国企业海外投资法》的出台,在此基础上配套完善《中国企业对外投资管理条例》等细则准则,便于明确企业权利实施与义务承担,同时也利于政府各级部门更好地为企业国际化服务。也要进一步完善《企业海外投资风险管理法》等法律法规,帮助企业有效防范海外投资中面临的风险,保障企业的合法权益。

第五,要逐步建立公平的企业海外投资机制。目前,作为中国OFDI流量中比例最大的一部分,国有企业与中央企业更多的是承担着资源获取的战略性投资角色。但中国经济结构的调整也对企业的发展壮大提出了更高要求,尤其表现在更具数量规模的民营企业需要在更大的国际市场中得以磨炼,既实现以更高的生产率水平获取更大的市场规模与份额，又实现对国外先进知识、技术与管理经验的学习与获取。因此，这要求政府在保持国有企业与中央企业 OFDI 量的增长的同时，更重视对其他类型企业在信贷、资金等政策上的支持，使更多数量的企业参与到国际化竞争中。

7.3 进一步研究的方向

作为 21 世纪中国对外经济合作的焦点之一，中国 OFDI 如何更快更好地推进，成为国内外学者研究的重要议题。本书基于企业异质性理论，通过企业微观视角对中国企业 OFDI 的区位选择进行分析，尝试构建企业 OFDI 动力机制框架，对中国企业 OFDI 的区位选择问题进行合理解释。然而，由于中国 OFDI 问题尚处于初级阶段，而企业异质性理论作为前沿问题研究，再加上笔者的能力与精力有限，论文难免存在诸多有待解决的问题。具体来说，需要进一步研究的问题包括：

第一，实证检验中的数据处理有待进一步完善。从某种意义上说，在后面针对企业生产率水平的测算上，由于数据的局限性，并没有运用 TFP 测算法对所有企业的生产率水平进行计算，只是根据前人理论用代理变量进行表示。在今后的研究中，由于上市公司财务数据的指标比较详细，笔者将尝试以上市公司数据样本进一步对本书的结论进行检验，并尽可能得到中国商务部或者贸促会等单位的支持，可以利用更多的企业调查数据进行实证分析。

第二，在理论分析中，只是以一个三国模型考察了企业 OFDI 区位选择的空间网络化效应，并没有真正将空间因素融入到模型框架的分析中。本书在第 6 章探讨了中国企业 OFDI 区位选择可能受到的空间网络化效应，虽然实证检验与案例研究也证明了企业 OFDI 空间网络化效应的重要性，但并没有像空间经济学那样，将空间因素纳入到模型框架中，进而对 FDI 理论进行系统性地补充。这将是笔者今后理论研究的一个努力方向。

第三，在实证分析方法运用上，只是局限于混合时间的数据样本进行分析，没有构建富含更多信息的面板数据结构；虽然本书重点考察的是企业 OFDI 的决策问题，并着重研究企业 OFDI 的扩展边际，但是对企业 OFDI 的集约边际——OFDI 额度的计量分析也十分必要。因此，在今后进一步的研究中，笔者将在深入挖掘数据的基础上，创造条件构建能够考察更多结论的数据结构，并且在计量方法上进行进一步细致全面地分析。

第四，由于数据限制、考察偏重与个人能力等因素的综合，本书没有对生产率与企业 OFDI 直接的因果关系进行深入探讨，也就是目前企业异质性理论的争论问题之一，即究竟是生产率水平决定企业 OFDI，还是企业 OFDI 之后提高了生产率？对这样的问题进行检验，可以避免内生性问题所带来的估计偏误。随着今后研究的日渐成熟，这也将是必须关注与克服的重要问题。

第五，没有从更广义的区位上对企业 OFDI 区位选择差异进行分析。本章的实证部分重点关注了企业 OFDI 在地理区位上的差异问题，但从更广义上看，区位因素不仅包括空间因素，更包含经济区位与制度区位等因素的影响。因此，从广义的区位因素上分析企业 OFDI 区位选择的分布差异，也是本书进一步努力的方向。

参考文献

[1] 阿姆斯特朗·哈维，泰勒·吉姆. 区域经济学与区域政策［M］. 上海：上海人民出版社，2007.

[2] 白洁. 对外直接投资的逆向技术溢出效应［J］. 世界经济研究，2009（8）：65-69.

[3] 陈莉. 日本中小企业对外直接投资优势研究［M］. 长春：吉林大学出版社，2009.

[4] 陈策. 外国直接投资的国际贸易效应——基于我国行业数据的分析［J］. 国际贸易问题，2007（3）：28-33.

[5] 陈策. 异质性厂商国际市场进入方式的选择和政策支持研究［D］. 陕西：西北大学，2010.

[6] 陈静，蔡敏，陈敬贵. 企业异质性——一种基于演化经济学视角的解释［J］. 西南民族大学学报（人文社科版），2007（5）：199-200.

[7] 陈恩，王方方. 中国对外直接投资影响因素的实证分析——基于2007—2009年国际面板数据的考察［J］. 商业经济与管理，2011（8）：43-50.

[8] 陈漓高，张燕. 对外直接投资的产业选择——基于产业地位划分法的分析［J］. 世界经济，2007（10）：28-38.

[9] 陈立敏，杨振，侯再平. 出口带动还是出口代替——中国企业对外直接投资的边际产业战略检验［J］. 财贸经济，2010（2）：78-85.

[10] 陈立敏.贸易创造还是贸易替代——对外直接投资与对外贸易关系的研究综述[J].国际贸易问题,2010(4):122-128.

[11] 陈丽丽,林花.我国对外直接投资区位选择:制度因素重要吗?——基于投资动机视角[J].经济经纬,2011(1):20-25.

[12] 陈莉.日本中小企业对外直接投资优势研究[M].长春:吉林大学出版社,2009.

[13] 陈文芝.贸易自由化与行业生产率——企业异质性视野的机理分析与实证研究[D].浙江:浙江大学经济学院,2009.

[14] 程惠芳,阮翔.用引力模型分析中国对外直接投资的区位选择[J].世界经济,2004(11):1-8.

[15] 戴翔,郑岚.Kojima模型与我国对外直接投资的产业选择[J].国际商务(外经贸大学学报),2008(3):74-80.

[16] 杜凯,周勤.中国对外直接投资——贸易壁垒诱发的跨越行为[J].南开经济研究,2010(2):44-63.

[17] 杜能.孤立国同农业和国民经济的关系[M].吴衡康,译.北京:商务印书馆,1986.

[18] 范思琦.企业异质性与企业国际化经营研究[D].吉林:吉林大学,2011.

[19] 冯春晓.我国对外直接投资对出口规模和出口商品结构影响的研究[D].武汉:华中科技大学,2010.

[20] 冯鹏程.中国企业对外直接投资研究[M].北京:印刷工业出版社,2009.

[21] 高越,李荣林.分割生产与产业内贸易:一个基于DS垄断竞争的模型[J].世界经济,2008(5):43-54.

[22] 格莱泽.城市与区域增长的新经济学,牛津经济地理学手册[M].北京:商务印书馆,2005.

[23] 何本芳,张祥.我国企业对外直接投资区位选择模型探索[J].财贸经

济，2009（2）：96-101.

[24] 何志毅.中国企业国际化途径选择——海尔与TCL海外投资战略比较[J].世界经济研究，2002（6）：4-8.

[25] 洪联英，罗能生.全球生产与贸易新格局下企业国际化发展路径及策略选择——基于生产率异质性理论的分析方法[J].世界经济研究，2007（12）：55-61.

[26] 胡博，李凌.我国对外直接投资的区位选择——基于投资动机的视角[J].国际贸易问题，2008（12）：96-102.

[27] 黄保东.中国企业对外直接投资动因和区位的国外研究述评[J].经济社会体制比较，2010（2）：189-194.

[28] 黄速建，刘建丽.中国企业海外市场进入模式选择研究[J].中国工业经济，2009（1）：108-117.

[29] 蒋群英.中国企业对外直接投资现状与对策研究[D].上海：复旦大学管理学院，2003.

[30] 克鲁格曼.汇率的不稳定性[M].张兆杰，译.北京：北京大学出版社，中国人民大学出版社，2000.

[31] 克鲁格曼."新经济地理学"在哪里？牛津经济地理学手册[M].北京：商务印书馆，2005.

[32] 赖晓翔.汇率变动对中国制造业对外直接投资的影响——基于日本的经验分析[D].浙江：浙江工商大学，2008.

[33] 赖永剑.空间动态外部性、企业异质性与出口决定[J].中南财经政法大学学报，2011（2）：95-100.

[34] 李春顶.中国出口企业是否存在"生产率悖论"：基于中国制造业企业数据的检验[J].世界经济，2010（7）：64-81.

[35] 李春顶.异质性企业国际化路径选择研究——新新贸易理论及其在中国的应用[D].上海：复旦大学经济学院，2009.

[36] 李东阳，周学仁.企业业绩与对外直接投资关系研究——基于辽宁省的

数据检验［J］．东北财经大学学报，2010（4）：3-6．

［37］李桂芳，储贺军．中国企业对外直接投资分析报告［M］．北京：中国经济出版社，2010．

［38］李辉．发展中国家对外直接投资决定因素研究［M］．北京：中国人民大学出版社，2008．

［39］李辉．经济增长与对外投资大国地位的形成［J］．经济研究，2007（2）：38-47．

［40］李宁．我国对外直接投资的区位选择［J］．北方经济，2006（4）：40-41．

［41］李小建．公司地理论［M］．北京：科学出版社，2002．

［42］林毅夫．发展战略、自生能力和经济收敛［J］．经济学（季刊），2002（1）：269-300．

［43］刘慧芳．跨国企业对外直接投资研究［M］．北京：中国市场出版社，2007．

［44］刘建丽．华为国际化突围的内部支撑要素剖析［J］．中国经贸导刊，2011（4）：55-57．

［45］刘淑琳，黄静波．对外直接投资与企业生产率——基于中国上市公司的实证分析［J］．国际经贸探索，2011（2）：64-68．

［46］刘阳春．中国企业对外直接投资动因理论与实证研究［J］．中山大学学报（社会科学版），2008（3）：177-184．

［47］刘阳春．中国企业对外直接投资动因与策略分析［M］．广州：中山大学出版社，2009．

［48］刘迎秋，张亮，魏政．中国民营企业"走出去"竞争力50强研究——基于2008年中国民营企业"走出去"与竞争力数据库的分析［J］．中国工业经济，2009（2）：5-14．

［49］刘源超．发展中国家对外直接投资的理论与模式研究［D］．北京：北京大学经济学院，2008．

[50] 卢力平. 中国对外直接投资战略研究 [M]. 北京：经济科学出版社，2010.

[51] 鲁明泓. 制度因素与国际直接投资区位分布：一项实证研究 [J]. 经济研究，1999（7）：57-66.

[52] 鲁桐. 中国企业海外经营：对英国中资企业的实证研究 [J]. 世界经济，2004（4）：3-15.

[53] 马光明. 促进对外直接投资应对当前贸易保护主义——中国与20世纪80年代日本的比较研究 [J]. 财贸经济，2010（6）：73-80.

[54] 牟西军. 华为公司国际化实践与分析 [D]. 上海：复旦大学管理学院，2008.

[55] 欧阳艳艳. 中国对外直接投资逆向技术溢出的影响因素分析 [J]. 世界经济研究，2010（4）：66-71.

[56] 钱学锋，熊平. 中国出口增长的二元边际及其因素决定 [J]. 经济研究，2010（1）：65-79.

[57] 邱立成，王凤丽. 我国对外直接投资主要宏观影响因素的实证研究 [J]. 国际贸易问题，2008（6）：78-82.

[58] 孙伍琴. 民营企业对外直接投资研究 [M]. 北京：经济科学出版社，2008.

[59] 田文军，石艳方. 中国对外直接投资与出口贸易关系分析——基于1982—2008年数据的VEC模型 [J]. 北方经济，2010（2）：62-63.

[60] 王方方，陈恩. 产业转移中的企业自我选择效应分析——基于区域产业结构理论的演变 [J]. 经济与管理，2011（5）：35-40.

[61] 王方方，陈恩. 区位选择理论研究进展——基于企业异质性 [J]. 首都经济贸易大学学报，2011（5）：90-96.

[62] 王方方，陈恩. 中国对外直接投资（OFDI）路径选择研究述评 [J]. 云南财经大学学报（社会科学版），2011（1）：25-29.

[63] 王方方，赵永亮. 企业异质性与对外直接投资区位选择——基于广东省

企业层面数据的考察［J］.世界经济研究，2012（2）：64-69.

［64］王凤彬，杨阳.我国企业FDI路径选择与"差异化的同时并进"模式［J］.中国工业经济，2010（2）：120-129.

［65］王利华.中国跨国公司对外直接投资区位选择研究［D］.上海：华东师范大学资源与环境科学学院，2009.

［66］王念祖.跨国公司对发展中国家经济的作用［M］//汤敏，茅于轼.现代经济学前沿专题（第三集）.北京：商务印书馆，1999.

［67］王英，刘思峰.中国ODI反向技术外溢效应的实证分析［J］.科学学研究，2008（2）：294-298.

［68］王英.对外直接投资与中国产业结构调整［M］.北京：科学出版社，2010.

［69］韦伯.工业区位理论［M］.（英译本，1929），北京：商务印书馆，1997.

［70］魏后凯.现代区域经济学［M］.北京：经济管理出版社，2006.

［71］韦军亮，陈漓高.政治风险对中国对外直接投资的影响——基于动态面板模型的实证研究［J］.经济评论，2009（4）：106-113.

［72］项本武.东道国特征与中国对外直接投资的实证研究［J］.数量经济技术经济研究，2009（7）：33-46.

［73］项本武.中国对外直接投资：决定因素与经济效应的实证研究［M］.北京：社会科学文献出版社，2005.

［74］项本武.中国对外直接投资的贸易效应研究——基于面板数据的协整分析［J］.财贸经济，2009（4）：77-82.

［75］谢杰，刘任余.基于空间视角的中国对外直接投资的影响因素与贸易效应研究［J］.国际贸易问题，2011（6）：66-74.

［76］徐登峰.中国企业对外直接投资进入模式研究［M］.北京：经济管理出版社，2010.

［77］徐雪，谢玉鹏.我国对外直接投资区位选择影响因素的实证分析［J］.

管理世界，2008（4）：167-168.

［78］薛求知，朱吉庆.中国对外直接投资发展阶段的实证研究［J］.世界经济研究，2007（2）：36-40.

［79］严裕侃.我国企业国际化模式的探索——对华为企业国际化模式的思考［D］.广州：暨南大学经济学院，2008.

［80］杨建清.中国对外直接投资：理论、实证与战略［M］.北京：知识产权出版社，2007.

［81］余淼杰，徐静.中国企业"走出去"会减少其出口吗？——浙江省企业对外直接投资与出口关系层次的实证研究［C］.北京大学中国经济研究中心工作论文 No.C2011002，2011.

［82］俞毅，万炼.我国进出口商品结构与对外直接投资的相关性研究——基于 VAR 模型的分析框架［J］.国际贸易问题，2009（6）：96-104.

［83］张可云.区域经济政策［M］.北京：商务印书馆，2005.

［84］张为付.影响我国企业对外直接投资因素研究［J］.中国工业经济，2008（11）：130-140.

［85］张天顶.出口、对外直接投资与企业的异质性研究［J］.南方经济，2008（3）：18-27.

［86］张小峰.中国对北非国家投资现状、动因及策略选择［J］.上海师范大学学报（哲学社会科学版），2010（5）：97-103.

［87］张燕，陈漓高.从对外贸易角度看中国产业升级的路径——基于投入产出法的实证分析［J］.世界经济研究，2007（12）：42-48.

［88］张燕.中国对外直接投资产业选择——基于产业升级的理论和实证研究［M］.天津：天津大学出版社，2010.

［89］赵伟，古广东，何元庆.外向 FDI 与中国技术进步：机理分析与尝试性实证［J］.管理世界，2006（7）：53-60.

［90］赵伟，江东.ODI 与母国产业升级：先行大国的经历及其启示——多视野的考察与分析［J］.浙江社会科学，2010（6）：2-10.

[91] 赵伟，江东.ODI 与中国产业升级——机理分析与尝试性实证[J].浙江大学学报（人文社会科学版），2010（3）：116-125.

[92] 赵永亮，Ayan.我国贸易扩张的源泉：外延边际与内延边际——多样性的度量与经济增长的贡献率[J].国际贸易问题，2010（9）：3-12.

[93] 赵永亮，朱英杰.我国贸易多样性的影响因素和生产率增长——基于内延边际与外延边际的考察[J].世界经济研究，2011（2）：32-39.

[94] 郑春霞.中国企业对外直接投资的区位选择研究[M].北京：中国社会科学出版社，2011.

[95] 周怀峰，曾晓花.中国的OFDI、技术进步与自主创新[J].中国科技论坛，2010（10）：14-18.

[96] 周升起.中国对外直接投资——现状、趋势与政策[J].东亚论文，2009（75）：1-34.

[97] 周铁军，刘传哲.中国能源企业对外直接投资区位选择的实证研究[J].南方金融，2010（6）：56-59.

[98] 周游.我国OFDI对国内全要素生产率影响的理论与实证分析[J].科技与管理，2009（2）：46-49.

[99] 邹玉娟，陈漓高.我国对外直接投资与技术提升的实证研究[J].世界经济研究，2008（5）：70-77.

[100] Ahn, J., Khandelwal, A. K. and Wei, S. J. The Role of Intermediaries in Facilitating Trade[J]. Journal of International Economics, 2011, 84（1）: 73-85.

[101] Aw, B.Y. & Lee, Y. Firm heterogeneity and location choice of Taiwanese multinationals[J].Journal of International Economics, 2008, 75（1）: 167-179.

[102] Aliber, R. Z. A Theory of Direct Foreign Investment[M] // Kindleberger, C. P. The International Corporation: A Symposium. Cambridge, MA: MIT Press, 1970.

[103] Amiti, M. New trade theory and industrial location in the EU: A survey of evidence [J]. Oxford Review of Economic Policy, 1998, 14: 45–53.

[104] Amiti, M., Pissarides, C.A. Trade and industrial location with heterogeneous labor [J]. Journal of International Economics, 2005, 67 (2): 392–412.

[105] Antonella Nocco. Preference Heterogeneity and Economic Geography [J]. Journal of Regional Science, 2009, 49 (1).

[106] Antras. Firms, Contracts, and Trade Structure [J]. Quarterly Journal of Economics, 2003, 118 (4): 1375–1418.

[107] Antras. Incomplete Contracts and the Product Cycle [J]. American Economic Review, 2005, 95 (4): 1054–1073.

[108] Antras and Helpman. Global Sourcing [J]. Journal of Political Economy, 2004.

[109] Antras, Luis and Esteban. Off-shoring in a Knowledge Economy [J]. Quarterly Journal of Economics, 2006, 112 (3): 552–580.

[110] Baldwin, R., Okubo, T. Heterogeneous Firms, Agglomeration and Economic Geography: Spatial Selection and Sorting [C]. NBER Working Paper, No. 11650, 2005.

[111] Baldwin, R. Okubo, T. Tax Reform, Delocation and Heterogeneous Firms Base Widening and Rate Lowering Reforms [C]. NBER Working Paper, 2006.

[112] Baldwin, R. Okubo, T. Tax Competition with Heterogeneous Firms [C]. NBER Working Paper, 2007.

[113] Baldwin, R., Forslid, R., Martin, P., Ottaviano, G. and Robert-Nicoud, F. Economic Geography and Public Policy [M]. Princeton University Press, Princeton, 2003.

[114] Baltagi, B. H., Egger, P. and Pfaffermayr, M. Estimating Models of Complex FDI: Are there Third-country Effects? [J]. Journal of Econometrics, 2007,

140: 260-281.

[115] Behrens, K., Mion, G. and Ottaviano, G. I. P. Economic integration and industry reallocations: some theory with numbers [M] //Jovanovic. International Handbook of Economic Integration. Cheltenham, UK: Edward Elgar, 2011.

[116] Bernard, A. B. Jensen, J.B. Exporters, Jobs, and Wages in US Manufacturing: 1976-87 [J]. Brooking Papers on Economic Activity: Microeconomics, 1995, 67-112.

[117] Bernard, A., Jensen, B., and Schott, P. Falling Trade Costs, Heterogeneous Firms and Industry Dynamics [C]. CEPR Discussion Papers, Centre for Economic Performance, LSE, 2003.

[118] Bernard, A. B., Jensen, J.B., Redding, S.J., and Schott, P.K. Wholesalers and Retailers in U.S. Trade [J]. American Economic Review, 2010, 100 (2): 408-413.

[119] Brainard, S.L. An Empirical Assessment of the Proximity-Concentration Trade-off between Multinational Sales and Trade [J]. American Economic Review, 1997, 87 (4): 520-544.

[120] Blum, B. S., Horstmann, I., and Claro, S. Facts and Figures on Intermediated Trade [J]. American Economic Review, 2010, 100 (2): 419-423.

[121] Brakman, S., Garretsen, H. Trade and Geography: Paul Krugman and the 2008 Nobel Prize in Economics [C]. CESifo Group Munich, 2009.

[122] Buckley, P. J., Clegg, J., Cross, A. R., Liu, X., Voss, H. and Zheng, P. The determinants of Chinese outward foreign direct investment [J]. Journal of International Business Studies, 2007, 38 (4): 499-518.

[123] Buckley. Recent Research on the Multinational Enterprise [M]. London: Edward Elgar, 1991.

[124] Carlo Altomonte, Italo Colantone. Firm heterogeneity and endogenous

regional disparities [J]. Journal of Economic Geography, 2008, 8 (6): 779-810.

[125] Chaney, T. Distorted Gravity: The Intensive and Extensive Margins of International Trade [J]. American Economic Review, 2008, 98 (4): 1707-1721.

[126] Chaney, T. The Network Structure of International Trade [R]. NBER Working Papers 16753, 2011.

[127] Chen, M. and Moore, M. Location decision of heterogeneous multinational firms [J]. Journal of International Economics, 2010, 80 (2): 188-199.

[128] Chen, M. Interdependence in Multinational Production Networks [R]. GW Institute for International Economic Policy working paper, 2011.

[129] Cheng, L., Ma, Z. China's outward FDI: Past and Future [C]. Mimeo, Hong Kong university of Science and Technology, 2007.

[130] Cheung, Y. W., Qian, X. W. The empirics of China's outward direct investment [J]. Pacific Economic Review, 2009, 14 (3): 312-341.

[131] Child, J., Rodrigues, S. B. The Internationalization of Chinese Firms: A Case for Theoretical Extension? [J]. Management and Organization Review, 2005, 1 (3): 381-410.

[132] Chor, D. Subsidies for FDI: Implications from a Model with Heterogeneous Firms [J]. Journal of International Economics, 2009, 78 (1): 113-125.

[133] Coase, R.H. The Nature of the Firm [J]. Economica (New Series), 1937, 4: 386-405.

[134] Combes, P.P. The productivity advantages of large markets: Distinguishing Agglomeration from Firm Selection [C]. AEA Discussing Paper, 2008.

[135] Combes, P.P., Duranton, G. and Gobillon, L. Spatial wage disparities: Sorting matters! [J]. Journal of Urban Economics, 2008, 63 (2): 723-742.

[136] Cui, L., Jiang, F. M. FDI entry mode choice of Chinese firms-A strategic behavior perspective [J]. Journal of World Business, 2009, 44: 434-444.

[137] Daniels, P.W. Export of services or servicing exports? [J]. Geogrfiska Annaler, 2000, 82（1）: 1-15.

[138] Dixit, A.K. and Stiglitz, J.E. Monopolistic competition and optimum product diversity [J]. American Economic Review, 1977, 67: 297-308.

[139] Duanmu, J. L. Firm heterogeneity and location choice of Chinese Multinational Enterprises （MNEs）[J/OL]. Journal of World Business, 2012, 47: 64-72.

[140] Dunning, J. H. Location and the multinational enterprise: A neglected factor? [J]. Journal of International Business Studies, 1998, 29（1）: 45-66.

[141] Dunning, J. H. The eclectic paradigm as an envelope for economic and business theories of MNE activity [J]. International Business Review, 2000, 9（2）: 163-190.

[142] Ebbers, H., Zhang, J. H. Chinese investments in the EU [J]. Eastern Journal of European Studies, 2010, 1（2）: 187-206.

[143] Erdener, C., Shapiro, D. M. The Internationalization of Chinese Family Enterprises and Dunning's Eclectic MNE Paradigm [J]. Management and Organization Review, 2005, 1（3）: 411-436.

[144] Feenstra, R. and Hanson, G. Intermediaries in Entrepot Trade: Hong Kong Re-exports of Chinese Goods [J]. Journal of Economics & Management Strategy, 2004, 13（1）: 3-35.

[145] Feenstra, R., Kee, H.L. Export variety and country productivity: Estimating the monopolistic competition model with endogenous productivity [J]. Journal of International Economics, 2008, 74（2）: 500-518.

[146] Fontagné, L., Py, L. Determinants of Foreign Direct Investment by Chinese Enterprises in the European Union [R]. CEPII-CIREM Research Report,

July, 2010.

［147］Fryges, H. The change of sales modes in international markets: Empirical results for German and British high-tech firms ［J］. Progress in International Business Research, 2007（1）: 139-185.

［148］Fujita, M.P., Krugman, P.R. & Venables, A. J. The Spatial Economy: Cities, Regions, and International Trade ［M］. Cambridge, Mass: The MIT Press, 1999.

［149］Fung, K. C., Herrero, A. G and Siu, A. A Comparative empirical examination of outward foreign direct investment from Four Asian economies: People's Republic of China, Japan, republic of Korea, and Taipei, China ［J］. Asian Development Review, 2009, 26（2）: 86-101.

［150］Fung, K.C., Herrero, A.G. Where do Chinese and Indian investors go and Why? ［R］. Mimeo. Bank for international Settlements, Hong Kong, China and university of California, Santa Cruz. 2008.

［151］Gaublomme, G., Luc, H. What Makes a Country More Attractive for China's outward foreign direct investment? Evidence from a gravity Model ［C］. Mimeo. Vesalius College and Vrije universiteit, Brussels, 2008.

［152］Greaney, T. M. Measuring network effects on trade: Are Japanese affiliates distinctive? ［J］. Journal of the Japanese and International Economies, 2005, 19（2）: 194-214.

［153］Greene, W.H. Econometric analysis ［M］. New York: Prentice Hall Press, 7th Edition, 2008.

［154］Grossman, G.M., Helpman, E. and Szeidl, A. Optimal Integration Strategies for the Multinational Firm ［J］. Journal of International Economics, 2006, 70（1）: 216-238.

［155］Hanson, G., Mataloni, R. J., and Slaughter, M. Expansion Strategies of U.S. Multinational Firms ［M］// Rodrik, D., and Collins, S. Brookings Trade

Forum 2001. Washington, DC: Brookings Institution Press, 2001.

［156］Head, K. and Ries, J. Overseas Investment and Firm Exports［J］. Review of International Economics, 2001, 9（1）: 108-122.

［157］Helpman, E., Melitz, M., Yeaple, S. Export versus FDI with heterogeneous firms［J］. American Economic Review, 2004, 94（1）: 300-316.

［158］Helpman, Wlhanan. A simple theory of international trade with multinational corporations［J］. Journal of Political Economy, 1984, 92: 451-471.

［159］Hennart, J. F., Park Y. R. Greenfield vs. Acquisition［J］. Management Science, 1993, 39: 1054-1070.

［160］Hosseini, H. An economic theory of FDI: A behavioral economics and historical approach［J］. The Journal of Socio-Economics, 2005, 34: 528-541.

［161］Hotelling, H. Stability in competition［J］. Economic Journal, 1929, 39（3）: 41-57.

［162］Hong, J.J. Firm Heterogeneity and Location Choices: Evidence from Foreign Manufacturing Investments in China［J］. Urban Studies, 2009, 46（10）: 2143-2157.

［163］Hymer, S.H. The Large Multinational Corporation［J］. Revue Economique, 1968（19）: 949-73.

［164］Hymer, S. H. The Multinational Corporation and the Law of Uneven Development［M］// Bhagwati, J. Economics and World Order. New York: Macmillan, 1971: 113-140.

［165］Hymer, S.H. On Multinational Corporations and Foreign Direct Investment［M］. Cambridge: MIT Press, 1976.

［166］Isabelle Méjean, Lise Patureau. Firms' location decisions and minimum wages［J］. Regional Science and Urban Economics, 2010, 40: 45-59.

［167］Jose, I.G., Javier, G.B. An Analysis Based On The Investment Development Path To Assess The Location Decisions Of Spanish Multinationals［C］.

Discussing Paper, 2005.

[168] Kaldor, N. The Equilibrium of the Firm [J]. Economic Journal, 1934 (44): 60-76.

[169] Kang, Y. F., Jiang, F. M. FDI location choice of Chinese multinationals in East and Southeast Asia: Traditional economic factors and institutional perspective [J/OL]. Journal of World Business, 2010. http://dx.doi.org/10.1016/j.jwb.2010.10.019.

[170] Kiyota, K., and Urata, S. The role of multinational firms in international trade: The case of Japan [C]. RIETI Working Paper No. 05-E-012, 2005.

[171] Kleinert, J., and Toubal, F. Production versus Distribution-oriented FDI [C]. Université Paris1 Panthéon-Sorbonne (Post-Print and Working Papers) No. hal-00608510, 2010.

[172] Knight, F.H. Risk, Uncertainty and Profit [M]. New York: Harper & Row, 1965.

[173] Krautheim, S. Export-Supporting FDI [C]. Bundesbank Discussion Paper 20/2009.

[174] Krugman, P. The age of diminished expectations: U.S. economic policy in the 1990s [M]. Cambridge, Mass, London: MIT Press, 1997.

[175] Krugman, P. Scale Economies, Product Differentiation, and the Pattern of Trade [J]. American Economic Review, 1980, 70: 950-959.

[176] Krugman, P. Increasing returns and economic geography [J]. Journal of Political Economy, 1991, 99: 483-499.

[177] Kuemmerle, W. Building effective R & D capabilities abroad [J]. Harvard Business Review, 1997, 75 (2): 61-71.

[178] Levinsohn, J., Petrin, A. Estimating production functions using inputs to control for unobservables [J]. Review of Economic Studies, 2003, 70 (2): 317-342.

[179] Lin, H. L., Lin, E. S. FDI, Trade, and Product Innovation Theory and Evidence [J]. Southern Economic Journal, 2010, 77 (2), 434-464.

[180] Liu, W. Q. The Domestic Effect of Technological Progress on China's OFDI [C]. International Conference on E-Business and E-Government, 2010.

[181] Long, J.S., Freese, J. Regression model with categorical dependent variables using stata. College Station [M], TX: Stata Press, 2006.

[182] Lu, J., Lu, Y. and Tao, Z. Exporting Behavior of Foreign Affiliates: Theory and Evidence [J]. Journal of International Economics, 2010, 81 (2): 197-205.

[183] Luo, Y. D., Xue, Q. Z., and Han, B. J. How emerging market governments promote outward FDI-Experience from China [J]. Journal of World Business, 2010, 45: 68-79.

[184] Makino, S., Lau, C. and Yeh, R. Asset-exploitation versus asset-seeking: Implications for location choice of foreign direct investment from Newly Industrialized Economies [J]. Journal of International Business Studies, 2002, 33 (3): 403-421.

[185] Mary, A., Christopher, P. Trade and Industrial Location with Heterogeneous Labor [C]. IMF Working Paper, 2004.

[186] Massey, D. Industrial Location Theory Reconsidered [M]. Open University. Milton Keynes, 1977.

[187] Mayer, T., Mejean, I. and Nefussi, B. The location of domestic and foreign production affiliates by French multinational firms [J]. Journal of Urban Economics, 2010, 68: 115-128.

[188] McFadden, D. Conditional Logit Analysis of Qualitative Choice Behavior [M] // Zarembka, P. Frontiers in Econometrics. New York: Academic Press, 1973.

[189] Melitz, M.J. The Impact of Trade on Intra-Industry Reallocations and

Aggregate Industry Productivity [J]. Econometrica, 2003, 71 (6): 1695–1725.

[190] Melitz, M., Ottaviano, G. Market size, trade and productivity [C]. Mimeo, Harvard University, 2005.

[191] Morck, R., Yeung, B., and Zhao, M. Y. Perspectives on China's Outward Foreign Direct Investment [J]. Journal of International Business Studies, 2008, 39: 337–350.

[192] Narula, R., & Dunning, J. H. Industrial development, globalization and multinational enterprises: New realities for developing countries [J]. Oxford Development Studies, 2000, 28 (2): 141–167.

[193] Ottaviano, G., Thisse, J. and Tabuchi, T. Agglomeration and Trade Revisited [J]. International Economic Review, 2002, 43: 409–436.

[194] Petrin, A., Poi, B. P., Levinsohn, J. Production Function Estimation in Stata Using Inputs to Control for Unobservables [J]. The Stata Journal, 2004, 4 (2): 113–123.

[195] Pietrobelli, C., Rabellotti, R. and Sanfilippo, M. The "Marco Polo" Effect: Chinese FDI in Italy [C]. IE Programme Paper NO.208223, 2010.

[196] Porter, M.E. The Role of Location in Competition [J]. International Journal of the Economics of Business, Routledge, 1994, 1357–1516.

[197] Ramasamy, B., Yeung, M. and Laforet, S. China's outward foreign direct investment: Location choice and firm ownership [J/OL]. Journal of World Business, 2010. http://dx.doi.org/10.1016/j.jwb.2010.10.016.

[198] Redding, S., Venables, A. Economic geography and international inequality [J]. Journal of International Economics, 2004, 62 (1): 53–82.

[199] Ricardo, D. The principles of political economy and taxation [M]. 3rd ed. Irwin, Homewood Romer PM, 1986.

[200] Rugman, A. M. Inside the Multinationals [M]. London:Nisbet, 1981.

[201] Sanfilippo, M. Chinese FDI to Africa: What Is the Nexus with Foreign Economic Cooperation? [J]. African Development Review, 2010, 22 (1): 599-614.

[202] Smith DM. A Theoretical Framework forGeographical Studiesof Industrial Location [J]. Economic Geography, 1966, 142: 86-113.

[203] Song, Y. Three Essays on Determinants of Outward Direct Investment Firm-level Evidence from China [D]. USA: The George Washington University, 2011.

[204] Stern, V. M. Economic thresholds [J]. Annu. Rev. Entomol, 1973, 18: 259-280.

[205] Sutherland, D. Do China's "national team" business groups undertake strategic-asset-seeking OFDI [J]. Chinese Management Studies, 2009, 3 (1): 11-24.

[206] Syverson, C. Market structure and productivity: A concrete example [J]. Journal of Political Economy, 2004, 112 (6): 1181-1222.

[207] Syverson, C. Prices, spatial competition, heterogeneous producers: An empirical test [J]. Journal of Industrial Economics, 2007, 55 (2): 197-222.

[208] Tabuchi T., Thisse, J.F. Taste heterogeneity, labor mobility and economic geography [J]. Journal of Development Economics, 2002, 69: 155-177.

[209] Tian, W., Yu, M.J. Firm Productivity and Outbound Foreign Direct Investment: A Firm-Level Empirical Investigation in Zhejiang Province of China [C]. China Center for Economic Research Working Paper Series No.C201106, 2011.

[210] Tolentino, P E. Home country macroeconomic factors and outward FDI of China and India [J]. Journal of International Management, 2010, 16: 102-120.

[211] Williamson, O.E. Markets and Hierarchies: Analysis and Anti-trust Implications [M].New York:Free Press.1975.

[212] Yang, M. Isomorphic or not? Examining cross-border mergers and acquisitions by Chinese firms, 1985–2006 [J]. Chinese Management Studies, 2009, 3 (1): 43–57.

[213] Yao, S. J., Sutherland, D. and Chen, J. China's Outward FDI and Resource-Seeking Strategy: A Case Study on Chinalco and Rio Tinto [J]. Asia-Pacific Journal of Accounting & Economics, 2010, 17: 313–326.

[214] Yeaple, S. Firm heterogeneity and the structure of U.S. multinational activity: an empirical analysis [J]. Journal of International Economics, 2009, 78 (2): 206–215.

[215] Yeaple, Stephen. The Complex Integration Strategies of Multinationals and Cross Country Dependencies in the Structure of FDI [J]. Journal of International Economics, 2003, 60: 293–314.

[216] Zhan, J.X. Transnationalization and outward investment: The case of Chinese firms [J]. Transnational Corporations, 1995, 4 (3): 67–100.

附 录

附 录 1

按照 Chaney（2011）的思路，企业通过两种出口的途径进入海外市场。第一种是随机进入，根据自身生产率自我选择到可以进入到的区位中进行出口，但是这种方式可能盈利也可能亏损，具有不确定性的风险，所以说这种方式在企业国际化的后期会不倾向于继续采用；而另一种方式类似于社会网络的形态，即一旦出口企业在海外与某些需求商进行初步交易逐渐达成熟知的状态时，便会从需求企业或批发零售商的市场网络中获取到更多的潜在客户，即可以通过初次需求方的社会网络进而释放更多的潜在市场空间。

基于这一思想，企业海外生产区位的选择同样具有网络性的效应。初次 OFDI 的企业具有随机性，其区位的选择遵循自身生产率与宏观区位因素，而经历过第一阶段海外战略之后，企业继续深化与扩展 OFDI 的路径就可以依据海外已经建立的生产区位的空间与社会网络性，从而可以进一步在海外分支机构与区位分布的数量上进行拓展，最终实现 OFDI 在扩展边际上的增长。

Chaney 对企业出口动态演变而形式网络化区位布局的思想可以用一些图解进行模拟。首先，考虑一个处于时间原点 $x=0$ 的企业 i，企业 i 在此时可以建立网络的企业数量为 M_{ii}，其中下坐标表示处于时间与空间原点的企业 i；接着，企业 i 基于自身生产率与宏观区位因素进行随机分布,假设这个时候企业 i 可以随机地与两个企业进行交易(情形 II),但依然没有;当时间推移到 $i+1$ 阶段,企业 i 可以与企业 1 与企业 2 建立网络关系,这个时候企业存在两个交易网络(情形 III 与 IV);到了 $i+2$ 个阶段,企业 i 通过直接方式结识了企业 3,又通过企业 1 间接地结识了企业 4,这个阶段企业 i 共建立了 4 个交易网络(情形 V 与 VI);接着随着时间的推移,企业 i 的交易网络越来越庞大,到了 $i+3$ 个阶段直接或间接结识的交易已经呈现几何数增长,这个时候形成了 8 个交易网络(情形 VII 与 VIII);随着时间的推移与企业 i 交易网络的不断巩固,企业 i 的海外销售总量会随着分支机构数量与区位分布的扩展而出现更快的增长。

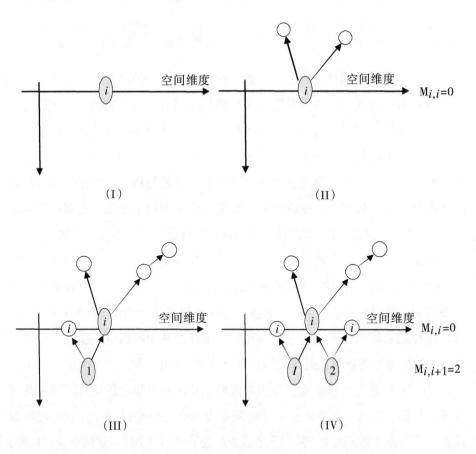

附　录

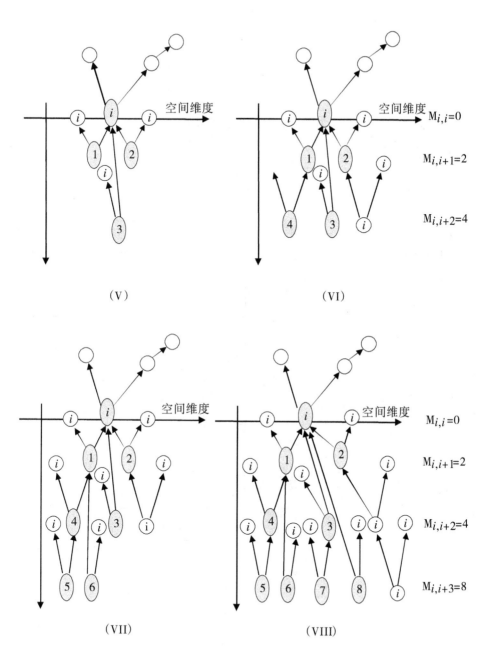

（V）　　　　　　　　（VI）

（VII）　　　　　　　（VIII）

附 录 2

华为国际化的区位分布(部分)

年份	国家/地区	境外分支机构	经营范围
1998	俄罗斯联邦	华为技术有限公司莫斯科代表处	无
1998	俄罗斯联邦	俄罗斯贝托-华为公司	生产销售C&C08数字程控交换机,生产规模为初期30万线/年
2000	印度	华为印度研究所(代表处)	研发通信产品
2000	新加坡	华为技术有限公司新加坡代表处	代表处
2001	马来西亚	华为技术有限公司(马来西亚)代表处	代表处
2003	阿尔及利亚	华为(阿尔及利亚)代表处	代表处
2003	埃及	华为技术(埃及)有限公司	通信产品的营销和售后服务
2003	澳大利亚	华为技术(澳大利亚)有限公司	通信产品的营销和售后服务
2003	尼日利亚	华为技术(尼日利亚)有限公司	通信产品的营销和售后服务
2003	沙特阿拉伯	华为技术(沙特)有限公司	通信产品的营销和售后服务
2003	阿拉伯联合酋长国	华为技术投资(阿联酋)有限公司	通信产品的营销和售后服务
2005	巴西	巴西华为服务有限公司	设备安装及售后服务
2005	利比亚	华为技术服务(利比亚)有限公司	通信产品及其配套产品的安装、技术服务、技术、系统集成、软件升级(销售)、维修、备件销售、咨询。
2005	毛里求斯	华为技术(毛里求斯)有限公司	从事程控交换机、传输设备、数据通信、宽带多媒体设备、电源、无线通信设备、微电子产品、软件、系统集成工程、计算机及配套设备、终端设备及相关通信信息产品的销售、技术服务、工程安装、维修、咨询、代理、租赁;通信信息产品、器件和配套件的进出口业务

续表

年份	国家/地区	境外分支机构	经营范围
2006	中国香港	华为三康有限公司	销售数据通信产品,并提供解决方案、技术服务及售后服务
2006	中国香港	华为技术投资有限公司	网络通信产品的国际营销,网络通信产品及相关技术的开发和服务,以及电子原器件的分销贸易等
2006	中国香港	华盈管理有限公司	代理、租赁、应收账款管理、资产管理;通信信息产品、器件和配套件的进出口业务,通信产品及其配套产品的安装、技术服务、系统集成、软件开发、维修服务以及相关培训、咨询
2006	刚果(金)	华为技术(刚果金)有限公司	电信设备安装及售后服务
2008	中国香港	瑞普通信技术有限公司	电子产品及通信器材生产、销售
2009	荷兰	华为技术有限责任公司	销售通信设备及其配套设备;通信设备售后安装、维修服务
2010	荷兰	华为技术有限责任公司	销售通信设备及其配套设备;通信设备售后安装、维修服务
2010	中国香港	华为终端(香港)有限公司	通信电子产品及其配套产品的销售及售后服务业务

后　记

　　本书主要基于作者攻读博士期间所做研究的持续积累而成。首先，作者要特别感谢暨南大学博士生导师陈恩教授，在学习与生活中的双重关照，在做事与做人上的悉心指导。可以说，是恩师给予自身更多理论思考与践行的机会，没有恩师，就没有作者今日的收获；其次，本书的完善离不开广东财经大学王廷惠教授的悉心关照和全程指导，离不开广东财经大学国民研究中心常务副主任黄晓凤教授的大力支持，离不开国民经济研究中心提供的良好基础条件、科研环境作为坚实后盾。

　　广东财经大学国民经济研究中心是广东省普通高校人文社会科学重点研究基地，负责国民经济学学科以及国民经济学硕士学位授权点建设与发展。中心一直坚持开放建设的思路，依托广东省优势重点学科应用经济学团结了一支有共同研究志趣、勇于创新拓展、乐于协作攻关的研究队伍。在专兼职研究人员的共同努力下，中心建设取得一系列成效。"国民经济研究中心特色新型智库建设"获得中央财政支持地方高校发展专项支持，"开放型经济创新研究中心"成为广东省十大决策咨询基地，"区域经济协调与可持续开放发展创新研究团队"成为广东省普通高校创新团队，依托中心建设的理论经济学为广东财经大学校级重点学科，还建有联合培养研究生校级示范基地。这些平台、载体和项目通过共建共享、相互支持、共同支撑，在学科建设、科学研究、人才培养、服务社会等方面取得了协同发展的良好成效。实际上，本书也是依托国民经济研究中心相关平台和系列建设项目的阶段性成果。

后 记

  本书研究结论强调了由于消费者需求偏好的多样化，以及企业在不完全竞争市场中可以通过专业化生产来实现规模经济，只有对外交换才可以有效解决消费多样性与生产单一性的矛盾；但同时，检验企业是否可以经得起市场竞争考验的，仍然是其自身核心能力所发挥的自我选择效应。因此，在未来的学术生涯中，作者需要努力做到和长期坚持的，就是通过专业化思维来逐步拓宽自己的道路和视野。正如恩师经常教诲，今后无论是在事业还是在生活上，只有选择既定的方向，坚持专业化的路径演进，再加上保持与身边同仁的良好沟通，共同搭建协调团队，才能实现共同效用与收益的最大化；只有自我定位准确，并根据自身能力自我选择到适合自身的道路与平台上，才能避免构建"海市蜃楼"般的空中楼宇。而这个过程，作者仍需努力。

  在思考、写作过程中，大量学者对相关论题的深入研究直接或间接地启发了作者，对于有幸参考并借鉴这些学者的文献与思想表示诚挚的谢意！当然，对于书中观点及不足之处自负，并欢迎批评指正。

2016 年 11 月 1 日于广东财经大学